高等职业教育高速铁路施工与维护专业“十四五”系列教材

高速铁路桥隧养护维修

赵　东　杨　凯◎主编
王宏昌　刘训臣◎主审

中国铁道出版社有限公司

2024年·北　京

内容简介

本书基于我国高速铁路桥隧养护维修的新方法、新设备和新工艺，结合高速铁路桥隧养护维修人才培养需求，以源于实际工程的典型工作任务为载体，通过任务导入、问题引导、工作实施、评价反馈等环节设置作业任务，结合任务需要设置相关知识，并附思考与练习以便学生巩固复习。全书包括高速铁路桥隧结构认知、桥隧建筑物修理组织及管理制度、桥梁结构检查作业、桥梁结构维修作业、隧道结构检查作业和隧道结构维修作业6个项目。

本书可作为高等职业院校高速铁路施工与维护、高速铁路综合维修技术及相关专业教材，也可作为行业从业人员的培训教材，以及从事相关专业的工程技术人员的参考资料。

图书在版编目(CIP)数据

高速铁路桥隧养护维修 / 赵东，杨凯主编. —北京：中国铁道出版社有限公司，2024.6

高等职业教育高速铁路施工与维护专业“十四五”系列教材

ISBN 978-7-113-31187-2

Ⅰ.①高… Ⅱ.①赵…②杨… Ⅲ.①高速铁路-铁路桥-保养-高等职业教育-教材②高速铁路-铁路桥-维修-高等职业教育-教材③高速铁路-铁路隧道-保养-高等职业教育-教材④高速铁路-铁路隧道-维修-高等职业教育-教材 Ⅳ.①U448.13 ②U459.1

中国国家版本馆CIP数据核字(2024)第081515号

书　　名：高速铁路桥隧养护维修

作　　者：赵　东　杨　凯

责任编辑：李露露　　**编辑部电话：**(010) 51873240　　**电子邮箱：**790970739@qq.com

封面设计：崔丽芳

责任校对：苗　丹

责任印制：樊启鹏

出版发行：中国铁道出版社有限公司 (100054，北京市西城区右安门西街8号)

网　　址：http://www.tdpress.com

印　　刷：天津嘉恒印务有限公司

版　　次：2024年6月第1版　2024年6月第1次印刷

开　　本：787 mm×1 092 mm 1/16　**印张：**13.5　**字数：**278千

书　　号：ISBN 978-7-113-31187-2

定　　价：49.80元

前　言

桥隧建筑物是铁路线路的重要组成部分，随着我国高速铁路网不断延伸，长大桥隧结构多、地质条件复杂等因素已成为我国高速铁路线下结构工程的主要技术特点。露天服役环境、承受疲劳荷载、天窗期维修等特征，决定了高速铁路工程结构耐久性的复杂性和使用寿命的不可预测性。为保障桥隧的安全运营，延长其使用寿命，就需要加强日常养护，对使用性能较差或耐久性能不满足要求的结构或构件进行修理加固。

本书在编写过程中依据《高速铁路桥隧建筑物修理规则（试行）》（TG/GW 114—2011）、《普速铁路桥隧建筑物修理规则》（TG/GW 103—2018）、《国铁集团铁路营业线施工管理办法》（铁调〔2021〕160 号）、《铁路隧道防灾疏散救援工程设计规范》（TB 10020—2017）等规章和标准，以高速铁路桥隧养护维修技术人员应具备的专业知识、技能和职业素养为核心，借助思政教育平台和实践育人基地，有机融入新时代高速铁路精神等思政育人元素，同时，深入结合高等职业教育高速铁路施工与维护、高速铁路综合维修技术等专业教学标准和铁路桥隧工职业岗位标准，使本书的内容满足高速铁路运营管理的高标准对桥隧养护维修技术人员的要求。本书在确保基本原理、知识和技能培养基础上，更加突出生产一线实用性、适应性和先进性要求。

本书主要针对高速铁路桥隧维护维修的特点，基于工作过程的课程开发理念，基于岗位典型工作任务开发教材内容，按照项目导向、任务驱动的教学理念编排，并吸取了当前高速铁路桥隧养护维修的新方法、新设备和新工艺。本书内容包括高速铁路桥隧结构认知、桥隧建筑物修理组织及管理、桥梁结构检查作业、桥梁结构维修作业、隧道结构检查作业和隧道结构维修作业六个项目。每个项目以源于实际工程的典型工作任务为载体，通过任务导入、问题引导、工作实施、评价反馈等环节，引导学生学习相关知识和技能，并培养分析问题、解决问题的能力，同时也便于企业桥隧养护维修技术人员学习和参考。

本书由陕西铁路工程职业技术学院赵东、杨凯任主编，中国铁路西安局集团有限公司王宏昌、石家庄铁路职业技术学院刘训臣任主审。具体分工为:陕西铁路工程职业技术学院郝东东编写项目1、项目4(任务4.3、任务4.5、任务4.6),赵东编写项目2、项目3,杨凯编写项目4(任务4.1、任务4.2、任务4.4、任务4.7)、项目6,长安大学王小鹏编写项目4(任务4.8、任务4.9)、项目5(任务5.1、任务5.2),陕西铁路工程职业技术学院张匡宇编写项目5(任务5.3、任务5.4、任务5.5)。

本书在编写过程中,得到了中国铁路西安局集团有限公司吕勇、中国铁路上海局集团有限公司钱军、中铁宝桥集团有限公司李军平等企业技术专家的大力帮助,同时编者也参考了相关文献资料等,在此向有关单位、编者表示衷心感谢。

由于编者水平有限,书中难免存在疏漏和不足之处,敬请读者批评指正。

编　者
2023年12月

目　　录

笔记栏

项目1　高速铁路桥隧结构认知

【项目描述】

高速铁路桥隧建筑物是高速铁路设施的基础组成部分，为高速铁路正常行车提供基础支撑。熟练掌握运用高速铁路桥隧建筑物相关知识，是高速铁路桥隧维护人员的必备技能，也是服务铁路的基本素养。

本项目主要从高速铁路桥隧建筑物的组成、分类、受力特点等方面进行介绍。通过学习，掌握高速铁路桥隧建筑物的基本构成及分类，掌握桥隧建筑物的受力特点，提高学生对桥隧建筑的认识，为高速铁路桥隧养护维修打好基础。

【学习目标】

1. 知识目标

(1)熟悉高速铁路桥梁的组成与分类；

(2)掌握高速铁路桥梁的受力特征；

(3)熟悉高速铁路桥梁的附属设施；

(4)熟悉高速铁路隧道的组成与分类；

(5)掌握高速铁路隧道结构的受力特征；

(6)熟悉高速铁路隧道附属设施。

2. 能力目标

(1)具备对高速铁路桥梁隧道结构进行分类的能力；

(2)具备高速铁路桥梁隧道结构组成认知的能力；

(3)具备在现有知识、技能基础上不断获取新知识、新技能的能力。

3. 素质目标

(1)通过学习桥梁隧道分类与组成，培养学生知识收集、归纳总结的能力；

(2)通过学习桥梁隧道结构特点，培养学生分析问题、解决问题、积极思考和勇于创新的能力；

(3)通过了解桥隧维修工作环境，培养学生良好的职业道德和吃苦耐劳的优良品质。

【案例导入】

自新中国成立以来，我国铁路现代化建设取得重大进展，高速铁路、机车车辆、高原铁路、既有线提速等技术已迈入世界先进行列。到2023年底，我国铁路营业里程突破15.9万km，其中高速铁路超过4.5万km。我国高速铁路运营里程居世界第一位，是世界上唯一实现高速铁路时速350 km商业化运营的国家，树立了世界高速铁路商业化运营标杆，向世界展示了“中国速度”。

从林海雪原到江南水乡，从大漠戈壁到东海之滨，我国高速铁路跨越大江大河、穿越崇山峻岭、通达四面八方，"四纵四横"高速铁路网已经形成，"八纵八横"高速铁路网正加密成型。高速铁路已覆盖全国94.9%的50万人口以上的城市，运营网络通达水平世界最高。

目前，我国形成了涵盖高速铁路工程建设、装备制造、运营管理三大领域，具有自主知识产权的成套高速铁路技术体系，高速铁路技术水平总体进入世界先进行列，部分领域达到世界领先水平，迈出了从追赶到领跑的关键一步。

桥梁隧道是高速铁路的重要组成部分，在整个高速铁路线路中占比很大，是确保铁路畅通的关键。随着社会经济和交通运输业的快速发展，桥梁隧道负担着沉重的交通荷载，开始出现了各种各样的问题。首先，桥梁隧道结构长期处在列车动荷载的作用下，加上材料老化、环境恶劣以及自然灾害等因素的联合作用，使结构内部和表面出现各种损伤，从而导致桥梁隧道结构的抗力衰减，如果任其发展，必然会给结构带来很大的安全隐患。所以必须重视桥梁隧道的养护维修工作，对已经投入运营的桥梁隧道，应建立养护维修档案，对已经出现的病害进行维修，消除潜在的隐患，确保桥梁隧道的技术状态得到很好的保障。

任务1.1　高速铁路桥梁结构认知

【任务导入】

世界高铁看中国，中国高铁看京沪。在建成之初，京沪高铁是世界上一次建成里程最长、技术标准最高的高速铁路。从区位因素看，正线长1 318 km，途经京、津、冀、鲁、皖、苏、沪等四省三市，共设北京南、济南西、蚌埠南、南京南、上海虹桥等24个车站。由于连接着京津冀、长三角两大世界级城市群，京沪高铁可以说是贯穿南北的大动脉。从技术层面看，2017年6月，"复兴号"中国标准动车组在京沪高铁正式双向首发，自9月21日起，以时速350 km驰骋在京沪间。这也使得从北京到上海最快仅需4 h 18 min，实现"千里京沪一日还"。京沪高速铁路正线桥梁288座，总长1 060 km，桥梁长度占线路总长的80.4%，其中单座最长桥梁长度达165 km。该线路中桥梁类型包括简支梁桥、连续梁桥、连续钢构桥、钢桁架桥、拱式桥、斜拉桥等桥型，以简支梁桥为主。

【问题引导】

问题1：桥梁结构由哪几部分组成？简述各部分的作用。

____

____

____

问题2：按结构体系划分，桥梁分为哪几类？简述各类的特点。

____

____

____

笔记栏

【工作实施】

请完成表 1.1 中高速铁路桥梁结构认知内容。

表 1.1　高速铁路桥梁结构认知内容

序　号	项　　目	相关内容
1	桥梁结构的组成	
2	按桥梁长度分类	
3	按照桥跨体系分类	
4	高速铁路桥梁桥面类型	
5	高速铁路桥梁支座类型	
6	桥梁墩台的组成	
7	桥梁墩台的分类	
8	桥梁基础的类型	
9	桥梁附属结构	

【评价反馈】

教师对学生工作过程与工作结果进行评价，并将评价结果填入表 1.2 教师综合评价表当中。

笔记栏

表 1.2 教师综合评价表

<table>
<tr><td colspan="2">班级：</td><td colspan="3">姓名：</td><td colspan="3">学号：</td></tr>
<tr><td colspan="3">任务 1.1</td><td colspan="5">高速铁路桥梁结构认知</td></tr>
<tr><td colspan="3">评价项目</td><td colspan="3">评价标准</td><td>分值</td><td>得分</td></tr>
<tr><td colspan="3">考勤(10%)</td><td colspan="3">无故迟到、早退、旷课现象</td><td>10</td><td></td></tr>
<tr><td rowspan="3">工作过程(60%)</td><td colspan="2">完成问题情况</td><td colspan="3">能准确完整回答相关问题</td><td>10</td><td></td></tr>
<tr><td colspan="2">在表 1.1 中能正确完成高速铁路桥梁结构认知内容</td><td colspan="3">能准确写出相关内容</td><td>40</td><td></td></tr>
<tr><td colspan="2">协调能力</td><td colspan="3">与小组成员、同学之间能合作交流，协调工作</td><td>10</td><td></td></tr>
<tr><td rowspan="3">项目成果(30%)</td><td colspan="2">工作完整</td><td colspan="3">能按时完成任务</td><td>5</td><td></td></tr>
<tr><td colspan="2">工作规范</td><td colspan="3">能按规范资料完成任务</td><td>5</td><td></td></tr>
<tr><td colspan="2">工作报告</td><td colspan="3">高铁桥梁结构认知内容</td><td>20</td><td></td></tr>
<tr><td colspan="6">合 计</td><td>100</td><td></td></tr>
<tr><td rowspan="2">综合评价</td><td colspan="2">自评(20%)</td><td>小组评价(30%)</td><td colspan="2">教师评价(50%)</td><td colspan="2">综合得分</td></tr>
<tr><td colspan="2"></td><td></td><td colspan="2"></td><td colspan="2"></td></tr>
</table>

【相关知识】

铁路桥梁是铁路跨越河流、湖泊、海峡、山谷及其他障碍物，或与既有公路、铁路形成立体交叉而修建的建筑物。于高速铁路桥梁而言，从用途角度可分为高架桥、谷架桥和跨越河流的桥梁。从结构角度高速铁路桥梁主要有简支梁桥、连续梁桥、连续刚构桥。其中，高架桥用以穿越既有交通路网、人口稠密地区及地质不良地段，通常墩身不高，跨度较小，桥梁往往长达十余千米；谷架桥用以跨越山谷，跨度较大，墩身较高。中国高速铁路桥梁著名桥梁有：京沪高速铁路丹昆特大桥和南京大胜关长江大桥，郑西高速铁路渭河特大桥，广珠城际铁路中山高架桥，五峰山长江大桥等。

高速铁路有高速度、高舒适性、高安全性、高密度连续运营等特点，故对高速铁路桥梁工程提出了更高的要求。由于速度大幅提高，高速列车对桥梁结构的动力作用远大于普速铁路桥梁，桥梁出现较大挠度会直接影响桥上轨道平顺性，造成结构承受很大冲击力，旅客舒适度受到很严重影响，轨道状态不能保持稳定，甚至危及列车运行安全。这些都对桥梁结构刚度和整体性提出了严格的要求。高速铁路桥梁具有以下特点：

(1)桥梁比例大，高架长桥多

高速铁路设计参数限制严格，曲线半径大、坡度小，并需要全封闭行车，因而桥梁建筑物多于普速铁路，高架长桥的数量也很多。桥梁在高速铁路中所占的比例较大，主要原因是在平原、软土以及人口和建筑密集地区，通常采用高架的方式通过。高速铁路桥梁技术标准要求高，因而投资也较高，桥梁设计和建造对高速铁路的建设周期和造价都会产生重大的影响。我国京沪高速铁路桥梁占线路总长的 86.5%，武广高速铁路桥梁占线路总长的 42%。

笔记栏

(2)以中小跨度为主

由于高速铁路桥梁的刚度要求严格，因此，高速铁路桥梁跨度以中小跨度为主。以京沪高速铁路上的桥梁为例，绝大多数为中小跨度，常用梁型为等跨布置的双线整孔简支梁，跨度有24 m、32 m、40 m，以32 m梁居多，其中20 m以下跨度的桥梁由4～5片T梁组成。

(3)刚度较大，整体性好

为了保证列车高速、舒适、安全行驶，高速铁路桥梁必须具有足够大的竖向和横向刚度以及良好的整体性，以防止桥梁出现较大挠度和振幅。同时，还必须严格控制由预应力钢筋混凝土产生的徐变上拱和不均匀温差引起的结构变形，以保证轨道的高平顺性。一般来说，高速铁路桥梁设计主要由刚度控制，强度基本上不控制其设计。尽管高速铁路活载小于普速铁路，但实际应用的高速铁路桥梁在梁高、梁重上均超过普速铁路。

(4)纵向刚度大

高速铁路要求依次铺设跨区间无缝线路，而桥上无缝线路钢轨的受力状态不同于路基，结构的温度变化、列车制动、桥梁挠曲会使桥梁在纵向产生一定位移，引起桥上钢轨产生附加应力。过大的附加应力会造成桥上无缝线路失稳，影响行车安全。因此，墩台基础要有足够的纵向刚度，以尽量减少钢轨附加应力和梁轨间的相对位移。

(5)结构便于检查维修

高速铁路是极其重要的交通运输设施，桥梁结构物应尽量做到少维修或免维修，因此，设计时需要将改善结构物的耐久性作为设计原则，统一考虑合理的结构布局和构造细节，并在施工中加以严格控制，保证质量。另外要便于日常检查和维修，高速铁路运营繁忙，列车速度高，维修时间都放在夜间“天窗”时间进行，一般为4 h。因此，桥梁结构构造应易于检查和维修。

1. 桥梁的组成及分类

1)桥梁的组成

桥梁一般由上部结构(也称桥跨结构)、下部结构、支座和附属设施四个基本部分组成，如图1.1和图1.2所示。

图1.1　高速桥梁三维结构图

笔记栏

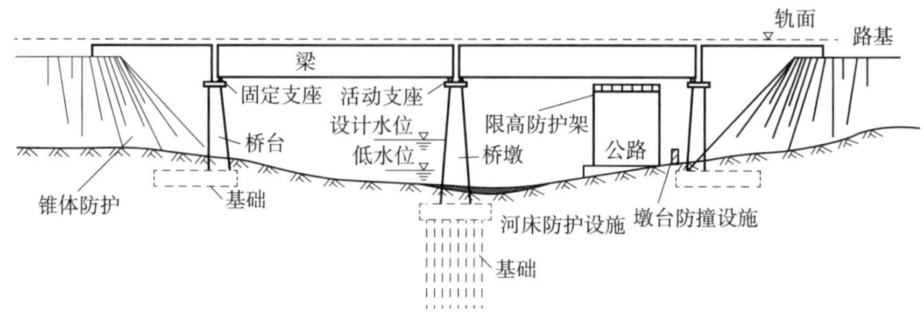

图 1.2　高速桥梁结构全图

桥梁上部结构是支座以上部分，为桥梁的跨越结构（包含承重结构和桥面），主要作用是承担上部结构受到的全部荷载，并通过支座传递给下部结构。

桥梁下部结构是桥墩、桥台及基础的总称，其主要作用是支撑桥跨结构并将荷载传递给地基。桥墩位于多孔桥跨的中间部位，支承相邻两跨上部结构的建筑物，其功能是将上部结构荷载传至基础。桥台位于桥梁的两端，支承桥梁上部结构，并使其与路堤衔接，其功能是传递上部结构荷载于基础，并抵抗来自路堤的土压力。桥梁基础是桥梁最下部的结构，上承墩台并将全部桥梁荷载传至地基。

桥梁支座是设于桥墩、桥台顶部，支承上部结构并将荷载传给下部结构的装置。它能保证上部结构在荷载、温度变化或其他因素作用下的位移功能。

桥梁附属设施包括伸缩缝、桥头搭板、护坡、导流堤、防护设备等。伸缩缝位于桥梁墩顶上部结构之间或其他桥型上部结构与桥台端墙之间，以保证结构在各种因素作用下的自由变位，使桥面上行车平顺舒适、不颠簸。防护设备及调节河流建筑物包括：限高防护架、墩台防撞设施、护锥、护岸、护基、护底、导流堤、丁坝、梨形堤等。

2）桥梁的分类

高速铁路桥梁可按桥梁长度、上部结构材质、桥跨结构体系、梁的截面形式进行分类。

（1）按桥梁长度分类，见表 1.3。

表 1.3　铁路桥梁的分类

铁路桥梁分类	特大桥	大　桥	中　桥	小　桥	涵　洞
桥长 L(m)	$L>500$	$100<L\leqslant 500$	$20<L\leqslant 100$	$L\leqslant 20$	$L<6$ 且顶上有填土

（2）按桥梁上部结构材质分类

高速铁路桥梁可以分为预应力钢筋混凝土桥、钢桥、钢—混凝土混合桥、钢—混凝土结合桥。

①预应力钢筋混凝土桥：以预应力钢筋混凝土作为桥跨结构主要建筑材料的桥，如图 1.3 所示。

②钢桥：以钢材作为桥跨结构主要建筑材料的桥，如图 1.4 所示。

③钢—混凝土混合桥：指一个主梁中，部分梁段为混凝土，其他部分为钢结构，多用于大跨度桥。

笔记栏

④钢—混凝土结合桥：指由钢和混凝土组成一个共同的截面。一般钢作为承载结构，混凝土用做桥面。

图 1.3　预应力钢筋混凝土桥　　　　图 1.4　钢桥

(3)按桥跨结构体系分类

高速铁路桥梁按桥跨结构体系主要分为梁桥、拱桥、刚架桥、悬索桥、组合体系桥等。

①梁桥：用梁作为桥跨结构的桥，承重结构是以它的抗弯能力来承受荷载的，有简支梁桥(图 1.5)、连续梁桥(图 1.6)、悬臂梁桥。梁桥在竖向荷载作用下受力特点有：梁部只产生竖向反力；主梁承受弯矩和剪力(桁架杆件有轴力)；基础不受水平推力。

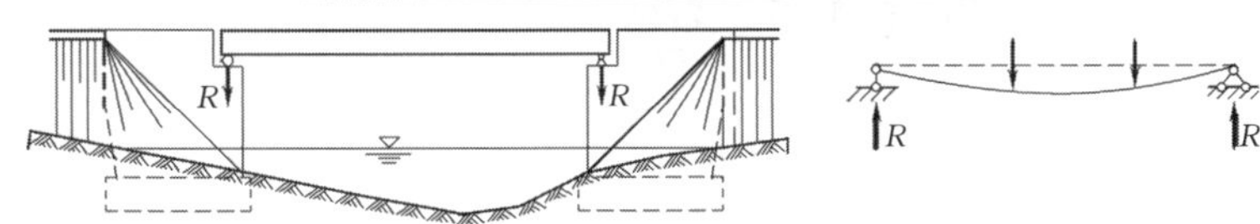

图 1.5　简支梁桥

图 1.6　连续梁桥

笔记栏

②拱桥：用拱圈或拱肋作为桥跨结构的桥，主要承重结构是拱肋（或拱箱），以承压为主。拱桥又可按结构形式分为无铰拱、双铰拱、三铰拱；按有无外推力分为推力拱、无推力拱。拱桥在竖向荷载作用下有竖向反力和拱脚推力，无铰拱还有支承弯矩。按照车承位置可分为上承式拱桥（图 1.7）、中承式拱桥（图 1.8）、下承式拱桥。

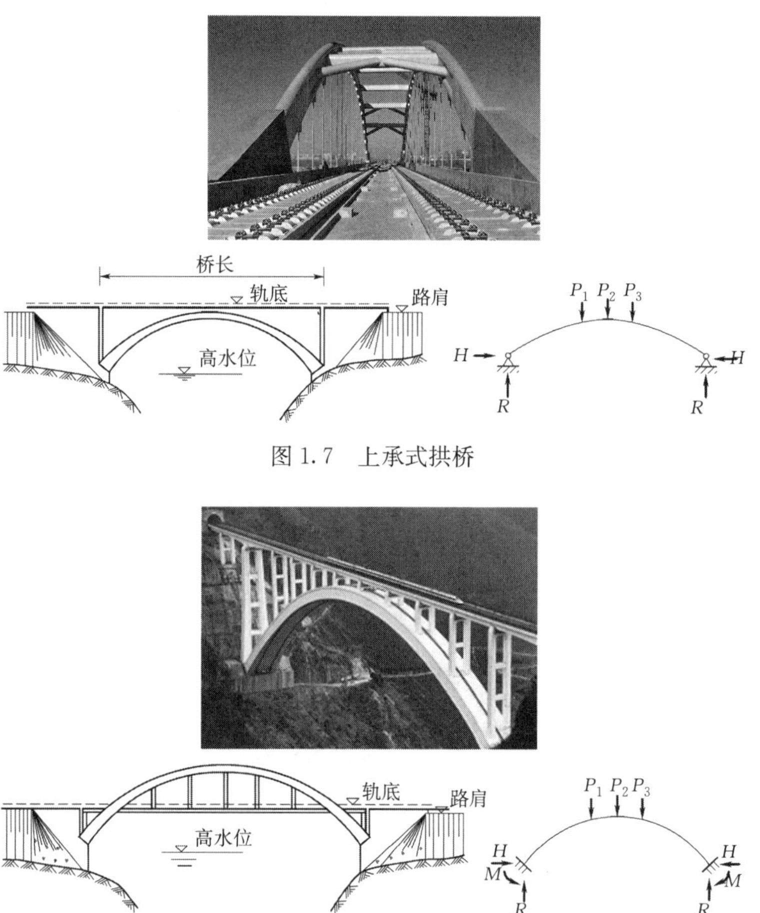

图 1.7　上承式拱桥

图 1.8　中承式拱桥

③刚构桥：桥跨结构与桥墩或桥台刚性连接的桥，它是由受弯的上部梁（或板）结构与承压的柱（或墩）整体结合在一起的结构。包括门形刚构、斜腿刚构、地道桥、T 构等。在竖向荷载作用下和拱一样，有竖向反力和水平反力，无铰刚架还有支承弯矩（图 1.9）。

④悬索桥：用桥塔支承锚于两岸（端）的缆索，借助挂于缆索上的吊杆悬吊桥面和梁形成桥跨结构的桥，以悬索为主要承重结构。主塔受压，缆索受拉。主要构件有主缆（缆索）、索塔、吊杆、索鞍、锚碇（地锚）、加劲梁（主梁）基础等（图 1.10）。

⑤组合体系桥：由两个及以上基本体系构成的桥梁。主要有梁—索组合（斜拉桥）、梁—拱组合（系杆拱桥）、索—刚构组合、索—拱—梁组合等。其中斜拉桥是以斜拉索连接索塔和主梁作为桥跨结构的桥，它是由承压的塔、受拉的索与承弯的梁体组合起来的一种结构体系（图 1.11）。

笔记栏

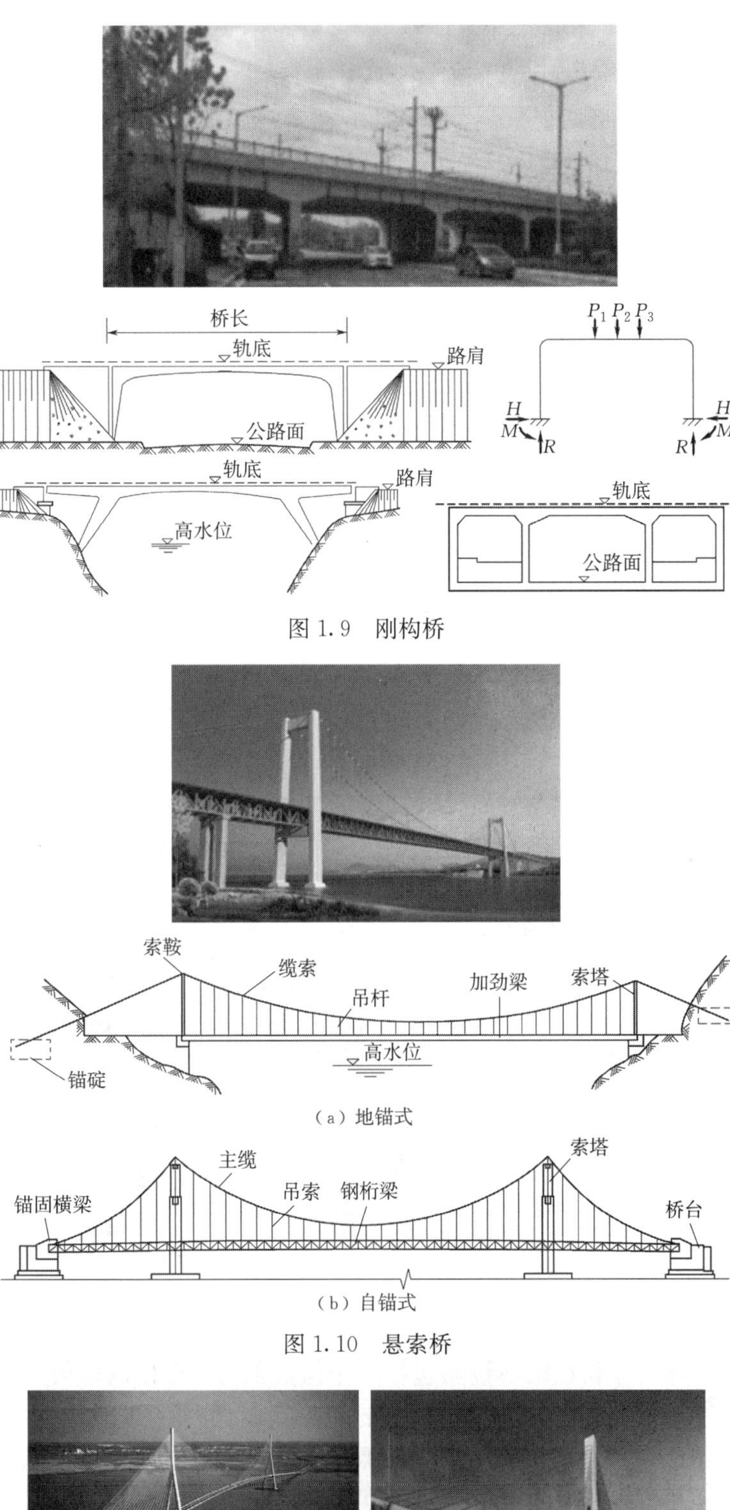

图 1.9　刚构桥

(a) 地锚式

(b) 自锚式

图 1.10　悬索桥

图 1.11　斜拉桥

笔记栏

(4)按梁的截面形式分类

高速铁路桥梁按梁的截面形式分为箱形梁、T形梁、钢箱梁、钢桁梁等。

①箱形梁:是横截面呈一个或几个封闭箱形的预应力钢筋混凝土梁,常用于24 m、32 m、40 m等跨布置的双线整孔简支梁等。随着列车的提速,对桥梁的刚度要求越来越高,箱形梁在线路上使用也越来越多。

②T形梁:是横截面为T形的预应力钢筋混凝土梁,常用于20 m以下跨径的梁桥(由4～5片T梁组成)。

③钢箱梁:是由纵、横向加劲肋加强的钢板所组成的单室或多室箱形截面梁。主要应用在大跨度桥梁中。

④钢桁梁:主要由桥面、主桁架、连接系等部分组成。钢桁梁分为上承式和下承式,一般大跨径钢桁梁采用下承式。

2. 桥面

桥面是桥梁的附属结构,桥面分有砟轨道桥面和无砟轨道桥面,桥面附属设备包含人行道遮板、栏杆和电缆槽、防排水系统、伸缩系统等部分。

1)桥面类型

高速铁路桥梁桥面有砟轨道桥面(图1.12)和无砟轨道桥面(图1.13)。道砟桥面由道床、轨枕、钢轨及联结零件等组成,高速铁路有砟道床外侧设置挡砟墙。无砟轨道桥面有无砟无枕桥面、无砟短枕桥面和长枕埋入式等形式。无砟无枕桥面是在桥面上设承轨台,用来放置钢轨。无砟有枕桥面的钢轨铺设在嵌入钢筋混凝土梁上的楔形短枕上,楔形短枕牢固地固定在桥枕槽内。无砟桥面一般用于预应力钢筋混凝土梁桥上。

图1.12 有砟轨道桥面

图1.13 无砟轨道桥面

2)桥面附属设备

高速铁路桥梁桥面附属设施包括六个组成部分(图1.14),从外向内依次为人行道遮板及栏杆、电缆槽、防水系统、排水系统、伸缩系统及综合接地系统。这六部分组成一个有机、完整的桥面附属体系。主要包括如下六个功能:

①注重桥梁美学,美化梁部,使高速铁路桥梁具有良好的景观效果。

②良好的防、排水体系,使结构免受外界环境水的侵蚀,提高桥梁结构的耐久性。

③保证桥面的整体性,梁端良好的伸缩性和密闭性。

④规范各个专业管线设备,使之放置有序,便于维修养护。

笔记栏

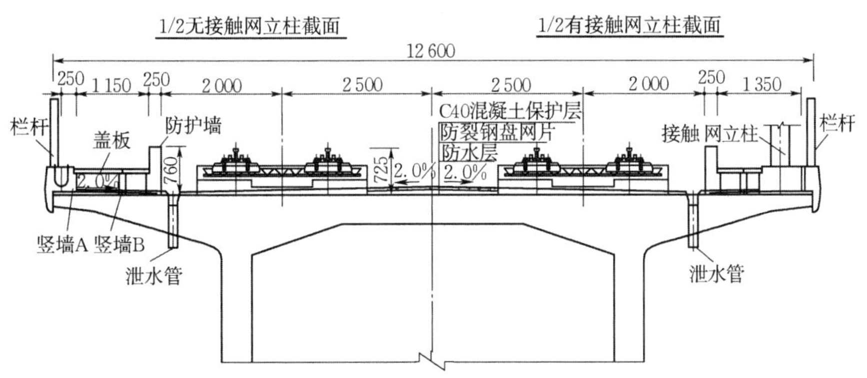

图 1.14　桥面附属设备组成(单位:mm)

⑤提供合理的工作空间便于维修养护机械工作。

⑥提高运营时桥面的安全性、降低噪声等功能。

(1)人行道遮板、栏杆和电缆槽

人行道遮板是连接栏杆和梁的主要部件,同时遮板将轨道梁悬臂端包裹,起到保护和防水作用。人行道栏杆分为混凝土栏杆与钢栏杆两大类。

根据通信、信号、电力专业需要,在挡砟墙外侧分别设置信号槽、通信槽和电力电缆槽(统称电缆槽),电缆槽由竖墙和盖板组成(图 1.15)。

竖墙兼有分隔电缆槽、连接遮板和支承电缆槽盖板的作用,竖墙在梁体吊装或现浇完成后在桥面上进行现场灌注。梁体施工时注意在电缆槽相应部位预埋钢筋,使竖墙和梁体连接为一体,保证电缆槽竖墙在桥面上的稳定性。

在每孔梁梁端伸缩缝处,为保证人行道的连续性,在梁端盖板上预留螺栓孔,安装人行道伸缩钢板。按照材料可将盖板分为预制钢筋混凝土盖板、RPC混凝土盖板、无机材料复合盖板和其他复合材料盖板等。

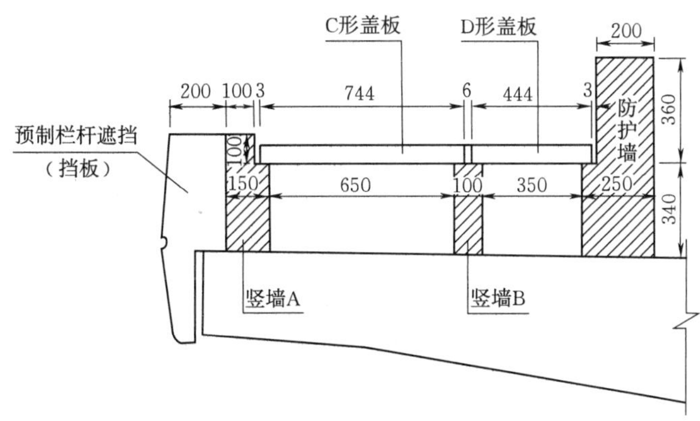

图 1.15　电缆槽布置图(单位:mm)

(2)防水系统

防水系统是提高桥梁结构耐久性的技术手段,防水效果的好坏直接关系桥梁的使用寿命,其组成部分包括防水层和保护层。为减少架桥机运梁载重,桥面防水层、保护层及其他桥面附属设施是在箱梁架设后于桥位上施工的(图 1.16)。

笔记栏

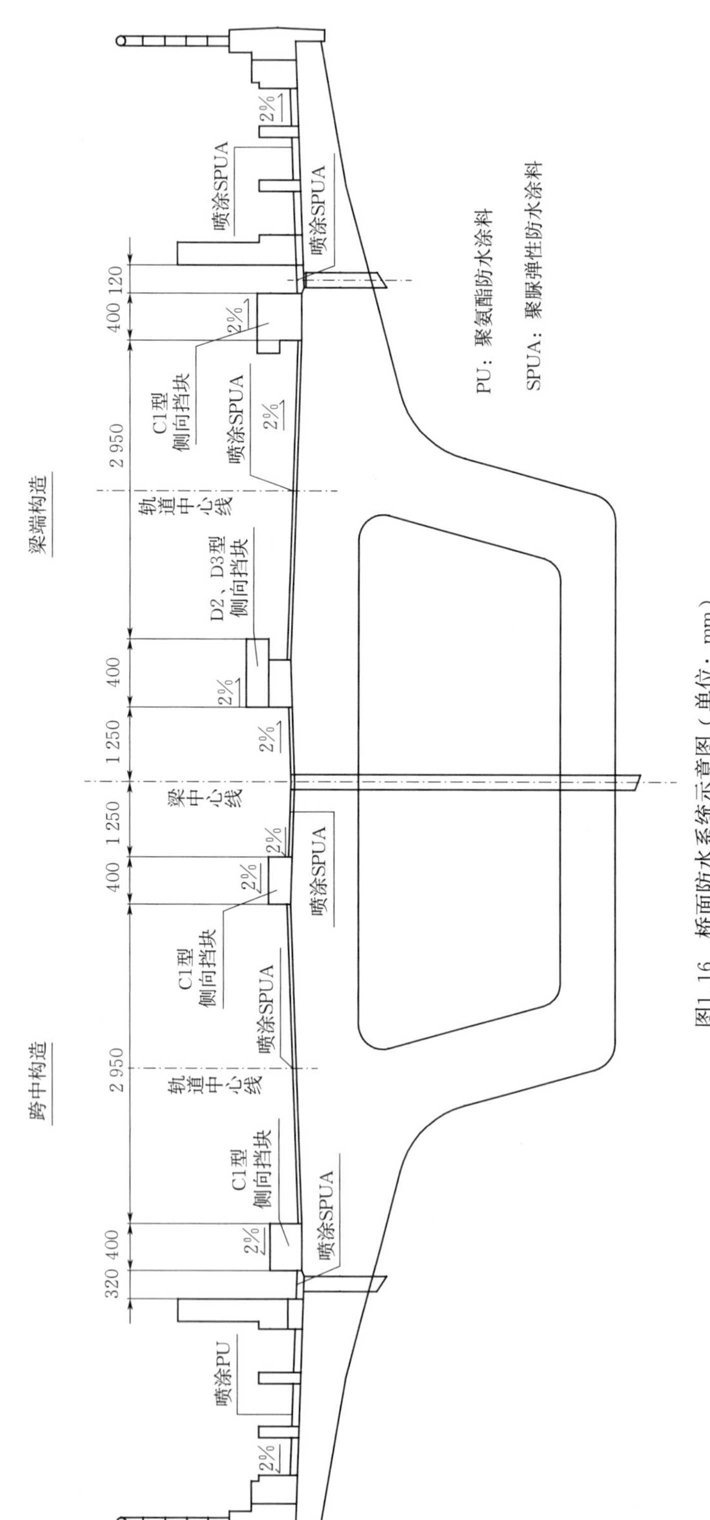

图1.16 桥面防水系统示意图（单位：mm）

笔记栏

桥面防水层和保护层是桥梁的重要组成部分，为满足箱梁的耐久性，确保其使用寿命，必须使箱梁免遭周围环境水分的侵蚀，并对梁体顶面进行良好的保护。箱梁桥面防水层采用TQF-Ⅰ型，由聚氨酯防水涂料和氯化聚乙烯卷材组成；保护层为强度40 MPa的细石聚丙烯腈纤维或聚丙烯腈纤维网高性能混凝土，当防水要求较高时采用纤维素纤维细石混凝土作为防水层的保护层(图1.17)，当采用高弹性的涂料，如聚脲弹性防水涂料时，可取消保护层。

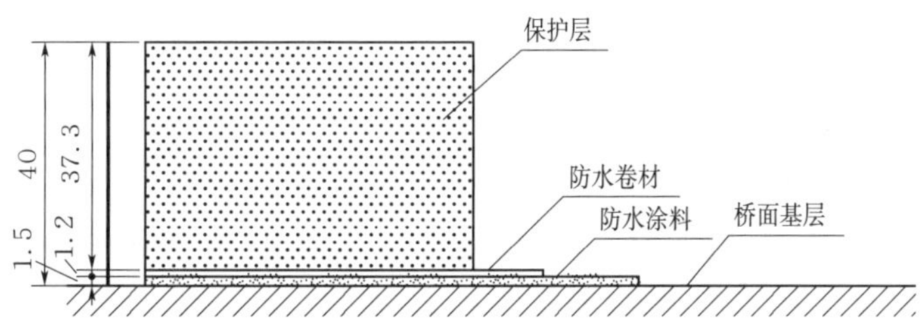

图1.17　防水层及保护层构造示意图(单位:mm)

(3)排水系统

为了保证桥梁的耐久性，桥梁除设置防水系统外，还需要设置必要的排水系统，遵循“以防为主，防排结合”的原则，达到防水可靠，排水畅通，提高耐久性的目的。

排水系统由桥面排水坡、桥面排水管、集水篦子、管盖及泄水管构成。有砟轨道、CRTS Ⅰ型双块式无砟轨道桥面排水系统采用两列排水的方式，由于连续的承轨台将桥面分为独立的三部分，两列排水是将承轨台中间的水引向两侧，轨枕以下其他部位的承轨台设置为向两侧2%的横向坡度，同时与两承轨台连接的位置同样设置成向两侧2%的排水坡。桥面水由排水横坡排向两侧设置于防撞墙内侧的泄水管。

桥面横向设置不小于2%的横向排水坡，挡砟墙外侧设反坡，桥面泄水管设置在挡砟墙内侧。CRTS Ⅰ型无砟轨道、CRTS Ⅱ型无砟轨道桥面排水系统采用三列排水方式，即主桥面两整体轨道板中间设置向轨道梁中心2%的横向排水坡，两边设置向两边2%的人字排水坡，水由排水坡自然排出。桥面泄水管分3列设置，中间一列位于轨道梁顶板中间，两侧设置于防撞墙内侧。

排水管的布置与当地降雨强度和线路纵坡有密切的关系，电缆槽内保护层向泄水管方向设2%的排水坡，在相对泄水管竖墙上埋设横向排水管，使电缆槽内水可以顺利排到纵向泄水管处。

为了减少伸缩缝处积水对伸缩缝的腐蚀老化的影响，并避免无砟轨道桥梁形成顺桥向的水流，在伸缩缝处设置集水排水装置，引出伸缩缝内的水，由排水管引入桥面排水系统。在城区桥面水采用集中排水的方式(图1.18)，在野外采取直排方式，排水材料主要有E-PVC、UPVC或PVC等。

图1.18　集中排水

笔记栏

(4)伸缩系统

①伸缩缝

伸缩缝是桥梁的重要组成部分,伸缩缝安装对桥面防水层有密闭作用,防止水对梁端设备的侵蚀,防止有砟轨道漏砟。伸缩缝包括两类:无砟轨道和有砟轨道桥梁伸缩缝(图1.19),每一类包括±50 mm、±100 mm、±150 mm、±200 mm四种型号。

无砟轨道桥梁伸缩缝由一次成型的特种型材、防水橡胶和锚固装置三部分组成;有砟的轨道桥梁伸缩缝由一次成型的特种型材、防水橡胶、锚固装置和挡砟盖板四部分组成(图1.20)。

根据所用型材不同可将伸缩缝分为铝合金型材伸缩缝、耐候钢型材伸缩缝等。防水橡胶为氯丁橡胶或三元乙烯橡胶,采用挤压成形工艺,桥梁伸缩装置橡胶止水带应存放在环境温度为−15～35 ℃范围内,产品远离热源1 m以上,离地面0.3 m以上,严禁与酸、碱、有机溶剂接触。

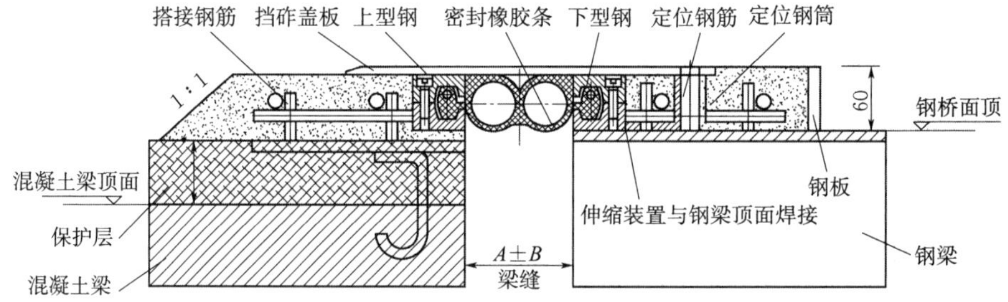

A—梁缝宽度;B—伸缩量。

图1.19 有砟轨道伸缩缝(单位:mm)

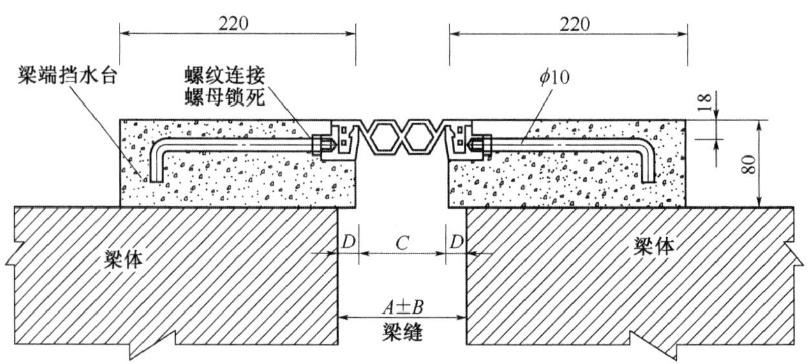

A—梁缝宽度;B—伸缩量;C—挡水台宽度;D—挡水台伸出梁端距离。

图1.20 无砟轨道伸缩缝(单位:mm)

②大跨度桥梁梁端伸缩装置

我国铁路大跨度桥梁采用的梁端伸缩装置多为滑动钢枕与支承梁结合的结构形式,分为支承梁布置在滑动钢枕下方或上方两种,其一般情况下,桥上每线铁路单独设置一套梁端伸缩装置,并与线路中心线重合(图1.21)。

梁端伸缩装置由固定钢轨、活动钢枕、固定端位移箱、活动端位移箱、支承梁、吊架、枕下垫板、承压支座、压紧支座、侧向导轨、连杆和防水橡胶条等组成。

笔记栏

（a）支承梁布置在滑动钢枕下方的梁端伸缩装置

（b）支承梁布置在滑动钢枕上方的梁端伸缩装置

图 1.21　伸缩装置

(5)综合接地系统

为保证人身、设施等的安全，高速铁路桥梁将距接触网带电体 5 m 范围以内的金属构筑物和沿线通信、信号、接触网支柱等连接起来，与轨道形成立体的接地系统即综合接地系统，实现等电位连接，以保证信号传输的畅通、人员安全和整个铁路系统运行安全。桥梁墩台内及基础有综合接地系统，与梁内接地系统在墩台顶相连，通过墩台身在承台侧面引入地下。

综合接地系统有三个方案，可以根据高速铁路的特点，选用不同方案：

①在梁端预埋专门的综合接地钢筋，并且和梁体钢筋相连接，然后引至箱梁的顶面和底面预留连接螺母，上面和电缆槽内的贯通地线、栏杆扶手、钢轨等连接，下面和下部结构的接地钢筋相连接，下部结构的接地钢筋和桥墩台、承台、桩身内的结构钢筋相连接，然后伸至地面以下一定深度内。

②不设置专门的综合接地钢筋，完全利用桥梁结构本身的钢筋进行接地，其他同①。

③通信和信号的接地和桥梁本身的接地分别设置，互不影响，其他同①。

桥梁综合接地方式如下：

①综合贯通地线在桥梁地段的敷设方式

桥梁地段综合贯通地线敷设于线路两侧的通信、信号电缆槽内，并采用阻燃 UPVC 塑料套管防护，同时与通信、信号电缆槽内的通信、信号电缆采取安全隔离措施。

②桥梁地段接地体的设置方式

对于长度小于 500 m 的桥梁，在桥的两端用与综合贯通地线同材质、同规格的环保型贯通地线将上下两根贯通地线等电位连接，横向连接地线采用钢管或 HDPE(高密度聚乙烯)管防护。对于长度大于 500 m 的桥梁，为了保证贯通

笔记栏

地线的接地电阻不大于 1 Ω，每处桥墩内设一根单独 ϕ30 mm 接地钢筋水平引出桥墩台，裸露钢筋长度不小于 0.5 m。在每个桥墩处桥梁两侧的通信、信号电缆槽内设置 M16 螺母一个，作连接贯通地线用。在墩台处桥梁体内采用 ϕ30 mm 接地钢筋连接两侧通信、信号电缆槽内的 M16 螺母，再采用 ϕ20 mm 接地钢筋将ϕ30 mm 接地钢筋与 M16 螺母连接，并将 M16 螺母固定于桥梁底面，作为跨越桥墩顶帽的连接端子用。每处的地线连接端子应做到牢固焊接并保证 M16 螺母垂直。

桥梁地段综合贯通地线和接地体的设置如图 1.22 所示。

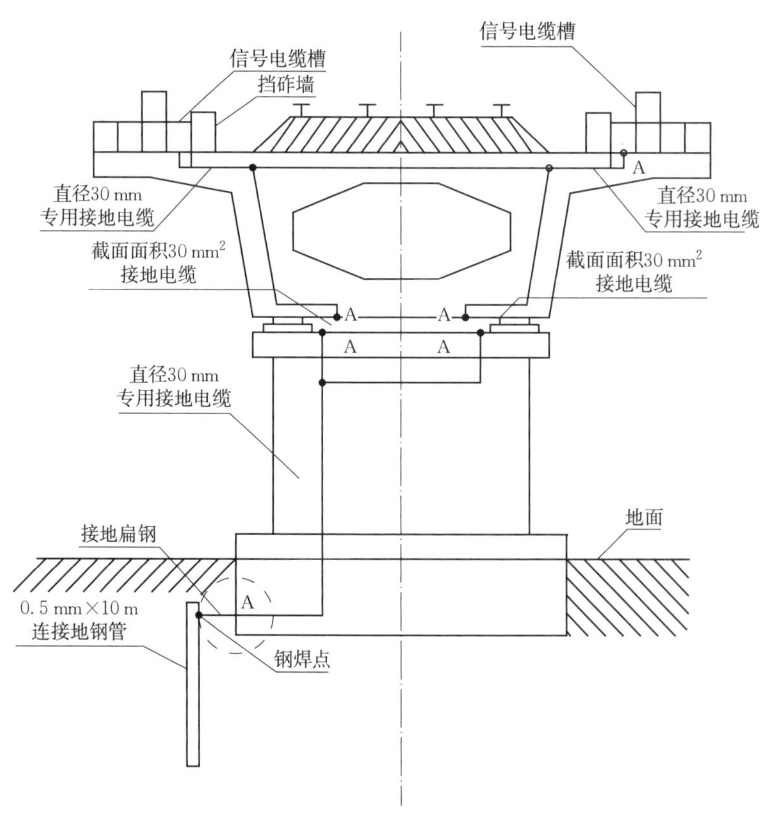

图 1.22　桥梁接地系统方案示意图

桥梁的金属构筑物(如栏杆、声屏障等)均应连接至贯通地线，如有金属栏杆，应间隔 50 m 连接一次。

3. 桥跨结构

桥跨结构是桥梁承重结构，根据材料主要分为预应力钢筋混凝土箱梁、钢梁等。

1)预应力钢筋混凝土箱梁

预应力钢筋混凝土箱梁与普通钢筋混凝土结构(图 1.23)相比，其具有以下优点：

图 1.23　预应力钢筋混凝土简支梁桥

①可以使用高强度钢材和高

等级混凝土，节约钢材 20％～40％。

②在列车活载作用下可使梁不出现拉应力，或推迟裂缝的出现，或把裂缝控制在一定限度之内，从而提高梁的抗裂性，增强梁的刚度和耐久性。

③梁的截面尺寸可减到最小，以减轻梁体自重，从而增大梁的跨越能力。

④预应力混凝土桥梁中弯起的预应力钢筋，其预剪力可抵消部分荷载剪力，提高了梁的抗剪能力。

⑤预应力钢筋的应力变化幅度小，可提高其耐疲劳性能。

所以我国高速铁路桥梁以 32 m 预应力混凝土整孔简支箱梁为主，整孔简支箱梁具有整体性好、抗扭刚度大等优点。设计时速为 350 km 高速铁路无砟轨道，跨度 32 m 预应力混凝土双线整孔简支箱(单箱单室)梁，截面构造如图 1.24 所示。当跨越较宽道路、较大河流和山谷时，采用预应力混凝土连续梁或其他特殊结构。常用跨度预应力混凝土连续梁有(32＋48＋32)m 和抛物线变高度梁(40＋56＋40)m、(40＋64＋40)m、(48＋80＋48)m、(60＋100＋60)m 等。

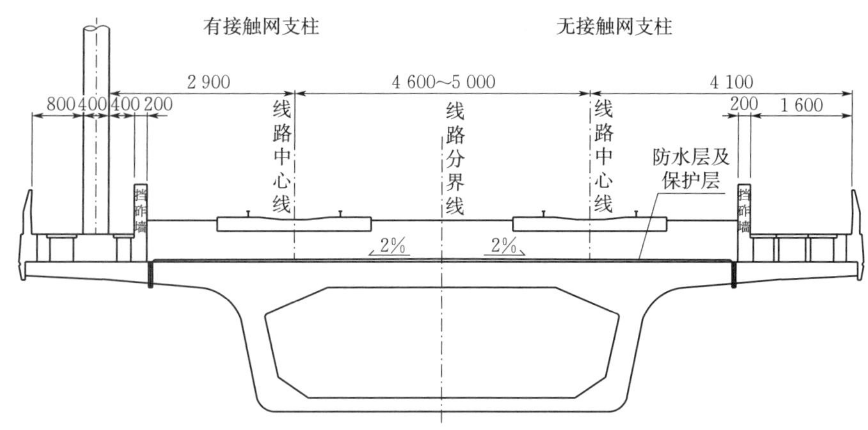

图 1.24　预应力混凝土整孔预制简支箱梁截面构造(单位:mm)

箱梁内净空高度一般不小于 1.6 m，并设置进人孔，进人孔设置在两孔梁梁缝处或梁端附近的底板上。梁体混凝土最小净保护层，除顶板顶层为 30 mm 外，其余均为 35 mm。

预应力混凝土梁的封锚及接缝处，在构造上采取防水措施，防止雨水渗入。各种接缝尽可能避开最不利环境作用的部位。对于结构有可能产生裂缝的部位，适当增设普通钢筋限制裂缝发展。湿接缝新老混凝土之间应无错台，混凝土表面应平整，无蜂窝麻面、露筋、夹缝。

墩台上相邻梁间、梁端与桥台胸墙间的间距，应能保证梁体自由伸缩，误差不应超过设计梁缝的±10％。

2)钢梁

钢梁的主要特点是重量轻、跨越能力大、构件可以在工厂制作、质量可靠、便于安装、施工速度快、养护工作量大。这类截面特别适用于大跨度连续梁桥、拱桥、斜拉桥、悬索桥等，以减轻自重和发挥钢材强度高的特点。钢梁截面形式有箱形截面、桁架式。

笔记栏

笔记栏

(1)钢桁梁

由于桁梁构造比较复杂，一般适用于48 m以上的跨度。钢桁梁也分上承式与下承式(图1.25)。一般大跨度钢桁梁采用下承式。

主桁架是桥跨结构中的主要承重结构。主桁架一般由上弦杆、下弦杆、斜杆及竖杆等组成。斜杆及竖杆统称为腹杆。主桁架各杆件在节点处交会，用节点板通过铆钉或高强度螺栓连接起来，联结系杆件和横梁也均在节点板处与主桁架连接。

桥面系包括纵梁、横梁以及纵梁之间的联结构件。每段纵梁长度等于主桁架节间长度，它的两端用连接角钢和横梁相连。

联结系是为了能形成空间稳定结构以承受横向力，减少受压弦杆的自由长度而设置的各种形式的联结构件。联结系包括上下平纵联、横向联结系。端部横联又称桥门架，它可设置在端斜杆平面内或第一根吊杆平面内。

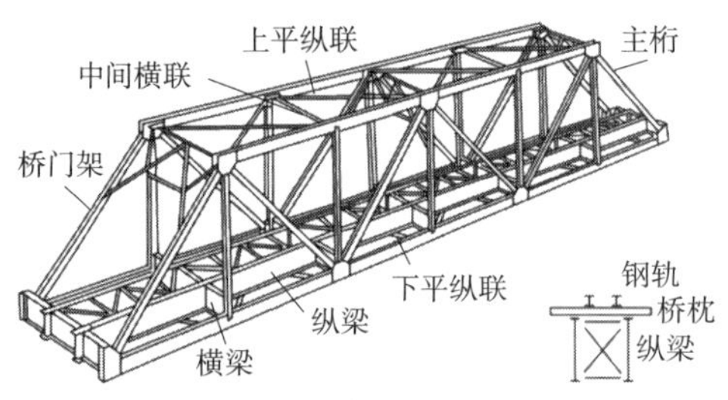

图1.25 下承式钢桁梁

(2)钢箱梁

钢箱梁截面形式较多，如单箱单室、单箱多室、双箱单室等，如将前述的工字形双主梁的布置方式中的工字形钢梁换成钢箱梁，可形成分离式双箱室结构(图1.26)。在现代斜拉桥中，钢主梁更多地采用整体构造的流线型扁平钢箱梁。钢箱梁抗弯、抗扭刚度大，一般两侧带有风嘴，抗风性能好。

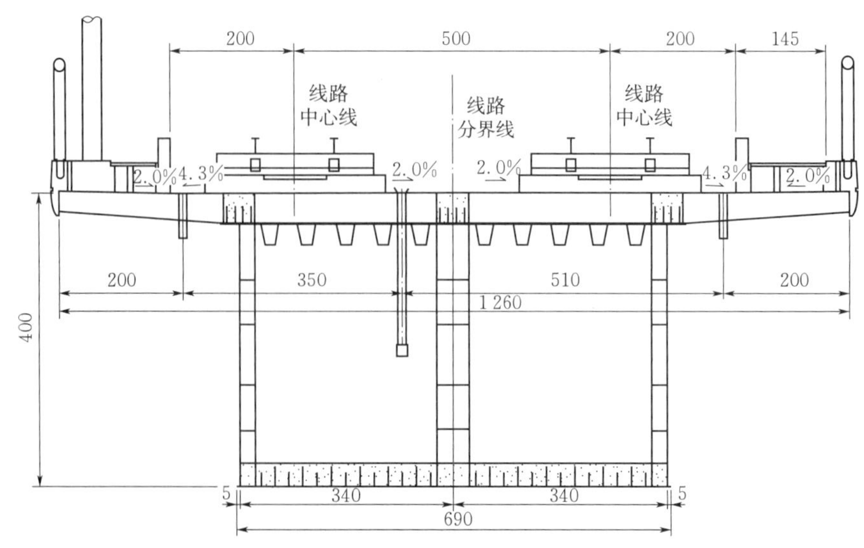

图1.26 钢箱梁截面(单位：cm)

笔记栏

(3)复合体系桥

复合体系桥其承重结构系由两种及以上结构体系组合而成。常见的组合方式有实腹梁与桁架的组合、梁与拱的组合、钢桁梁与悬吊系统的组合、钢桁梁与斜拉索的组合、悬索与斜拉索的组合(图1.27)。

图1.27　复合体系桥

4. 支座

桥梁支座是设在桥梁上部与下部结构之间的传力装置,其应能使上部结构具有必要的活动性。固定支座为仅允许梁端绕横桥方向水平轴转动的桥梁支座。活动支座为允许梁端绕横桥方向的水平轴转动且在顺桥方向作水平移动的桥梁支座。

(1)球形支座

球形支座是由上摆、球冠、下摆组成的钢支座。它因将盆式支座中的橡胶板改为球面聚四氟乙烯板而得名。由于球形支座中间钢板及底盆均相应地改成球面,因此可以有效减小摩擦系数。其位移由上支座板与平面聚四氟乙烯板之间的滑动来实现(图1.28)。在上支座板上设置导向槽或导向环来约束支座的单向或多向位移,可以制成球形单向活动支座和固定支座。通过球形板和球面四氟板之间的滑动来满足支座转角的需要。

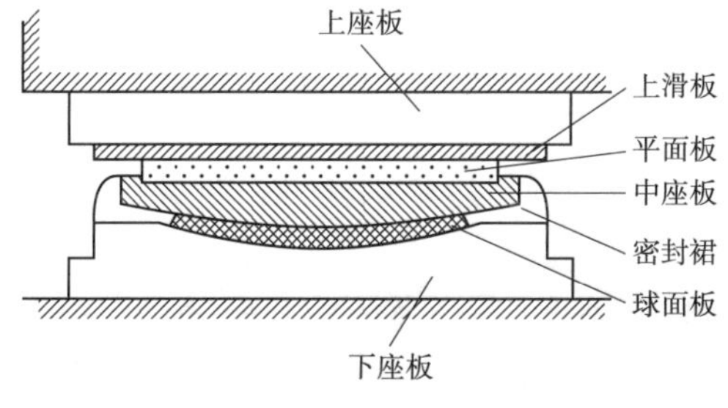

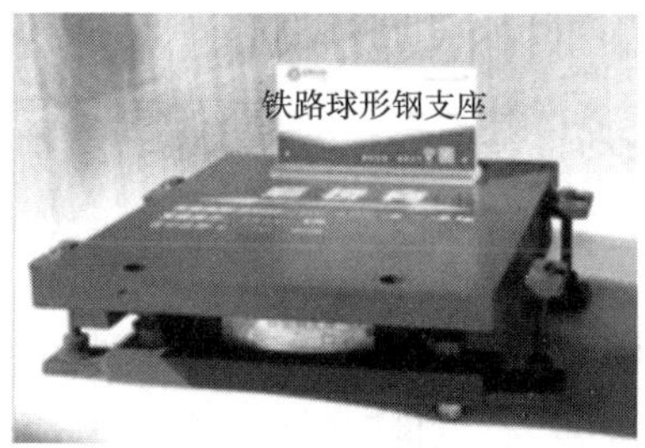

图1.28　球形支座

(2)圆柱面钢支座(柱面钢支座)

圆柱面钢支座是由上摆、圆柱状衬板、下摆(与圆柱衬板接触面为弧面)组成的钢支座(图1.29)。

(3)双曲面钢支座

双曲面钢支座是由上摆、双曲面钢衬板、下摆组成的钢支座(图1.30)。

笔记栏

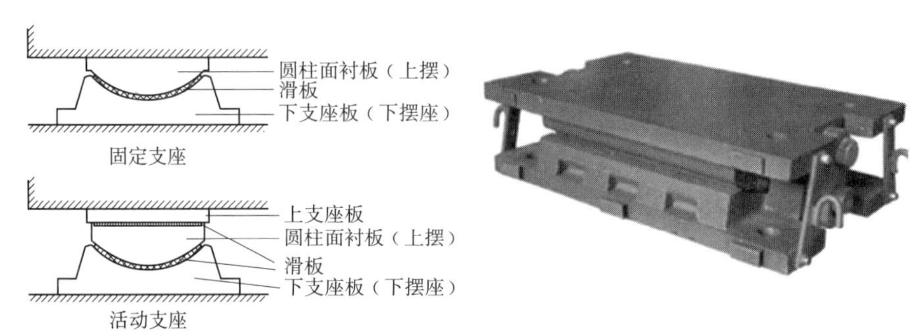

图 1.29 圆柱面钢支座

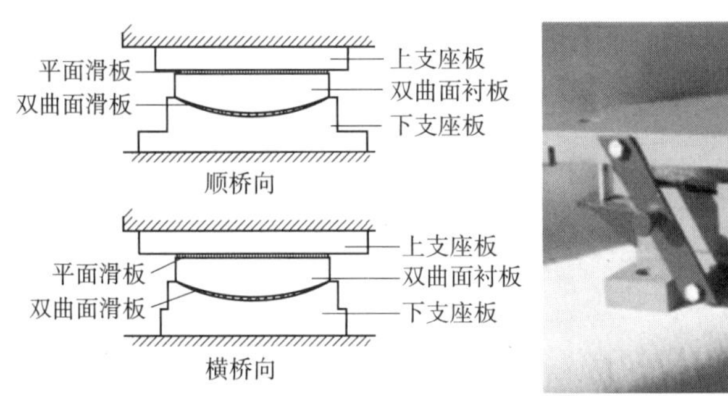

图 1.30 双曲面钢支座

(4)铰轴滑板钢支座

铰轴滑板钢支座是由钢制上摆、下摆、铰轴、支座板组成的支座。铰轴滑板支座是在辊轴支座基础上改进而成的一种支座形式(图 1.31)。

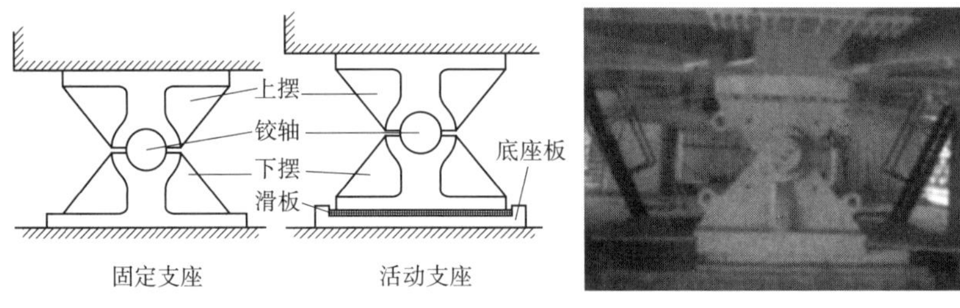

图 1.31 铰轴滑板钢支座

(5)盆式橡胶支座

盆式橡胶支座是由钢盆和密封于钢盆内的橡胶板以及滑板组成的桥梁支座。由上座板(含不锈钢滑板)、聚四氟乙烯滑板、钢紧箍圈、中间钢衬板、橡胶密封圈、下座板、防尘罩和地脚螺栓组成(图 1.32)。水平位移量大、转动灵活等特点,且重量轻,结构紧凑,构造简单,建筑高度低,加工制造方便。

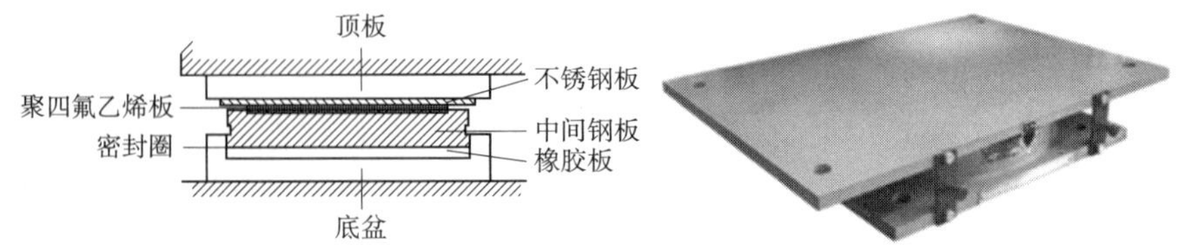

图 1.32 盆式橡胶支座

笔记栏

5. 墩台及基础

桥梁下部结构包含桥墩、桥台及基础。桥墩是支承相邻桥跨结构，并将其荷载传给基础的建筑物，桥台是连接桥跨结构和路基的支挡建筑物，基础通常分桩基础和沉井基础两大类。

1)桥墩的构造

桥墩主要由墩帽、墩身、基础三部分组成。目前采用的一般桥墩按墩身截面可分矩形、尖端形、圆形、圆端形等几种(图 1.33)。桥墩墩身绝大多数是实体的，即用石料、混凝土或片石混凝土筑成，对于高桥墩(墩身高超过 30 m 者)采用薄壁空心钢筋混凝土桥墩。近年来发展的轻型墩台，除薄壁空心桥墩及双柱式桥墩外，还采用预应力拼装式空心薄壁桥墩、基桩栈桥以及柔性墩等。

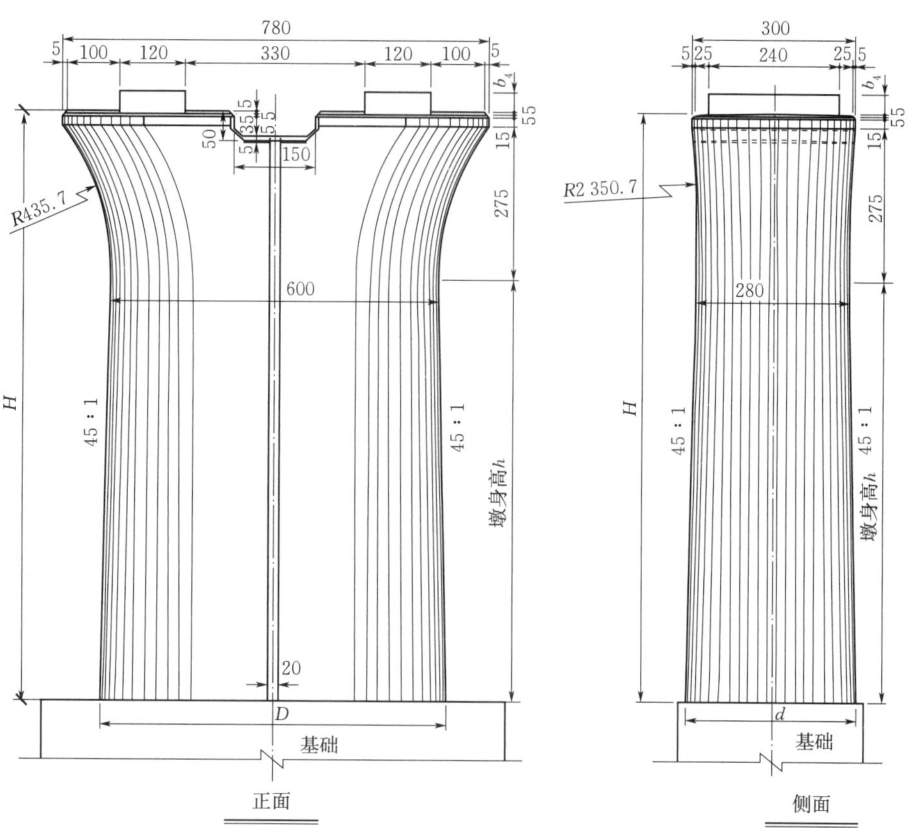

(a) 350 km/h双线整孔简支箱梁桥墩顶帽结构示意图（单位：cm）

(b) 矩形桥墩　　(c) 圆形桥墩

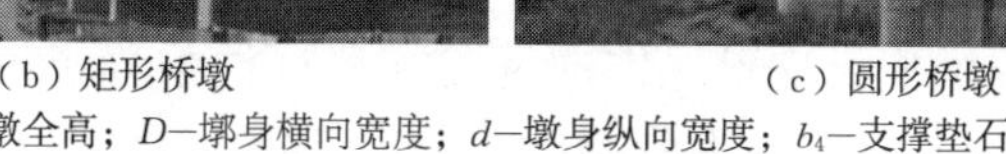

H—墩全高；D—墩身横向宽度；d—墩身纵向宽度；b_4—支撑垫石高。

图 1.33　桥墩的构造

笔记栏

2)桥台的构造

高速铁路桥梁主要采用T形桥台(图1.34),T形桥台的截面形状为T形,它由前墙和后墙组成。其前墙支承桥跨;后墙平行于线路,墙顶设道砟槽,承托桥跨和路堤间的线路上部建筑。这种桥台具有较好的刚度、强度和较强的适应性,以及工程量较少等优点,因此应用较广泛。

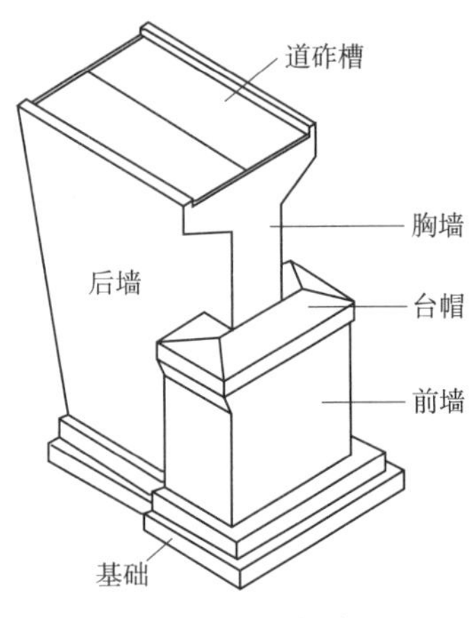

图1.34 T形桥台

3)基础

高速铁路桥梁基础类型主要有桩基础、沉井基础两大类。

(1)桩基础

桩基础是通过承台把若干根桩的顶部联结成整体,共同承受动静荷载的一种深基础,而桩是设置于土中的竖直或倾斜的基础构件,其作用在于穿越软弱的高压缩性土层或水,将桩所承受的荷载传递到坚硬、密实或压缩性较小的地基持力层上(图1.35)。

根据桩的材料可分为钢筋混凝土桩、钢桩等;根据桩的形状可分为板桩、方桩、管桩、螺旋桩、灌注桩、桩尖爆破桩和钻(挖)孔桩等;根据基础承台的所在位置可分为低桩承台(承台修建在冲刷线以下)和高桩承台(承台底高出河底或水面);桩基础根据传力方法的不同又可分为摩擦桩与端承桩两种。

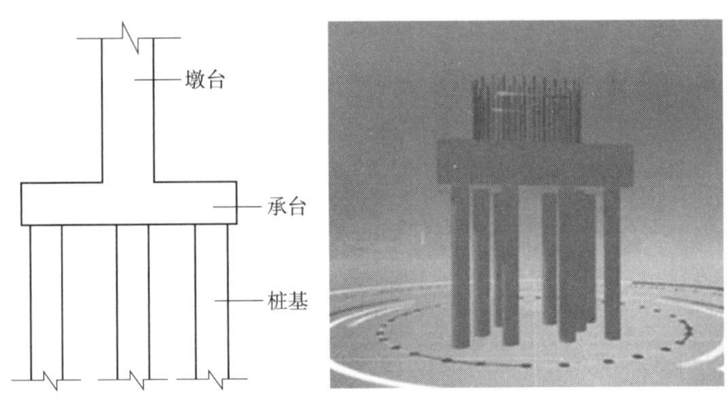

图1.35 桩基础

(2)沉井基础

沉井基础是井筒状的结构物,它是以人工或机械清除井内土石,依靠自身重力克服井壁摩擦力后下沉到设计标高,然后经过混凝土封底并填塞净孔,使其成为桥梁墩台基础(图1.36)。

6. 桥梁的附属设备

桥梁的附属设备主要包含安全检查设备、桥梁防撞设施、通航桥梁航标、调节河流建筑物等设备。

1)安全检查设备

为经常检查桥梁建筑物各部位的情况和保证桥梁养护维修人员的正常工作及操作安全,需要在桥梁的不同部位配备与其相应的安全检查设备。梁的跨度大于10 m,墩台顶帽面至地面的高度大于2 m或经常有水的河流,墩台顶应

笔记栏

图 1.36　沉井基础

设置围栏、固定吊篮、检查梯及台阶等(图 1.37)。

围栏:是保证养护人员在墩台面作业时的安全设备。它由立柱和栏杆扶手组成。

吊篮:是供检查或维修养护桥梁支座和梁端时用的设备。它由支架、步板、栏杆及扶手组成,支架可由钢材或钢筋混凝土制成,步板可为木板或钢筋混凝土板或钢板。通常桥台设单侧,桥墩设两侧。

检查梯:墩顶检查梯是便于从桥面下到墩台顶进行检查作业用的设备,空心墩内设便于检查墩身的检查梯。

检查台阶:当桥头路堤高度(路肩至坡脚)大于 3 m 时,应根据需要在路堤边坡上设置简易台阶。

(a) 吊篮、围栏

(b) 检查梯

(c) 检查梯(空心墩)

(d) 检查台阶

图 1.37　安全检查设施

2)桥梁防撞设施

桥梁防撞设施包含桥梁限高防护架、航道桥梁超高防撞智能系统和墩台防撞设施。

笔记栏

(1)桥梁限高防护架

“铁跨公”立交道路桥梁梁体防撞主要在立交桥梁行车方向前端合适位置设置桥梁限高防护架,用于防止汽车直接冲撞桥梁梁体。铁路立交桥梁其净空不足 5 m 且通行机动车辆的均应设置限高防护架(图 1.38)。

图 1.38 限高防护架

(2)航道桥梁超高防撞智能系统

位于通航航道上的铁路桥梁梁体、桥墩为避免被超高重载的船舶撞击,在桥墩或梁上安装激光扫描传感器,实现 24 h 有效识别监控范围内船舶航迹,并对通过声光、VHF 无线通信对危险船舶进行预警、报警和自动抓拍图片和记录视频(图 1.39)。

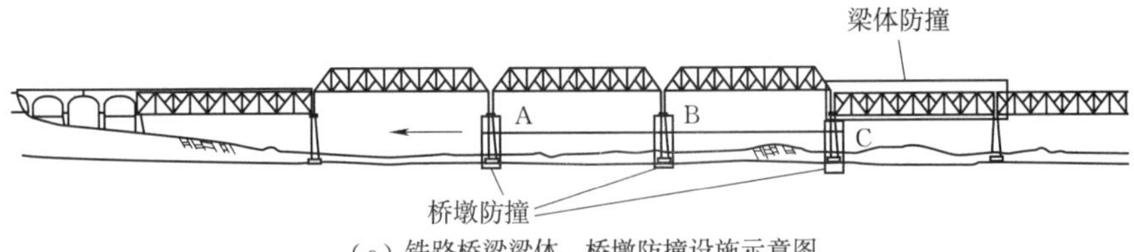

(a)铁路桥梁梁体、桥墩防撞设施示意图

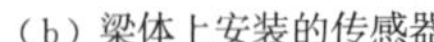

(b)梁体上安装的传感器

(c)桥墩上安装的传感器

图 1.39 航道桥梁超高防撞智能系统

(3)墩台防撞

桥梁墩台的防撞常采取在铁路桥梁墩台周边设置一定的防撞设施,避免通行的车辆或船舶直接撞击铁路桥梁墩台。公路地段一般可在墩台周边设置防

笔记栏

撞墙(墩)或波形护栏,通航河道桥墩一般设置防撞浮筒(混凝土防撞岛、墩或防撞护舷)等防撞设施(图 1.40)。

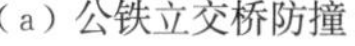
(a) 公铁立交桥防撞

(b) 通航桥防撞

图 1.40　墩台防撞

3)通航桥梁航标

通航河道铁路桥梁上应设置桥梁航标、桥柱标、桥梁水尺标等助航标志(图 1.41)。

(a) 航标、桥柱标

(b) 水尺标

图 1.41　通航桥梁航标

4)调节河流建筑物

调节河流建筑物是桥涵设备的重要组成部分,它主要有护锥、导流堤、丁坝、护岸以及河床铺砌等。

(1)护锥

桥台两侧的锥体填土部分称为护锥。护锥的作用是保护桥头路堤不被河水、雨水冲刷,加强桥头路基的稳定,在锥体边坡上,用干砌片石、浆砌片石、混凝土等加以防护(图 1.42)。

图 1.42　桥梁护锥

(2)导流堤

在河滩较宽而桥孔较短的桥梁中,为了使桥梁上游的水流能平顺地引向桥孔排泄,可在桥头修建不漫水的导流堤。桥梁上游的导流堤可采用椭圆形曲线(半个马蹄式),长度应根据河滩宽度而定。下游导流堤可采用直线或圆曲线的短堤(图 1.43)。

(3)丁坝

当河岸受到冲刷而使河道逐渐弯曲时,可在受冲刷的一岸设置丁坝,将主

笔记栏

流挑开，使该岸不再遭受冲刷而逐渐淤积(图 1.44)。一般情况下，不宜在桥涵进口附近修筑丁坝，以免产生斜流集中冲刷某个墩台。丁坝多采用成群布置，丁坝的标高取决于漫流式还是非漫流式，以漫流式效果较好，经济适用。

图 1.43 导流堤

图 1.44 丁坝

(4)护岸

护岸的形式有直接防护和间接防护两种。直接防护是对河岸边坡直接进行加固，以抵抗水流的冲刷和淘刷。常用抛石、干砌片石、浆砌片石、石笼及梢捆等修筑。间接防护适用于河床较宽或防护长度较大的河段，可修筑丁坝、顺坝和格坝等，将水流挑离河岸(图 1.45)。

(5)河床铺砌

对降坡大、水流急、冲刷严重的河床用浆砌片石对河床进行铺砌，防止冲刷，铺砌的起止点应设置垂裙(图 1.46)。

图 1.45 护岸

图 1.46 河床铺砌

7. 桥梁声屏障

桥梁声屏障是安设在桥梁地段用以降低列车运行噪声对声环境产生影响的构筑物。声屏障主要由钢结构立柱和吸/隔声屏板两部分组成，立柱是声屏障的主要受力构件，它通过螺栓或焊接固定在道路防撞墙或轨道边的预埋钢板上，吸/隔声板是主要的吸声隔声构件，它通过高强弹簧卡子将其固定在 H 形立柱槽内，形成声屏障。

1)按照组合形式分类

按照组合形式可分为插板式声屏障、整体式声屏障、砌体式声屏障。插板式声屏障是在立柱间插装吸声或隔声板材的声屏障。整体式声屏障采用预制或现浇混凝土单元板与基础形成一体的声屏障。砌体式声屏障采用砌块砌筑形成的声屏障，桥梁地段一般不采用。

笔记栏

2)按照材质分类

按照材质分类可分为金属声屏障(金属百页、金属筛网孔)、混凝土声屏障(轻质混凝土、高强混凝土)、PC声屏障、玻璃钢声屏障等(图1.47)。

(a)金属声屏障

(b)混凝土声屏障

(c)PC声屏障

(d)玻璃钢声屏障

图1.47 桥梁声屏障(按材质分类)

3)按照封闭类型分类

按照声屏障的封闭状态,可分为半封闭声屏障、全封闭声屏障(图1.48)。

(a)半封闭声屏障

(b)全封闭声屏障

图1.48 桥梁声屏障(按封闭类型分类)

【思考与练习】

1. 简述高速铁路桥梁特点。
2. 简述32 m预应力混凝土箱梁的特点。
3. 简述盆式橡胶支座、球形钢支座组成和特点。
4. 简述有砟轨道桥面和无砟轨道桥面防排水要求。
5. 高速铁路桥梁附属结构物包含哪些?

笔记栏

任务 1.2　高速铁路隧道结构认知

【任务导入】

随着中国高速铁路的发展，高速铁路隧道也得到了快速发展。已建普速铁路隧道，一般断面较小，长大隧道少，遇到不良地质时尽量绕避，修建技术相对简单。而高速铁路需要采用直线或大曲线半径，很难绕避不良地质或障碍物，需要采用隧道方案下穿通过，给隧道工程建设带来很大的挑战。高速铁路隧道具有断面大、长隧道多、施工风险大和耐久性要求高等特点，往往成为控制全线工期的重、难点工程。其中石太高速铁路太行山隧道全长 27.848 km，最大埋深 445 m，设计为双洞单线隧道，两线间距离 35 m，是目前我国最长的高速铁路山岭隧道，隧道设置了运营通风和发生火灾时的防灾通风设施。

【问题引导】

问题 1：隧道结构由哪几部分组成？简述各部分的作用。

____

____

____

问题 2：与普速铁路隧道相比，高速铁路隧道有什么特点？

____

____

____

【工作实施】

请完成表 1.4 中高速铁路隧道结构认知内容。

表 1.4　高速铁路桥梁结构认知内容

序　号	项　　目	相关内容
1	隧道结构的组成	
2	按照隧道长度分类	
3	按照隧道边墙形式分类	
4	按照隧道埋置深度分类	

笔记栏

续上表

序　号	项　　目	相关内容
5	按照隧道跨度分类	
6	按照隧道围岩压力分类	
7	按照隧道所在位置分类	
8	按照隧道内道床结构分类	
9	隧道排水设置	

【评价反馈】

教师对学生工作过程与工作结果进行评价，并将评价结果填入表1.5教师综合评价表当中。

表1.5　教师综合评价表

<table>
<tr><td colspan="2">班级：</td><td>姓名：</td><td colspan="3">学号：</td></tr>
<tr><td colspan="2">任务1.2</td><td colspan="4">高速铁路隧道结构认知</td></tr>
<tr><td colspan="2">评价项目</td><td colspan="2">评价标准</td><td>分值</td><td>得分</td></tr>
<tr><td colspan="2">考勤(10%)</td><td colspan="2">无故迟到、早退、旷课现象</td><td>10</td><td></td></tr>
<tr><td rowspan="3">工作过程(60%)</td><td>完成问题情况</td><td colspan="2">能准确完整回答相关问题</td><td>10</td><td></td></tr>
<tr><td>在表1.4中能正确完成高速铁路隧道结构认知内容</td><td colspan="2">能准确写出相关内容</td><td>40</td><td></td></tr>
<tr><td>协调能力</td><td colspan="2">与小组成员、同学之间能合作交流，协调工作</td><td>10</td><td></td></tr>
<tr><td rowspan="3">项目成果(30%)</td><td>工作完整</td><td colspan="2">能按时完成任务</td><td>5</td><td></td></tr>
<tr><td>工作规范</td><td colspan="2">能按规范资料完成任务</td><td>5</td><td></td></tr>
<tr><td>工作报告</td><td colspan="2">高铁隧道结构认知内容</td><td>20</td><td></td></tr>
<tr><td colspan="4">合　计</td><td>100</td><td></td></tr>
<tr><td rowspan="2">综合评价</td><td>自评(20%)</td><td>小组评价(30%)</td><td>教师评价(50%)</td><td colspan="2">综合得分</td></tr>
<tr><td></td><td></td><td></td><td colspan="2"></td></tr>
</table>

笔记栏

【相关知识】

我国的高铁建设和高铁技术不仅是实施“一带一路”倡议的重要组成部分，而且作为“国家名片”之一，肩负着走出国门、服务全球的重任，其运营安全性关乎人民生命财产安全和国家声誉。因此，对基础设施的可靠性和耐久性提出了高标准的技术要求。由于我国幅员辽阔，地形地貌和地质条件复杂多变，高速铁路建设过程中不得不修建大量的隧道工程。长度达数千米、数十千米的长大隧道也越来越多，我国已经成为名副其实的高速铁路大国、隧道大国。高速铁路隧道具有断面大、长隧道多、施工风险大和耐久性要求高等特点，往往成为控制全线工期的重、难点工程。

1. 高速铁路隧道结构特点

高速铁路隧道与普速铁路隧道主要区别是：当列车以高速通过隧道时产生的空气动力学效应，对行车、旅客舒适度、列车相关性能和洞口环境的不利影响十分明显。

高速铁路隧道的总体要求是：洞口“早进晚出”且美观，洞内空间满足建筑限界和救援疏散要求，洞内空气动力学效应满足旅客舒适度要求，衬砌结构满足受力和沉降要求，防水符合国家一级防水标准要求，排水满足当地环保要求，便于施工和养护维修，隧道设计使用年限规定为100年。高速铁路隧道的结构特点可概括为：无仰坡进出洞、大净空隧道断面、新型洞门、洞口缓冲结构、长大隧道、强化防水排水。

(1)无仰坡进出洞

重视洞口位置的选择，贯彻隧道“早进晚出”原则，避免洞口边仰坡的大范围刷坡和对原有地貌、植被的过多破坏，最大程度降低了施工对洞口山体的扰动和塌方、落石的危害，保持了洞口山体稳定和环境保护，并与周围环境完美结合。

(2)大净空

列车高速运行引起的隧道空气动力学问题突出，为减缓高速列车通过隧道时产生的空气动力学效应对旅客舒适度和车厢变形的影响，高速铁路与既有铁路相比隧道开挖面积明显加大，高速铁路隧道内轨顶面以上最小净空面积见表1.6。高速铁路双线隧道开挖面积达到120～160 m^2，属超大断面隧道，开挖时围岩松弛范围大，变形加快，自稳能力变差，开挖难度加大。

表1.6　隧道内轨顶面以上最小净空面积

<table>
<tr><th rowspan="2">速度(km/h)</th><th colspan="2">最小净空面积(m^2)</th><th rowspan="2">速度(km/h)</th><th colspan="2">最小净空面积(m^2)</th></tr>
<tr><th>单线</th><th>双线</th><th>单线</th><th>双线</th></tr>
<tr><td>200</td><td>52</td><td>80</td><td>300</td><td rowspan="2">70</td><td rowspan="2">100</td></tr>
<tr><td>250</td><td>58</td><td>90</td><td>350</td></tr>
</table>

(3)新型洞门

与我国铁路传统的端墙、翼墙挡土式洞门结构相比，高速铁路大量采用了

笔记栏

斜切式和帽檐式新型洞门结构，体现了生态保护理念和自然美。

(4)缓冲结构

高速列车通过隧道时，前方空气受到挤压，这种挤压状态以声速传播至隧道出口，骤然膨胀，发出强烈爆破音，产生噪声污染，引起附近房屋门窗的振动，影响洞口周围环境、建筑物环境和周边人员的身体健康。为减缓高速列车通过隧道产生的空气动力学效应，国内外目前主要采用修建隧道洞口缓冲结构和利用隧道洞内辅助坑道两方面的工程措施来缓解隧道出口端的冲击压力波强度。洞口缓冲结构结合洞口附近的地形条件、环境保护要求设置，一般采用与隧道衬砌内轮廓形状相似的开孔式结构，也可采用其他结构，其材质为钢筋混凝土结构，洞口缓冲结构长度一般为一倍隧道洞径至 50 m、断面面积为 1.55 倍隧道断面面积、开口面积为 0.3 倍隧道断面面积。在京沪、武广、郑西、石太和哈大等高速铁路均有设置。

(5)长大隧道

高平顺性作为高速铁路的控制性条件，线路平纵断面标准高，山区高速铁路隧道比例大。已建成的超过 10 km 的长大隧道有 7 座，石太(石家庄—太原)高速铁路太行山隧道达到 27.8 km，并采用无砟轨道。大山隧道位于江津区和璧山区的交界处，是渝昆高铁川渝段贯通的首座长大隧道，隧道全长 3 561 m，全隧道设计为人字坡，最大埋深 137 m。

(6)防排水

高速铁路提高了隧道的防排水等级，以确保防排水效果，避免病害的发生。隧道排水应结合水文地质条件、施工技术水平、工程防水等级、材料来源和成本等，因地制宜，选择适宜的方法，达到防水可靠、排水畅通、线路基床无积水、经济合理的目的，最终保障结构物和设备的正常使用和行车安全。

2. 隧道的组成

隧道组成包括主体建筑物和附属设备两部分。主体建筑物由洞身和洞门组成；附属设备包括避车洞和防排水设施，长大隧道还有专门的通风及照明设备，有通信、信号电缆等设施的还应设电缆槽(图 1.49 和图 1.50)。

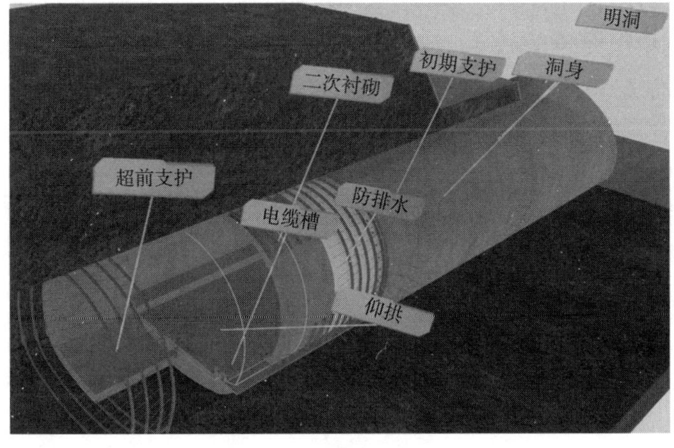

图 1.49　隧道结构组成

笔记栏

图 1.50 隧道洞门图

1)隧道主体

隧道的主体结构主要由隧道支护结构组成。相对于普速铁路隧道,具有以下规定:

①矿山法施工的隧道应采用复合式衬砌,明挖隧道应采用整体式衬砌。

②Ⅰ、Ⅱ级围岩隧道衬砌宜采用曲墙带底板的结构形式,Ⅲ、Ⅳ级围岩隧道衬砌应采用曲墙有仰拱的结构形式,边墙与仰拱应圆顺连接。

③隧道衬砌混凝土强度等级不应低于C30,钢筋混凝土强度等级不应低于C35。Ⅰ、Ⅱ级围岩隧道衬砌底板厚度不应小于30 cm,混凝土强度等级不应低于C35,并应配置双层钢筋。仰拱填充混凝土强度等级不应低于C20。

④隧道二次衬砌Ⅳ～Ⅵ级围岩地段宜采用钢筋混凝土;Ⅰ～Ⅲ级围岩地段宜采用素混凝土,并可掺加一定比例的纤维。

⑤复合式衬砌初期支护及二次衬砌设计参数,应根据隧道围岩级别、岩体构造特征等采用工程类比、理论分析确定,并应根据现场围岩量测信息,对支护参数做必要的调整。土质隧道、浅埋隧道、设置大管棚地段隧道的拱部可不设置径向锚杆。

(1)整体式模筑混凝土衬砌

整体式模筑混凝土衬砌,是在坑道内树立模板、拱架,然后浇灌混凝土而成。它是作为一个支护结构,从外部支撑坑道围岩的,是一种传统衬砌结构形式。

曲墙式衬砌适用地质比较差,岩石松散破碎,强度不高,又有地下水,侧向水平压力也相当大的Ⅳ、Ⅴ和Ⅵ级围岩情况。它由顶部拱圈、侧面曲边墙和底部仰拱(或铺底)所组成。除在Ⅳ级围岩无地下水,且基础不产生沉降的情况下可不设仰拱,只做平铺底外,一般均设仰拱,以抵御底部围岩压力和防止衬砌沉降,并使衬砌形成一个环状的封闭整体结构以提高衬砌的承载能力。顶部拱圈的内轮廓与直墙式衬砌的拱部一样,但它的拱圈截面是变厚度的,拱顶薄而拱脚厚。边墙是变厚度的,做成向外拱的曲线形,以抵抗较大的水平压力。仰拱一般为等厚度的。

(2)复合式衬砌

复合式衬砌是与喷锚支护和新奥法施工结合起来进行的(图 1.51)。其工艺为在洞壁表面上先喷射一层混凝土,有时也同时施加锚杆,凝固后形成一个薄层的柔性支护结构,允许它有限度地产生变形,以至少许的裂纹,把围岩因开挖坑道而引起的形变压力全部吸收或吸入绝大部分,并把洞壁的位移逐渐稳定

笔记栏

下来，使外衬与围岩共同组成的初期支护体系处于暂时平衡状态。在施工的同时，定期量测支护变形的信息，将这些信息反馈到施工和结构的设计中去，据以确定内衬的最佳施作时间，以及内衬的适宜厚度。在外衬变形终止或基本稳定以后，再施作内衬。为了防止地下水流入隧道内，可以在外衬与内衬之间，敷设一层以塑料防水板等为材料的防水层。

图1.51　复合式衬砌

①外衬(亦称初次衬砌)。为了使围岩在开挖后的变形及早地受到约束，所以外衬多半是使用能达到早强的喷射混凝土和锚杆，使柔性的外衬既能容许围岩有所变形，又约束它不让其变形发展得太大太快。一般地，外衬的厚度多在5～20 cm之间。为此，开挖坑道时，要求采用光面爆破，使洞壁平整光顺，喷层足以覆盖凸点，同时内表面也平整，便于以后铺设防水层。

②内衬(亦称二次衬砌)。内衬可以用喷射混凝土层柔性结构，也可以用较厚的模筑混凝土。它的厚度视当时外衬变形的情况，或变形的速度而定。当围岩无明显的流变性质，而位移有较明显的减缓趋势，水平收敛小于0.2 mm/d，拱顶下沉小于0.1 mm/d，而且当时的位移值占总位移值的80%以上时，单线隧道内衬厚度可为25 cm，双线隧道内衬厚度可为30 cm，均为等厚截面。

③防水层。内外层衬砌之间的防水层可以用软聚氯乙烯薄膜、聚异丁烯片、聚乙烯片等防水卷材，或喷涂乳化沥青等防水剂。在喷层表面有凹凸不平时，须事先以砂浆敷面，做成找平层，务必使岩壁与防水层密贴。防水层接缝处，一般用热水焊接，或用电敏电阻焊接，亦可用适当的溶剂作溶解焊接，用以保证防水的质量。

④铺底及仰拱的厚度与一般模筑混凝土衬砌的铺底或仰拱相同。

复合式衬砌既能调动围岩的自承能力，又可以充分发挥结构的承载能力。复合式衬砌可以保证初期支护施作及时，刚度小易变形，与围岩密贴，从而能保护围岩和加固围岩，促进围岩的应力调整，充分发挥围岩的自承作用。二次衬砌完成后，衬砌内表面光滑平整，可以防止外层风化，装饰内壁，增强安全感。它既能够充分发挥喷锚支护的优点，又能发挥二次衬砌永久支护的可靠作用。复合式衬砌是目前隧道工程常采用的衬砌形式。

2)洞门与明洞

(1)基本要求

隧道洞门及明洞在设计及施工过程中需满足以下要求：

①隧道洞口设计应结合地形、地质和环境条件，综合考虑景观要求，采取“早进晚出”的设计原则，隧道洞门宜选用斜切式和帽檐式结构形式，洞口施工应减少洞口边仰坡开挖。

②隧道洞口应避免通过危岩落石发育区，无法避免时应设置明洞、棚洞，同时采取清除、加固、拦截、遮蔽等综合整治措施。

笔记栏

③洞口附近有建筑物或特殊环境要求时，宜通过设置洞口缓冲结构降低微气压波峰值并满足微气压波峰值的要求。

④隧道洞口缓冲结构设置应考虑列车类型及长度、隧道长度、隧道净空有效面积、隧道内轨道类型、隧道洞口附近地形和居民情况等因素。

⑤洞口缓冲结构设计应符合下列规定：缓冲结构形式应考虑实用、美观以及洞口附近的地形环境条件等因素，缓冲结构宜采用与隧道衬砌内轮廓形状相似的开孔式结构，也可采用其他结构形式；缓冲结构横断面不变时，侧面或顶面应开减压孔，减压孔面积可根据实际情况确定，宜为隧道净空有效面积的1/5～1/3；缓冲结构宜采用钢筋混凝土结构。

⑥隧道洞口上方有公路跨越时，应在靠近铁路的公路路侧设置防撞护栏，护栏等级应符合有关规定。

⑦两座隧道洞口距离小于30 m时，宜采用明洞形式连接。

(2)高速铁路隧道新型洞口

相对于传统的铁路隧道洞门，高速铁路隧道洞口结构的设计应本着“简洁大方，美观实用，保护环境”的原则，以不刷坡或少刷坡施作突出于山体的切削式洞口为主要建筑形式。除个别需要的工点(靠近城市、旅游景区等)外，一般不做更多的建筑修饰，体现自然美的环境意识。斜切式洞门因不仅具有洞口开挖量小、混凝土工程量少等特点，而且适合于暗挖进洞和明挖进洞两种工法，体现了当前社会发展要求的环保和生态的理念。在当前对环境保护和结构美观要求越来越高的情况下，特别是随着高速铁路的修建，洞口设计既要满足结构安全稳定、环保美观的要求，又要满足减缓微气压波影响的要求，斜切式洞口结构就成为主要的洞口形式。与铁路传统的端墙、翼墙挡土式洞门结构不同，高速铁路隧道大量采用斜切式和帽檐式新型洞门结构(图1.52)。

(a) 斜切式洞门

(b) 帽檐式洞门

(c) 喇叭口状洞门

(d) 倒削式洞门

图1.52 新型洞门

笔记栏

3)附属设施

隧道附属设施包含隧道防排水、隧道通风、隧道照明、辅助坑道等附属设施。隧道内应设置双侧电缆槽,电缆槽盖板应平整,铺设稳固。水沟或电缆槽结构外缘至同侧轨道中线的距离不应小于2.2 m,靠近道床一侧的沟(槽)身应增设构造钢筋。隧道内附属构造物设计应考虑高速列车通过隧道时所产生的压力变化和列车风对附属构筑物结构及安装件的附加受力影响,设计时应按照最不利情况组合考虑。

(1)专用洞室

高速铁路隧道内可不设置避车洞,设备专用洞室应根据相关专业要求设置。隧道长度大于500 m时,应在洞内设置余长电缆腔。余长电缆腔应沿隧道两侧交错布置,每侧间距宜为500 m。长度为500～1 000 m的隧道,可只在其中部设置一处。余长电缆腔可与专用洞室结合设置(图1.53)。

图1.53　专用洞室

(2)隧道防水

高速铁路隧道的防水质量对隧道的寿命以及铁路安全运营有着重要的影响。因此,在隧道设计、施工时应对地表水和地下水做妥善处理,使洞内外形成一个完整的防排水系统,保障结构物和设备的正常使用和行车安全。

隧道防水是为确保隧道运营不致因漏水、积水造成灾害,影响使用功能和腐蚀设备而采取的防水措施。一般采用“防、排、截、堵相结合,因地制宜,综合治理”的原则进行整治。

①混凝土防水是通过混凝土自身防水特性达到结构防水的目的,防水混凝土是通过调整配合比,掺加外加剂、掺合料,并采用相应的施工工艺而使其抗渗等级不小于P8的混凝土。防水混凝土可分为普通防水混凝土和外加剂防水混凝土。普通防水混凝土是指控制水灰比,适当调整含砂率和水泥用量的方法提高其密实性及抗渗性的一种混凝土。外加剂防水混凝土是在混凝土中掺入适量的外加剂,如引气剂、减水剂或密实剂等,使其达到防水的要求。

②注浆防水是将注浆材料按一定的配比制成的浆液,通过一定的方式压入隧道围岩或衬砌壁后的空隙中,经凝结、硬化后起到堵水和加固围岩作用的一种施工方法。可采用注入水泥浆液、水泥砂浆、化学浆液等进行防水。

(3)防水层和防水板

防水层是附加在衬砌上的防水结构,是由防水板及其垫层组成,它能将地层中的渗水隔离于二次衬砌之外,避免水与二次衬砌混凝土接触,防止地下水通过二次衬砌的薄弱环节深入隧道。垫层的作用是保护防水板,使防水板免遭尖锐物的刺伤,同时充当渗水通道(图1.54)。

图1.54　隧道防水板

笔记栏

防水层有水泥砂浆防水层、卷材防水层、涂料防水层、金属防水层等。防水板是由工厂生产的具有一定厚度和抗渗能力的高分子薄板等防水材料,可采用聚乙烯类单一或复合防水板。

(4)隧道排水

在隧道内外设置排水设施,排放、疏干或减缓隧道内地下水的工程措施。隧道排水主要分为洞外排水、洞内排水。

①洞外排水

洞外排水主要是将隧道上方地表洼地、浅埋等处所的水排走,将洞口水排走,以免水流浸泡冲刷洞口仰坡(图 1.55)。隧道地表沟谷和坑洼的积水、渗水对隧道有影响时,宜采用疏导、勾补、铺砌和填平等措施,对易发生积水下渗的废弃的坑洞、钻孔等应填实封闭,防止地表水下渗。洞外排水形式主要有天沟、吊沟、泄水洞等。

天沟:天沟用于隧道仰坡开挖坡面以外,可设置一道或几道,用以截排坡面上方流向洞口的地表水。

吊沟:吊沟是将天沟内水排至既有水系或侧沟内。

泄水洞:为解决隧道正洞排水设施排水能力不足而专门修建的泄水通道。主要设置于富水隧道,施工时可兼做施工通道使用。

(a)天沟

(b)泄水洞

图 1.55 隧道洞外排水

②洞内排水

洞内排水主要是将隧道内水流排走。洞内排水设施可分为侧沟、中心水沟、环向盲管(沟)、横向盲管(沟)、纵向盲管(沟)、泄水孔等(图 1.56)。

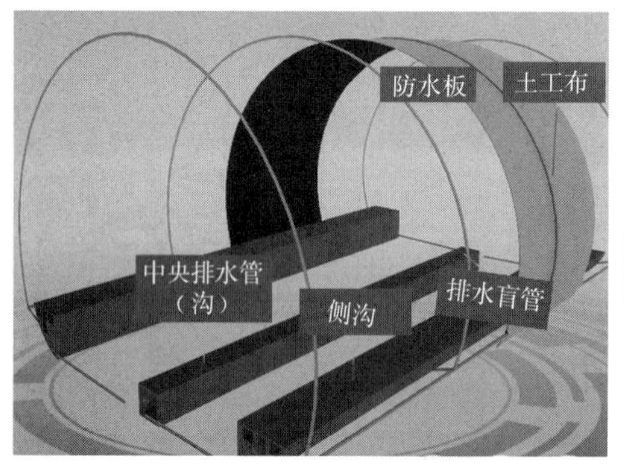

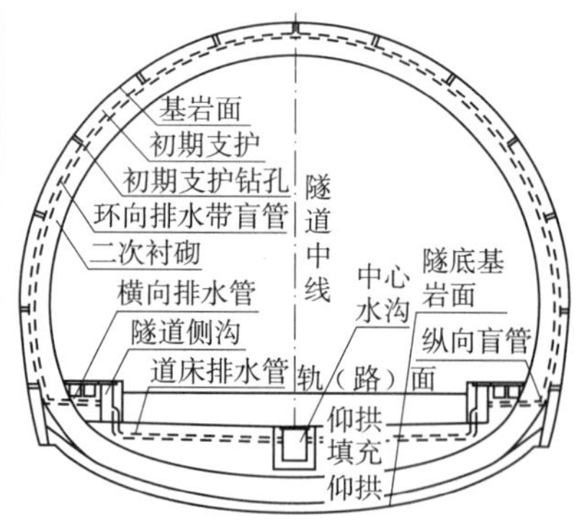

图 1.56 隧道洞内排水

笔记栏

侧沟隧道内设置在单侧或两侧的排水沟。

单侧沟:设置在隧道一侧的排水沟,一般适用于单线有砟道床隧道。

双侧沟:设置在隧道两侧的排水沟,一般适用于双线隧道或整体道床隧道。双线隧道宜在两侧及中心沟设置水沟,并不得单独采用中心水沟。

设置在隧道中间的排水沟,适用于双线隧道或整体道床隧道,现阶段双线隧道一般采用中心水沟排水,并结合双侧沟设置。

环向盲管为疏导和防止衬砌背后积水,避免洞内漏水,减少静水压力,降低隧底地下水位,在隧道外周设置的排水设施。环向盲管的作用是在岩面与初期支护之间、初期支护与防水板间提供过水通道,并使之下渗汇集到纵向排水管。

横向排水管位于衬砌基础和路面的下部,布设方向与隧道轴线方向垂直,是连接纵向排水盲管与中央排水管的水力通道。

纵向盲管(沟)是沿隧道纵向设置在衬砌底部外侧的透水盲管,它将环向排水管和防水板垫层排下的水汇集并通过横向排水管排除。

泄水孔是在隧道边墙安设泄水管,使其里端与盲沟接通,外端穿过衬砌与纵向排水沟接通。泄水管可用钢管、竹管、塑料管、蜡封纸管等。

4)施工缝和变形缝防水

变形缝是伸缩缝和沉降缝的总称。施工缝是施工中由于混凝土不连续灌注出现的缝隙,也称冷缝。由于施工水平不一,施工缝、变形缝渗漏水已成隧道漏水的主要漏水形式。目前常采用一字形、L形、企口型、排水暗槽、塑料(橡胶)止水带等形式施工缝(变形缝)进行防水处理。

5)隧道通风

列车通过隧道时,会排出大量有害气体,同时还会散发出许多热量。为此,长大隧道必须进行洞内通风将有害气体及热量等排出洞外,并把新鲜空气引入洞内。

为加快隧道洞内外空气更换,改善洞内的空气质量而采用的各种方法及设施,主要指设置机械通风,即在一端用机械吹入新鲜空气,沿隧道纵向冲淡并挤出污浊空气。隧道通风方式可分为自然通风和机械通风。

(1)自然通风:空气在水平气压差的作用下,会沿着等气压线垂直的方向,由高气压区流向低气压区,从而使隧道内空气流动。此外,铁路隧道由于洞内和洞外的气温不同,空气密度便有差别,加以隧道两端洞口海拔高度不同,也会产生气压差,引起隧道内空气的流动。列车通过隧道时,尤其是通过单线铁路隧道时,会产生同列车运行方向相同的气流(活塞风)等。这些因素都会引起隧道内空气流动,通常称为自然通风。

(2)机械通风:利用风机通风,一般采用纵向通风方式,即利用风机把空气从隧道一端吹向另一端。机械通风设施主要有风机、动力设备、通风机房、通风道和帘幕等。特别长的铁路隧道避风,由于受到机械通风风速以及列车通过隧道的间隔时间的限制,要在行车间隔时间内排除隧道内蓄积的污浊空气,一般采用分段式通风,即利用隧道的辅助坑道(竖井、斜井或横洞)等作为通风道,在隧道内分段设置若干台风机,进行隧道通风(图1.57)。

笔记栏

图 1.57 隧道机械通风

6)隧道照明

隧道照明是保障设备维修，提高设备质量，保证运输安全的重要设施。全长 1 000 m 及以上的直线隧道和全长 500 m 及以上的曲线隧道应设照明设备。全长大于 3 000 m 的隧道应设置固定式照明设施；其他隧道可配备移动式照明设施(图 1.58)。

隧道照明的控制宜设在洞口，采用一端、两端或分段控制，在隧道内的控制范围不宜大于 1.5 km。隧道照明的控制应同步设置远动控制，便于照明设施的日常管理。

(a) 隧道照明

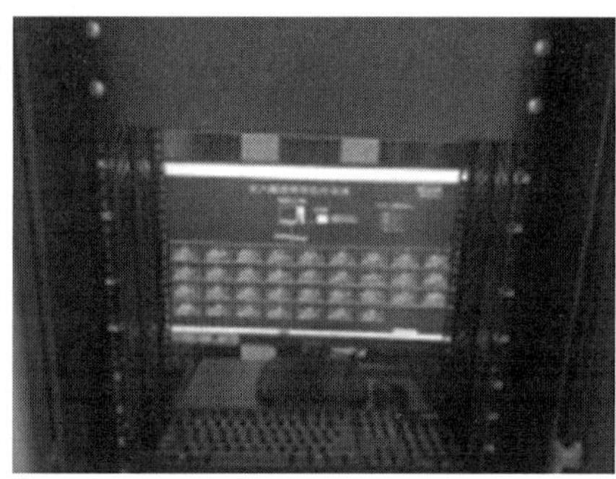

(b) 照明远动控制

图 1.58 隧道照明系统

7)辅助坑道

辅助坑道是指修筑隧道时，由于施工需要，在近旁另外开挖的一条通到正洞中线位置的小断面坑道。主要功用是增加正洞施工的工作面，加快工程进度，从而缓解长隧道对整条线路工期的制约；改善施工中的通风、运输、排水以及安全状况；还因超前开挖，可为大断面正洞施工提供确切的地质资料。辅助坑道的纵断面可以是水平、倾斜甚至垂直的，分别称为横洞、平行导坑、斜井及竖井。工程完成后，对废弃不用的辅助坑道要作封闭处理，避免日后对正洞稳定产生不利影响。

横洞适用于傍山沿河隧道，洞口施工干扰大、场地狭窄或地质不良等难以进洞隧道。

平行导坑适用于难以采用其他辅助坑道的深埋长隧道。平行导坑通风及排水效果较好，特别适于有地下水或瓦斯的隧道。平行导坑亦可作为远期计划二线隧道或作为运营隧道的维修养护、防灾救援通道。

斜井适用于无设置横洞条件，但隧道旁侧有低洼地形，且地质条件较好隧道，后期可作为应急疏散通道使用。

竖井适用于无设置横洞和斜井的条件，洞顶局部地段地质条件较好，覆盖较薄，且位置适宜时，通风需要的隧道。

笔记栏

3. 隧道的分类

隧道按照长度、边墙形式、埋置深度、跨度、围岩压力、所在位置、瓦斯浓度等可进行相应分类。

1)按照隧道的长度分类

铁路隧道按长度分类见表 1.7。

表 1.7 按照隧道长度分类

铁路隧道分类	特长隧道	长隧道	中隧道	短隧道
隧道长度 L(m)	$L>10\ 000$	$3\ 000<L\leqslant 10\ 000$	$500<L\leqslant 3\ 000$	$L\leqslant 500$

注:隧道长度系指进出口洞门端墙墙面之间的距离,即以端墙面与内轨顶面的交线同线路中线的交点计算。计算时,双线隧道以左线为准;位于车站上的隧道以正线为准。设有缓冲结构的隧道长度应从缓冲结构的起点计算。

2)按照隧道边墙形式分类

直边墙隧道:隧道边墙为直墙形式,适用于地质条件较好,围岩压力以竖向为主的隧道。

曲边墙隧道:隧道边墙为曲墙形式,适用于地质较差,岩体松散破碎,强度不高,侧向水平压力较大的隧道。

3)按照隧道埋置的深度分类

浅埋隧道:当地表水平或接近水平,且隧道拱顶以上覆盖层厚度小于 2.5 倍的深埋隧道垂直荷载计算高度时,为浅埋隧道。

深埋隧道:当地表水平或接近水平,且隧道拱顶以上覆盖层厚度大于 2.5 倍的深埋隧道垂直荷载计算高度时,为深埋隧道。

4)按照隧道的跨度分类

铁路隧道按跨度分类见表 1.8。

表 1.8 按照开挖跨度隧道分类

铁路隧道分类	特大跨度隧道	大跨度隧道	中等跨度隧道	小跨度隧道
跨度 S(m)	$S>14$	$12<S\leqslant 14$	$8.5<S\leqslant 12$	$5<S\leqslant 8.5$

注:隧道开挖跨度是指隧道开挖横断面的水平最大宽度。

隧道开挖跨度在 8.5 m 以上至 12 m 的隧道,适用于车速 200～350 km/h 单线隧道。隧道开挖跨度大于 14 m 的隧道,适用于车速 250～350 km/h 双线隧道、三线及以上隧道(图 1.59)。

5)按照隧道围岩压力分类

偏压隧道:指由于客观原因而致围岩压力呈现出较为明显的不均匀性,在偏压荷载作用下对隧道的支护和施工产生不利影响。大多数隧道偏压处于洞口段,属于地形浅埋偏压;在洞身段,地形偏压较少,多属于地质构造引起偏压。

非偏压隧道:隧道周围围岩压力基本均匀,是相对于偏压隧道而言的。

6)按照隧道所在的位置分类

山岭隧道是指为缩短距离和避免大坡道而从山岭或丘陵下穿越的隧道[图 1.60(a)]。

笔记栏

（a）小跨度隧道

（b）中等跨度隧道

（c）大跨度隧道

（d）特大跨度隧道

图 1.59　隧道分类(按跨度)

水下隧道是指为穿越河流或海峡而从河下或海底通过的隧道[图 1.60(b)]。城市隧道是指为适应铁路通过大城市的需要而在城市地下穿越的隧道。

（a）山岭隧道

（b）水下隧道

图 1.60　隧道分类(按所在位置)

7)按照隧道内道床结构不同分类

预应力钢筋混凝土宽轨枕(混凝土宽枕)道床隧道:混凝土宽枕俗称轨枕板,平面尺寸加宽的、功用与混凝土轨枕相同的构件,可用于铺设碎石道床也可用于铺设沥青道床上,道床顶面经混凝土宽枕密排覆盖,石砟不易污染,地面水经轨枕面排向轨道两侧。轨道稳定、平顺、维修工作量少。适用于繁忙干线、大型客货场及维修线路不便的隧道。

整体道床隧道:混凝土整体灌注而成的道床,道床内可预埋木枕、混凝土枕或混凝土短枕,也可在混凝土整体道床上直接安装扣件、弹性垫层和钢轨

笔记栏

[图 1.61(a)]。

碎石道床隧道:用质地坚韧,不易风化,吸水率小,耐寒性能好,有弹性且不易捣碎的散粒材料填筑道床的隧道[图 1.61(b)]。

(a)整体道床隧道

(b)碎石道床隧道

图 1.61　隧道分类(按隧道内道床结构)

【思考与练习】

1. 高速铁路隧道有哪些特点?
2. 高速铁路隧道洞门采取了哪些新式结构?
3. 高速铁路隧道防排水系统主要由哪些部分组成?
4. 高速铁路隧道内轨顶面以上最小净空面积有什么要求?

笔记栏

项目2　桥隧建筑物修理组织及管理

【项目描述】

我国高速铁路桥隧建筑物的养护维修工作由桥隧车间或专业工区负责，养修人员主要利用“天窗时间”集中进行桥隧建筑物的日常检修、保养和维护工作。桥隧建筑物的检查、检测、维修以人工为主，辅以仪器设备。桥隧维修管理实行“检养修”分开生产组织模式，通过加强设备巡视、检查，建立完善病害分析制度，编制月度生产计划等方式完善了良性闭合式桥隧建筑物管理模式。

本项目对桥隧建筑物修理组织、桥隧建筑物检查制度、桥隧建筑物检查内容管理、桥隧建筑物状态评定进行了介绍，使学生了解并掌握桥隧建筑物修理组织及管理制度。

【学习目标】

1. 知识目标

(1)了解桥隧建筑物修理组织及管理制度；

(2)掌握桥隧建筑物检查内容；

(3)掌握桥隧建筑物状态评定流程及标准。

2. 能力目标

(1)具备熟悉桥隧建筑物经常保养范围及质量验收的能力；

(2)具备熟悉桥隧建筑物综合维修范围及质量验收的能力。

3. 素质目标

(1)加强理想信念教育，深化社会主义核心价值观；

(2)培养学生分析问题、解决问题、积极思考和勇于创新的能力；

(3)培养学生的知识收集、分析总结等信息处理能力。

【案例导入】

随着高速铁路的运营，高速铁路桥隧建筑物也陆续出现了一些病害，桥隧建筑物检查、监控是全面掌握设备状态变化的重要手段，也是保证行车安全的基础性工作(图2.1)。设备管理单位应执行各项检查制度，采取有效防治措施，确定桥隧建筑物运营条件，在检查作业过程中需遵循桥隧建筑物修理组织制度、检查制度、经常保养制度、维修作标准开展作业。

京港高铁万安隧道长13.95 km，是江西省最长的一条高铁隧道，高铁从这里通过只需要三分钟，而这背后是一群高铁桥隧工长期昼伏夜出、躬耕于毫厘之间的守护。为确保隧道安全畅通，万安维修工区的高铁桥隧工对管内设备进

笔记栏

（a）高速铁路桥梁检测维修

（b）高速铁路隧道检测维修

图 2.1　高速铁路桥隧建筑物养护维修

行全覆盖检查，对可能引发的地质灾害登记造册并及时整治。针对隐患排查中发现的问题，建立防洪隐患库，准确记录问题类型、所在位置等，并逐条制定整改计划，明确整改责任人，整改一处、销号一处，实现闭环管理，全力确保高铁隧道安全。

任务 2.1　桥隧建筑物修理组织与检查制度管理

【任务导入】

桥隧建筑物检查、监控是全面掌握设备状态变化的重要手段，也是保证行车安全的基础性工作。设备管理单位应成立专业检查队伍，执行各项检查制度，采取有效的防治措施，确定桥隧建筑物的运用条件。桥隧维修工作应遵循"预防为主，防治结合"的原则进行，强化设备检查，采取经常保养和综合维修相结合的方式，预防病害发生，保持桥隧建筑物使用状态均衡完好，使列车能以规定的速度安全、平稳和不间断地运行。

【问题引导】

问题 1：桥隧检查车间及桥隧检查工区设置长度一般是多少？桥隧设备维修实行什么方式？

____

____

____

问题 2：桥隧建筑物检查制度包括哪些内容？

____

____

____

【工作实施】

请完成表 2.1 中高速铁路桥隧建筑物检查制度相关检查要求。

笔记栏

表 2.1 高速铁路桥隧建筑物检查制度管理

序　号	项　　目	检查要求
1	经常检查	
2	临时检查	
3	水文观测	
4	专项检查	
5	检定与试验	

【评价反馈】

教师对学生工作过程与工作结果进行评价，并将评价结果填入表 2.2 教师综合评价表当中。

表 2.2 教师综合评价表

班级：		姓名：		学号：	
任务 2.1		桥隧建筑物修理组织与检查制度管理			
评价项目		评价标准		分值	得分
考勤(10%)		无故迟到、早退、旷课现象		10	
工作过程(60%)	完成问题情况	能准确完整回答相关问题		10	
	在表 2.1 中能正确完成高速铁路桥隧建筑物检查制度相关检查要求	能准确写出相关检查要求		40	
	协调能力	与小组成员、同学之间能合作交流，协调工作		10	
项目成果(30%)	工作完整	能按时完成任务		5	
	工作规范	能按规范资料完成任务		5	
	工作报告	桥隧建筑物修理组织与检查制度		20	
合　计				100	
综合评价	自评(20%)	小组评价(30%)	教师评价(50%)	综合得分	

笔记栏

【相关知识】

1. 高速铁路桥隧建筑物修理规则

桥隧建筑物是高速铁路的重要组成部分，所占比例大，结构复杂，修建困难。需做好高速铁路桥隧建筑物的修理工作，保证运输安全畅通。

桥隧建筑物的修理工作分为检查、维修和大修。维修工作分为经常保养和综合维修。检查、维修工作实行检养修分开的管理体制。

设备管理单位应执行各项检查制度，采取有效防治措施，确定桥隧建筑物运用条件。

桥隧维修工作应遵循“预防为主，防治结合”原则，强化设备检查，采取经常保养和综合维修相结合的方式，预防病害发生，保持桥隧建筑物使用状态均衡完好，使列车能以规定的速度安全、平稳和不间断地运行。

桥隧大修工作应根据设备技术状态和运输需要，有计划地对设备进行整治、加固，恢复或提高设备运营能力，以充分发挥桥隧建筑物的使用效能。设备管理单位应设置高速铁路桥隧建筑物检查机构；对技术复杂的特大桥梁、特长隧道，可视具体情况设置专门检查维修管理机构。检修机构应配置必要的作业机具、测试仪器及检修设备。桥隧设备技术资料管理应采用信息化手段，实现及时准确地传递信息和资源共享，提高管理效能。

桥隧修理工作必须认真执行检查、计划、作业、验收等基本工作制度，依靠科技手段，强化基础建设，大力发展机械化作业，不断提高工作效率和经济效益，全面实行科学化管理。

桥隧检修作业应加强安全管理，严格遵守营业线施工作业相关规定，正确处理施工作业与运输的关系，在保证安全和质量的前提下，尽量减少中断行车和限制行车速度的时间。

2. 高速铁路桥隧建筑物检查维修组织

高速铁路桥隧建筑物在进行检修作业时需做好如下组织工作：

根据管辖桥隧建筑物的数量，设立桥隧检查车间，负责桥隧设备的日常管理，并归属所在工务(桥工)段管理(统称为设备管理单位)。在桥隧检查车间下设桥隧检查工区。桥隧检查车间的管辖营业长度宜在 300 km 左右，且不超过 400 km；检查工区管辖营业长度 100 km 左右；山区路段宜适当缩小管辖长度；大型桥梁、长大隧道应设置专门的检查工区。跨越大江大河的大型钢梁桥，应专门设置钢梁、机修工区。

桥隧设备维修实行委托方式，委托专业队伍实施，不设路桥综合维修工区。专业队伍应为设备管理单位组织培训合格，并经路局审查认定的队伍，或是通过招标确定具有铁路工务维修相关资格的公司。

桥隧检查工区负责桥隧设备及附属安全检查设施的日常检查、观测和有条件开展的少量保养工作。

隧道机械抽水、通风，应配设专职作业人员及机电检修人员，负责设备使用和检修，保持设备状态良好和正常运行。桥隧车间、工区按照专业化管理的需

笔记栏

要应配备相应的交通运输工具、动力机械、专用检测设备及作业机具、高空检查平台,其机具配备标准按《高速铁路桥隧建筑物修理规则(试行)》(TG/GW 114—2011)附录四“高速铁路桥隧检查保养主要机具配备表”办理。

3. 高速铁路桥隧建筑物检查规则

高速铁路桥隧建筑物检查作业时需遵循对应检查项目的检查制度,检查分周期性检查、临时检查和专项检查等,作业中需对作业过程进行统一管理。

1)检查制度

检查制度贯穿于周期性检查、临时检查、水文观测、专项检查、检定试验等方面,各项检查必须建立相应责任制度,保证各项检查工作的落实。

检查单位应建立检查登记簿、病害观测记录簿,并按规定认真填写,保证数据准确可靠。

为保证检查的精度,检查人员应配备必要的检查工具和仪器、仪表,并定期标定,统一计量标准。

根据检查工作量及技术难度可委托具有相应资质的单位承担检查任务。

对跨越大江大河的大型钢梁桥、公铁两用桥梁应制定专门的检查制度。

2)周期性检查

周期性检查是对特殊结构(钢桁梁、拱、斜拉桥)和重要桥涵设备每季度检查一遍;对桥面及以上部位、隧道出入口、涵洞排水、桥涵限高防护架每半年检查一遍;桥面以下结构、支座、隧道、涵洞每年检查一遍;桥隧周边环境每年检查一遍。

工务(桥工、基础设施、运营维修)段桥隧(综合)检查车间(以下统称为设备管理单位)承担桥隧建筑物的周期性检查管理责任。工区对每次检查情况,应认真填写“高速铁路桥隧建筑物检查记录簿”,发现重要病害或病害发展较快时,应及时逐级上报,必要时绘制病害示意图,记入桥隧登记簿或桥隧卷宗内。为保证检查的精度,应配备必要的检查工具和仪器、仪表,统一计量标准,按规定要求定期标定。设备管理单位主要领导每年应有计划地检查技术复杂及有严重病害的桥隧设备。

3)临时检查及水文检查

当设备遭受地震、洪水、台风、火灾及车船撞击等紧急情况或发生突发性严重病害时,应进行临时检查,及时掌握结构物状态

凡需要了解墩台基础冲刷、河床变化、河道变迁、流量、冰凌等情况的桥梁,均应进行河床断面、水位、洪水通过时流速、流向、结冰及流冰情况的观测。

河床断面测量每两年测量一次(对季节性河流上的桥梁,洪水冲刷河床断面发生变化时,汛后测量一次);测量地点一般在桥下及桥梁上下游各 25 m 的三个断面上,测点间隔不应超过 10 m,每次测量的断面应固定,测量应在河道全宽范围进行。

需了解桥墩周围冲淤变化时,应以桥墩中心为圆心,以一定距离为半径,测量该范围内的水下地形;需了解翼墙、护锥的冲刷情况时,应在其周围另加测点或潜水摸探。

笔记栏

每次测量结果，应绘在图纸上，用不同色笔绘制历年冲刷总图，每五年更换一次。图上应绘有各种水位、轨底、墩台顶、基底、河床的标高以及水深、墩台中心线及河床断面。

凡有洪水通过的桥涵，应在上游设置稳固而垂直的水标尺或用涂料画在墩台侧面的上游处或涵洞的进口端用涂料标出水标尺。水标尺的起点须与国家水准基点高程相联系并应标出历史最高洪水位和发生年月日。排洪桥涵应记录当年最高洪水位。

对排洪能力和墩台稳定有疑问的桥涵，洪水通过时，应特别加强墩台、调节河流建筑物、防护设施和桥头护锥、路基的观测、检查；对冲刷严重的墩台，可在该处设置自动记录的测深装置或在洪水通过时使用铅鱼进行测深，必要时使用仪器测深。洪水过后，须立即检查河道、河床、防护设备、调节河流建筑物和桥头路基的状态。

4)专项检查

桥隧建筑物专项检查主要涉及桥梁基础沉降观测、墩身基础有无裂损、建筑限界等方面，具体要求及检查方法如下：

桥梁基础沉降观测对象的选择，需根据调查设计、施工文件、沉降评估资料，根据设计情况和施工质量，选择有代表性的孔跨；根据桥上轨道状态的变化幅度和整修频率；根据可能影响桥梁基础沉降的周边环境变化（如抽水、堆载、开挖等）。

选择沉降量大的桥涵，测量基础沉降。运营后第一年每半年一次，第二年后每年一次，基础沉降稳定，五年后可不再测量。对沉降速率较大的应缩短测量周期；对沉降速率较小、基本趋于稳定的，可延长观测周期。观测资料应妥善保存并积累绘制出图表，以分析了解其变化趋势。

选择有代表性的桥梁孔跨测量上拱度，开始运营后第一年，每半年观测一次，第二年起每年观测一次，或根据情况确定观测周期。上拱度稳定五年后可不再测量。

上拱度测量应使用桥上的预设测点，基础沉降测量应利用高程控制网水准基点和控制基桩网（CPⅢ）精密水准点。测量应在恒载、气温比较恒定的夜间或阴天条件下进行。

对运营中轨道状态出现频繁变化的位置，应在基础沉降观测、上拱度测量的基础上，分析对轨道状态的影响。

大跨度桥梁梁端伸缩装置应进行状态检查和位移量观测。

判断桥墩水下墩身和基础有无裂损、冲空时，可使用水下摄影、摄像或人工摸探进行。判断墩台及基础是否存在严重病害，可由专业机构通过测量墩台顶水平横向振动，与同类型墩台相比较，观测其波形、振幅和频率来进行。

桥隧结构构造发生变化，可能影响建筑限界时，应进行限界测量。

5)作业方案审批

作业方案审批应实行分级审批制度，作业方案审批具体可分为主管副总经理审批维修项目、工务部审批项目、设备管理单位审批项目。

笔记栏

(1)主管副总经理审批维修项目

①开通后限速 160 km/h 以下的项目(冻害整治后首列限速的情况除外)。

②使用新技术、新材料、新工艺、新结构的维修作业项目。

③作业量大、技术含量高、整治难度大、复杂程度高的作业项目。

(2)工务部审批项目

①大型养路机械打磨作业。

②开行路用列车运送作业人员,装卸机具、材料。

③成段更换无砟轨道弹性垫板、弹条。

④无砟轨道线路方向调整量 5 mm 及以上、高低调整量 6 mm 及以上,有砟轨道线路方向调整量 7 mm 及以上、高低调整量 8 mm 及以上。

⑤单根处理伤损钢轨(含焊缝)、轨枕。

⑥更换道岔钢轨件。

⑦修补达到Ⅲ级及以上伤损的无砟道床。

⑧有砟轨道 15 mm 及以上冻害整治。

⑨需工务部协调其他部门配合、在维修天窗内能完成且作业前无需限速、作业后能够达到正常放行列车条件的其他项目。

(3)设备管理单位审批项目

①日常静态检查、巡查。

②联结零件成段涂油、复拧。

③有计划地对无砟道床、防护栅栏、路肩、帽石等混凝土修补作业。

④钢轨探伤作业。

⑤标志、标识维护。

⑥使用小型养路机械打磨钢轨件(含焊缝)。

⑦无砟轨道线路方向调整量 5 mm 以下、高低调整量 6 mm 以下,有砟轨道线路方向调整量 7 mm 以下、高低调整量 8 mm 以下。

⑧有砟轨道 15 mm 以下达到正常放行列车条件冻害整治。

⑨日常工电结合部作业。

⑩小型养路机械及人工捣固。

⑪其他无需上级部门审批的作业。

审批作业方案时要重点审查方案是否严密、缺陷原因是否分析透彻、作业项目是否齐全、作业工作量能否完成,作业方法是否具有可操作性,人员分工是否合理,安全措施是否具有针对性等。纳入施工范畴的作业项目均须专项制定作业方案,并按照《国铁集团铁路营业线施工管理办法》(铁调〔2021〕160 号)规定程序进行审批。施工方案审核通过后,施工单位与工务段签订施工安全协议。设备管理单位承担的施工项目涉及非自管设备时应与相关单位签订施工安全协议。设备管理单位在自管范围内进行的维修作业,不需签订施工安全协议。

高速铁路自管段维修作业计划:高速铁路维修计划实行日计划,工务段于维修作业前 3 日向工务部提报计划申请,工务部根据工务段提报,与其他主管

笔记栏

业务处室沟通协调后编制本专业维修计划，于维修作业前2日9:00前报调度所。

高速铁路延伸段的维修计划：设备管理单位于维修作业前5日向工务部提报计划申请，工务部与相关业务处室沟通协调后，于维修作业前3日向调度管辖区段(公司)主管业务处室(部门)提报计划申请，由调度管辖区段铁路局集团公司主管业务部门编制维修计划并向其调度所提报。

6)作业管理

桥隧养护维修作业管理时，凡需进入防护栅栏的作业项目均须执行"三确认"制度。"三确认"制度指作业人员、工机具、材料备品上、下道前的清点、确认。各设备管理单位应切实发挥段调度指挥中心的作业指挥和控制作用，建立上、下道命令发布制度，规范调度记录格式和通话用语，利用上、下道命令发布环节再次核对当日作业计划、上下道人数、机具、材料。

高速铁路各车间应根据相关制度及时上报日作业计划，及时、准确地掌握管辖区段内每个作业项目内容、上下道时间、人员、工机具、材料等信息，定期对工区"三确认"制度落实情况进行检查。高速铁路各工区应严格执行"三确认"制度，由作业现场负责人具体负责实施；包保或盯岗干部应督促作业现场负责人做好上下道前的清点工作并签字确认；日常结构性检查无盯岗干部时应由现场防护员协助作业负责人做好清点工作并签字确认。

作业负责人在上、下道前均应组织作业人员进行清点确认工作，并填写"作业安全'三确认'记录单"。上道前的人员确认应对当日作业人员进行列队点名，同时对上道人员的精神面貌、工作分工、安全预想、作业标准等内容再次检查、明确和教育；下道前的人员确认应重点对下道人数进行清点，避免人员走失、遗漏。人员清点确认的同时还应督促所有人员对个人劳保用品、随身灯具、通信设备等进行检查。

工机具上下道确认时，应将主要工机具放置整齐、平稳，重点对机具数量、状态、反光标识、易脱落零部件进行检查，同时明确责任人。材料上下道确认，应将下线旧料及未使用完的新料分类摆放整齐，根据作业方案和现场记录逐项核对材料种类和数量。当确认发现人员、机具、材料与上线数量或施工方案不符时，严禁申请开通线路。

清点确认完毕后，由作业现场负责人、盯岗干部或现场防护员签字确认，现场负责人通知驻站防护员向段调度指挥中心申请上下道命令并记录时间，段调度指挥中心核对无误后发布上下道命令。人员、机具、材料完全撤出防护栅栏，栅栏门锁闭牢靠后，方可申请开通线路。

各设备管理单位应明确"三确认"制度管理科室，将"三确认"制度的落实情况纳入责任科室日常检查范围，重点对"三确认"制度是否严格落实、现场记录和上下道命令内容是否统一、工机具材料出入库记录和"三确认"记录单是否能够对应等方面进行检查。检查中发现对"三确认"制度执行不认真、不彻底的工区，应由段组织专题分析、通报、考核；同一作业负责人两次以上出现"三确认"

笔记栏

制度执行不认真、不彻底的情况时，应撤销其作业负责人资格，同时严肃追究盯岗干部或现场防护员责任。各工区“三确认”记录和上下道命令应逐份对应装订，每月月底前统一交车间保管备查，车间保存时间不少于1年。

【思考与练习】

1. 桥隧建筑物检查维修总则有哪些内容？
2. 高速铁路工务中作业方案审批有哪些要求？
3. 高速铁路工务作业中“三确认”制度具体内容是什么？

任务2.2 桥隧建筑物检查内容管理

【任务导入】

某高速铁路基础设施段高速铁路综合维修车间对所辖区段内桥隧建筑物进行检查重点的复查工作，建立检查登记簿、病害观测记录簿，并按规定认真填写，保证数据准确可靠。各项检查必须建立相应责任制度，保证各项检查工作的落实。为保证检查的精度，检查人员应配备必要的检查工具和仪器、仪表，并定期标定，统一计量标准。对跨越大江大河的大型钢梁桥、公铁两用桥梁应制定专门的检查制度。

【问题引导】

问题1：桥隧建筑物检查重点项目有哪些？

问题2：桥隧建筑物检查重点具体包括哪些内容？

【工作实施】

请完成表2.3中高速铁路桥隧建筑物重点检查内容。

表2.3 高速铁路桥隧建筑物重点检查内容

序　号	项　　目	重点检查内容
1	钢结构	

笔记栏

续上表

序　号	项　　目	重点检查内容
2	栓焊梁、全焊梁	
3	混凝土梁	
4	混凝土墩台	
5	盆式橡胶支座	
6	涵洞和倒虹吸	
7	隧道	
8	救援通道	
9	桥涵限高防护架	
10	河调及附属建筑物	
11	桥隧周边环境	

【评价反馈】

教师对学生工作过程与工作结果进行评价，并将评价结果填入表 2.4 教师综合评价表当中。

笔记栏

表 2.4 教师综合评价表

<table>
<tr><td colspan="2">班级：</td><td colspan="2">姓名：</td><td colspan="2">学号：</td></tr>
<tr><td colspan="2">任务 2.2</td><td colspan="4">桥隧建筑物检查内容管理</td></tr>
<tr><td colspan="2">评价项目</td><td colspan="2">评价标准</td><td>分值</td><td>得分</td></tr>
<tr><td colspan="2">考勤(10％)</td><td colspan="2">无故迟到、早退、旷课现象</td><td>10</td><td></td></tr>
<tr><td rowspan="3">工作过程(60％)</td><td>完成问题情况</td><td colspan="2">能准确完整回答相关问题</td><td>10</td><td></td></tr>
<tr><td>在表 2.3 中能正确完成高速铁路桥隧建筑物重点检查内容</td><td colspan="2">能准确写出相关检查要求</td><td>40</td><td></td></tr>
<tr><td>协调能力</td><td colspan="2">与小组成员、同学之间能合作交流，协调工作</td><td>10</td><td></td></tr>
<tr><td rowspan="3">项目成果(30％)</td><td>工作完整</td><td colspan="2">能按时完成任务</td><td>5</td><td></td></tr>
<tr><td>工作规范</td><td colspan="2">能按规范资料完成任务</td><td>5</td><td></td></tr>
<tr><td>工作报告</td><td colspan="2">桥隧建筑物检查重点</td><td>20</td><td></td></tr>
<tr><td colspan="4">合　计</td><td>100</td><td></td></tr>
<tr><td rowspan="2">综合评价</td><td>自评(20％)</td><td>小组评价(30％)</td><td>教师评价(50％)</td><td colspan="2">综合得分</td></tr>
<tr><td></td><td></td><td></td><td colspan="2"></td></tr>
</table>

【相关知识】

1. 钢结构重点检查内容

钢结构检查重点在于构件尺寸及平整度、构件表面缺陷、连接(焊接、螺栓连接)、钢材锈蚀、涂层厚度等方面，具体检查内容如下：

(1)钢桥面板焊缝裂纹，密横梁与系梁连接处裂纹；正交异性板，横肋与纵梁、横肋与 U 肋相交处割焊孔焊缝裂纹；结合梁道砟槽板与纵、横梁连接处流锈、缝隙；纵梁与横梁及主梁与横梁联结处的母材、焊缝、高强度螺栓。

(2)受拉及受反复应力杆件的节点及联结系节点的高强度螺栓；受拉及受反复应力杆件上的焊缝及邻近焊缝热影响区的钢材；杆件断面变化处焊缝；联结系节点及焊缝；伸缩纵梁端横联处、支座上方钢杆件裂纹。

(3)加劲肋、横隔板及盖板处焊缝；加劲肋未顶紧上、下盖板时，腹板上加劲肋两端焊缝处。

(4)主桁箱形下弦杆的上水平板与桥面顶板的不等厚度的对接焊缝；主桁节点板与横梁下缘焊缝；对接焊缝。

(5)主桁节点处弦杆的上水平板槽口是否有裂纹、积水。

(6)对钢梁角落隐蔽部位，特别是电气化接触网连接板包裹部位应注意锈蚀的检查，检查时使用探伤仪器、化学药剂和手工结合进行。

2. 栓焊梁、全焊梁重点检查内容

栓焊梁、全焊梁钢结构检查重点在于高强度连接螺栓质量及杆件间的焊接质量，具体检查内容如下：

(1)纵梁与横梁及主梁与横梁联结处的母材、焊缝、高强度螺栓。

笔记栏

(2)受拉及受反复应力杆件的节点及联结系节点的高强度螺栓。

(3)对接焊缝。

(4)受拉及受反复应力杆件上的焊缝及邻近焊缝热影响区的钢材。

(5)杆件断面变化处焊缝。

(6)联结系节点及焊缝。

(7)加劲肋、横隔板及盖板处焊缝。

(8)加劲肋未顶紧上、下盖板时，腹板上加劲肋两端焊缝处。

(9)工厂手工焊及气割部位。

3. 混凝土梁(拱)重点检查内容

混凝土梁检查重点在于混凝土是否开裂、泛碱腐蚀，附属结构物是否完整等，具体检查内容如下：

(1)检查桥面防水层破损、开裂和起鼓；泄水孔堵塞、漏水、丢失管盖；梁端止水带漏水、脱落、破损、堵塞，有砟轨道梁缝挡板脱落、盖板脱出。

(2)遮板端部挤死；栏杆松动、裂损、掉块、开裂，联接处脱落，栏杆螺栓松动、缺少、锈蚀；作业通道盖板损坏、缺少、翘动、大缝隙；防护墙开裂、掉块。

(3)轨道底座板、侧向挡块和桥面接合状态；封锚混凝土开裂、脱落、空鼓；梁与梁之间、异形墩上梁端与桥墩挤死。

(4)吊装孔、检查孔附近、倒角变截面处裂纹，矮墩防护门状态；拱脚与拱肋、拱脚与梁体连接部位混凝土裂缝；吊杆在拱、梁上的锚固混凝土裂缝、脱落。

(5)桥面、箱梁内积水；梁体渗水、流白浆。

(6)排水管破损和漏水。

4. 混凝土墩台重点检查内容

混凝土墩台检查重点侧重于墩台是否发生位移、开裂、沉降，墩台锥护坡是否破损积水等，具体检查内容如下：

(1)桥墩应进行裂缝、腐蚀、倾斜、滑动、下沉、冻融、空洞等病害。

(2)空心桥墩应测定内外温差，注意因温度变化造成裂缝的发展；当发现裂缝内外侧对应时应查明裂缝是否贯通，以及因进水而造成的冻胀裂损。

(3)高桩承台桥墩，当发现支座变位、墩身有位移时，应详细检查承台下基桩有无环状裂缝或断裂。

(4)桥台护锥应检查砌体灰缝有无缺损、开裂、下沉变形、土体有无陷穴(黄土、粉细砂填筑者尤须注意)；雨天有无水从护锥背后盲沟排出等；空心桥台有无积水。

(5)寒冷地区应检查水位变化部位对墩台基础的冻害、腐蚀程度，墩帽托盘有无冻裂。

(6)有冲刷的桥梁，应检查墩周局部冲刷的深度及基底有无被掏空破坏的状况。

(7)在水库下游的桥梁，应检测河床因清水下切而影响墩台的埋置深度。

(8)跨越泥石流沟的桥梁，应注意桥下冲淤情况。

(9)混凝土中性化检查。

(10)空心桥台是否积水。

笔记栏

(11)行洪桥有无水标尺。水标尺是否稳固、标示清晰。

(12)铁路跨公路立交桥应检查限高防护架是否存在缺少、变形和损坏。

5. 盆式橡胶支座重点检查内容

高速铁路桥梁主要采用盆式橡胶支座,支座在使用过程中可能存在支座失效、偏移、锈蚀等问题,在运营过程中需重点检查以下内容:

(1)上下锚栓缺少、松动、弯曲、断裂,螺纹锈蚀,锚栓剪断时支座变位。

(2)上座板与梁底、下座板与支承垫石之间脱空,支点三条腿、支承垫石不平、开裂压碎;支座各部分是否完好。

(3)支座钢件锈蚀、裂纹、脱焊。

(4)聚四氟乙烯板脱出、磨损,中间钢衬板高度,外露摩擦面状态。

(5)支座位移、转角超限。

(6)大吨位活动支座的相对位移不匀。

(7)橡胶密封件老化、外翻现象。

(8)支座的调高预留孔防护盖损坏、丢失,预留孔损伤、锈蚀、堵塞。

(9)支座防尘罩损坏、丢失。

(10)临时联接未解除。

6. 涵洞重点检查内容

涵洞在道路工程中起到排水和通行的作用,它们通常位于道路下方,用于引导水流和车辆通过。然而,由于长期使用和自然因素的影响,涵洞可能会存在一些问题,如渗漏、损坏、变形等,在运营过程中需重点检查以下内容:

(1)涵身是否变形、裂损、露筋、漏水、漏土。

(2)涵内是否淤积。

(3)基底是否冒水、潜流造成基底淘空等。

(4)铺砌、河调等防护设施完好程度。

(5)涵洞两侧排水是否畅通。

7. 隧道重点检查内容

隧道作为一种工程结构,需要经常检查其结构的完整性和稳定性,地质变形、水渗透、地震等因素都可能对隧道结构造成影响。通过定期的隧道检测,可以及时发现并解决隧道内部的安全隐患,保障人员和车辆的安全,在运营过程中需重点检查以下内容:

(1)衬砌裂缝、风化、腐蚀、压溃、剥落、掉块(可使用分格、安设测标检查)。

(2)衬砌、施工缝、变形缝漏水、涌水、渗水、结冰(查明水源、测量流量、水温,必要时化验水质)。

(3)道床基底沉陷;道床与水沟边墙交界处、中心水沟部位的裂缝、变形、错台等。

(4)施工缝、变形缝部位的裂缝、变形、错台等;

(5)隧道内排水设施、出入口天沟、吊沟、截水沟排水和淤积情况。

(6)洞口边仰坡崩塌落石、滑坡,边坡防护设施损坏。

(7)偏压隧道或明洞的山体滑动,明洞顶填土厚度和坡度。

(8)洞顶防排水设施损坏,有无泄水漏斗。

(9)沟槽盖板损坏、缺少、翘动、大缝隙等。

(10)双洞隧道横通道、设备洞、预留洞状态,横通道内防护门状态。

8. 救援通道重点检查内容

高速铁路救援疏散通道作为一种安全保障措施,能够在突发事件发生时为旅客提供另一条安全疏散通道,因此在运营过程中需做好以下检查内容:

(1)救援疏散通道与地面道路接驳情况;平台顶面与桥面遮板之间的缝隙。

(2)栏杆、安全防护罩锈蚀、损坏。

(3)围墙墙体裂缝、变形,排水管堵塞。

(4)栏杆、边框钢管与梯板连接是否牢固。

(5)门锁、插销损坏、缺失。

9. 河道及附属建筑物重点检查内容

高铁桥隧附属结构物保证了桥梁和隧道主体的安全性,在运营阶段可能会因水、地震等因素导致其出现不同程度病害,在运营阶段需做好以下检查作业:

(1)河流冲刷、淤积影响情况。

(2)下沉变形情况。

(3)铁丝石笼、浆砌片石、干砌片石等缺失、变形、脱落等情况。

10. 桥隧周边环境重点检查内容

桥隧会因周边的易燃易爆物品或土地超挖等因素导致主体结构出现破坏,因此在运营阶段需做好以下检查工作:

(1)桥隧设备附近是否有易燃、易爆物品。

(2)桥梁上下游采砂、围垦造田、抽取地下水、拦河筑坝、架设浮桥等情况。

(3)桥隧周边采石、开矿及隧道上方修建建筑物等。

(4)周边危及铁路桥隧设备安全的其他内容。

【思考与练习】

单选题

1. 下列不属于救援通道重点检查内容的是(　　)。

A. 救援疏散通道与地面道路接驳情况

B. 平台顶面与桥面遮板之间的缝隙

C. 栏杆、安全防护罩是否完整、有无锈蚀

D. 是否有禁止通行标识牌

2. 下列不属于桥涵限高防护架重点检查内容的是(　　)。

A. 限高是否与实际相符

B. 门锁、插销是否完整、状态是否良好

C. 结构是否完整、状态是否良好

D. 标志是否齐全完好、标识是否准确

笔记栏

任务 2.3 桥隧建筑物状态评定

【任务导入】

2023 年秋季某高速铁路工务段高速铁路综合维修车间对管辖内每座桥隧建筑物按项目进行一次状态评定，并填写了“高速铁路桥隧建筑物状态评定记录表”。状态评定按劣化程度分为 A、B、C 三级，A 级又分为 AA、A1 两等，评定项目及标准采用“高速铁路桥隧建筑物状态评定标准”。负责检查评定人员根据检查评定结果进行桥隧建筑物状态评定，并针对评定等级制定了整治措施。

【问题引导】

问题 1：桥隧建筑物状态评定分为几个等级？

问题 2：不同等级的桥隧建筑物如何整治维修？

【工作实施】

请补充填写高速铁路桥隧建筑物状态评定标准（表 2.5 和表 2.6）。

表 2.5 桥面劣化等级评定

类型等级	1. 桥面防排水（孔）	2. 桥面道砟槽板、梁端伸缩装置（孔）	3. 防护墙、遮板、栏杆等（m）
A1			
B			
C			

表 2.6 隧道衬砌裂损及渗漏水劣化（处/m）

类型等级	（1）衬砌变形或移动	（2）衬砌开裂、错动	（3）衬砌压溃	（4）衬砌渗漏水
AA				
A1				
B				

笔记栏

【评价反馈】

教师对学生工作过程与工作结果进行评价，并将评价结果填入表 2.7 教师综合评价表当中。

表 2.7　教师综合评价表

<table>
<tr><td colspan="2">班级：</td><td>姓名：</td><td colspan="3">学号：</td></tr>
<tr><td colspan="2">任务 2.3</td><td colspan="4">桥隧建筑物状态评定</td></tr>
<tr><td colspan="2">评价项目</td><td colspan="2">评价标准</td><td>分值</td><td>得分</td></tr>
<tr><td colspan="2">考勤(10%)</td><td colspan="2">无故迟到、早退、旷课现象</td><td>10</td><td></td></tr>
<tr><td rowspan="3">工作过程(60%)</td><td>完成问题情况</td><td colspan="2">能准确完整回答相关问题</td><td>10</td><td></td></tr>
<tr><td>在表 2.5 和表 2.6 中能正确完成桥隧建筑物状态评定</td><td colspan="2">能准确写出桥隧建筑物状态评定标准</td><td>40</td><td></td></tr>
<tr><td>协调能力</td><td colspan="2">与小组成员、同学之间能合作交流，协调工作</td><td>10</td><td></td></tr>
<tr><td rowspan="3">项目成果(30%)</td><td>工作完整</td><td colspan="2">能按时完成任务</td><td>5</td><td></td></tr>
<tr><td>工作规范</td><td colspan="2">能按规范资料完成任务</td><td>5</td><td></td></tr>
<tr><td>工作报告</td><td colspan="2">桥隧建筑物状态评定</td><td>20</td><td></td></tr>
<tr><td colspan="4">合　计</td><td>100</td><td></td></tr>
<tr><td rowspan="2">综合评价</td><td>自评(20%)</td><td>小组评价(30%)</td><td>教师评价(50%)</td><td colspan="2">综合得分</td></tr>
<tr><td></td><td></td><td></td><td colspan="2"></td></tr>
</table>

【相关知识】

1. 桥隧建筑物检定与试验

桥梁检定工作由按“铁路桥梁检定工作细则”的有关规定进行。新建的特殊结构、技术复杂的桥梁，应在动态验收试验中检定。在竣工移交时，其检定试验报告应作为交接验收资料的一部分。运营中的特殊结构、技术复杂的桥梁，应每隔 10 年进行一次检定，桥梁出现严重病害，可能危及行车安全的，应及时检定。

2. 桥隧建筑物状态评定

设备管理单位每年秋季应对每座桥隧建筑物按项目进行一次状态评定。设备状态评定按劣化程度分为 A、B、C 三级，A 级又分为 AA、A1 两等，具体分级如下：

结构物或主要构件功能严重劣化，危及行车安全，评定为 A 级 AA 等。

结构物或主要构件功能严重劣化，进一步发展会危及行车安全，评定为 A 级 A1 等。

结构物或构件功能劣化，进一步发展将会升为 A 级，评定为 B 级。

结构物或构件劣化，对其使用功能和行车安全影响较小，评定为 C 级。

结构物或构件状态评定为 A 级者，其病害一般需要通过大修或更新改造

笔记栏

进行整治；当结构物存在影响行车安全的病害，应采取相应的限速或限载措施，遇紧急情况，应立即采取临时加固措施，并视具体情况，尽快安排彻底整治或列入下一年度的桥隧大修或更新改造计划及时整治。

结构物或构件状态评定为B级者，其病害一般需要通过维修进行整治(个别病害需要通过大修进行整治)。

结构物或构件状态评定为C级者，其病害可通过维修进行整治，个别病害只需加强观测并根据其变化情况采取相应的措施。

3. 状态评定技术文件管理

桥隧设备管理、修理和防灾工作实行信息化管理，建立完善的网络系统，实现对桥隧设备状态、灾害的有效监控。可通过有效的桥隧登记簿、桥隧设备图表和秋检报告及桥隧卷宗完成桥隧设备管理。

桥隧登记簿。每座桥隧设备均应建立登记簿，记载主要病害及检查监测结果、设备改善情况以及建筑物上发生的重要事件(如水害、地震、冻害、撞击、火灾事故等)。桥涵登记簿由桥隧车间填写和保管。

桥隧设备图表和秋检报告。主要记载桥隧设备的基本特征和技术状态，由设备管理单位编制，运用信息化管理，文档资料分存设备管理单位、铁路局集团公司和国铁集团，并根据设备变化情况，实行修改技术图表，实时修改技术图表，桥隧状态评定资料每年逐级上报一次。为便于查阅和使用，设备管理单位可将桥隧设备基本的技术特征编制成概况表，分存于桥隧车间和检查工区。

桥隧卷宗。桥隧建筑物应建立专门的卷宗，汇集该桥(隧)的历史、设计、施工、检定、水害、撞击、火灾等有关的图纸、照片、文件等技术资料，由设备管理单位、铁路公司、铁路局集团公司保管。

4. 桥隧建筑物保养质量评定

桥隧建筑物保养质量评定需通过定期评定的方式进行，具体要求如下：

(1)定期评定工作，应由设备管理单位组织有关人员，结合春检和秋检，每半年对钢梁桥、每年对其他设备，进行一次保养质量评定。

(2)每座设备的保养质量评定是根据该设备各部分存在的问题，按照《高速铁路桥隧建筑物修理规则(试行)》(TG/GW 114—2011)附录二“高速铁路桥隧建筑物保养质量评定标准”的规定，根据扣分的情况来评定保养质量。每座设备扣分的总和，除以该设备的维修长度(取整数)即为该设备的保养质量平均分(取小数点后一位)。保养质量每米平均分在5分及以下且无单项质量扣10分者为合格，否则为不合格。

(3)每次评定的情况，均应填写“高速铁路桥隧建筑物保养质量评定记录表”，以备抽查。

定期评定工作，应由设备管理单位组织有关人员，结合春检和秋检，每半年对钢梁桥、每年对其他设备，进行一次保养质量评定。

工务段每月应对车间、工区经常保养的质量和数量进行现场抽查核实，根据抽查结果进行考核。车间对工区也应进行相应的考核。

5. 综合维修作业质量验收考核

桥隧综合维修作业质量的验收，要严格执行设备管理单位、车间、工区三级

笔记栏

验收制，分别把关，异体监督，控制综合维修质量，具体要求如下：

作业过程中，每天应在作业中及收工前进行质量自检、互检和回检，发现不符合标准的项目应及时返修达标。做到每项作业勤检细修一次达标。每次检查的情况都应填写在日计划及完成表内或施工记录上。

每座设备综合维修作业全部完工后，应按《高速铁路桥隧建筑物修理规则（试行）》（TG/GW 114—2011）附录三“高速铁路桥隧修理作业验收标准”的有关规定，进行质量验收评定。长大桥隧或混合桥可分孔或分段进行验收。

每次维修验收时，应根据验收结果记录在“高速铁路桥隧综合维修验收证”内，并填写验收质量评定结果。

综合维修作业质量评定分为合格、不合格两个等级。全部项目一次验收达到合格，可评为“合格”，否则为“不合格”。若出现不合格处所，经返修复验合格，评为“合格”。

设备管理单位每月应对维修的质量和作业量进行现场抽查核实，根据抽查结果进行考核，车间对工区也应进行相应的考核。

6. 桥隧大修检查验收

施工负责人应在每日工作中、收工前，对当日作业质量和安全情况进行全面检查。施工单位应加强经常性技术指导，至少每月进行一次检查，尤其是封锁施工时，主管领导必须检查。对委托或发包给其他单位施工的单项工程，施工单位应派专人负责现场施工的工程质量和施工安全的检查监督，严禁以包代管。架空线路或慢行施工，应派专人对线路变化情况进行检查，及时对线路不良处所进行整修和保养，并做好记录。

桥隧大修工程的施工质量，以每件工程为单位综合评定，分为“合格”“不合格”两个等级。合格——全部工作项目的质量达到合格及以上；不合格——任何一项工作项目的质量未达到合格。若不合格项目返工整修，经复验达到合格，评为“合格”。

【思考与练习】

1. 桥隧建筑物保养质量评定工作都有哪些内容？
2. 桥隧建筑物保养质量评定考核包括哪些方面？
3. 涵渠劣化等级评定具体类型等级包括哪几个方面？

笔记栏

项目3　桥梁结构检查作业

【项目描述】

我国高速铁路桥梁大量采用标准跨径（24 m、32 m）的预应力混凝土梁，桥梁下部结构多采用重力式混凝土墩。大跨度桥梁和特殊结构桥梁包括拱桥、连续刚构桥、刚构连续梁桥、梁拱组合桥和斜拉桥等。为严格控制墩台基础工后沉降，高速铁路桥梁大量采用桩基础，墩顶横向支承垫石之间设置凹槽以便于支座检查、维修和支座更换，梁端设置止水带防止雨水漫流。采用盆式橡胶支座和球形钢支座。涵洞以整体性好的钢筋混凝土框架箱涵为主。

桥梁的各部分构件由于原施工过程中混凝土振捣不足等原因造成混凝土蜂窝、麻面、空洞、剥落等病害，在长期处于动荷载的影响下，再加上化学腐蚀、部分结构材料老化、恶劣环境的影响以及不可避免的灾害等不利因素，致使部分构件的表面或内部出现混凝土碳化，钢筋外露、锈蚀，混凝土开裂、高强度螺栓断裂等病害。为确保铁路桥梁的正常使用和安全运营，需对高速铁路桥梁结构典型病害进行检查，并对病害成因进行分析。

本项目对高速铁路桥梁各构件缺陷、裂缝、强度、高强度螺栓等进行检测与检查，并对检查的病害进行成因分析，使学生了解并掌握高速铁路桥梁构件的典型病害及相应病害的检查方法。

【学习目标】

1. 知识目标

（1）了解桥梁各构件的典型病害及成因；

（2）掌握桥梁各构件典型病害检查作业；

（3）掌握各检测仪器的使用。

2. 能力目标

（1）具备辨认及分析桥梁各构件典型病害的能力；

（2）具备检查桥梁结构缺陷、裂缝、强度及钢筋锈蚀等典型病害检查的能力；

（3）具备在现有知识、技能基础上不断获取新知识、新技能的能力。

3. 素质目标

（1）培养学生良好的职业道德和吃苦耐劳的优良品质；

（2）使学生树立文化自信、民族自豪感和文化归属感；

(3)借助“榜样的力量”,引导学生将所学知识服务于民族发展和国家所需。

笔记栏

【案例导入】

我国高速铁路高架长桥多,桥梁在高速铁路中所占的比例较大,主要原因是平原、软土以及人口和建筑密集地区,通常采用高架桥通过。桥梁累计长度占全线正线总长的比例京津城际铁路为86.6%,京沪高速铁路为86.5%,广珠城际铁路为92.25%,武广高速铁路为42%,哈大高速铁路为73.3%,以32 m简支箱梁作为标准跨度。高速铁路线上,列车对桥梁的动力作用大,为满足行车安全、乘坐舒适以及适应高速铁路线路的构造要求,高速铁路桥梁必须具有足够的强度、更高的刚度、良好的稳定性、更大的抗扭能力、更好的耐久性和较高的减振降噪特性。

当前随着高速铁路的运营,高速铁路桥混凝土结构出现了混凝土剥落、露筋、开裂、泛碱腐蚀等病害(图3.1)。为确保高速铁路铁路桥梁的正常使用和安全运营,需对高速铁路桥梁按照《高速铁路桥隧建筑物修理规则(试行)》(TG/GW 114—2011)进行如下检查作业:

(1)桥涵设备检查;

(2)混凝土构件缺陷、裂缝检查;

(3)混凝土结构强度及钢筋保护层厚度检查;

(4)桥涵路基结构物沉降观测。

(a) 混凝土掉块

(b) 钢筋外露

(c) 桥墩裂缝

(d) 泛碱腐蚀

图3.1　高速铁路桥梁混凝土结构典型病害

笔记栏

任务 3.1 桥涵设备检查作业

【任务导入】

高速铁路运营过程中因安装不牢固，施工无砟轨道板时保护不当出现桥梁止水带脱落；施工时预留泄水孔被堵塞出现桥墩积水；施工不重视，安装错误出现支座偏移等桥涵设备病害。因此在高速铁路桥涵运营过程中需定期对防撞墙、遮板及桥面栏杆、连续梁梁端缝、泄水管、梁间止水带等桥涵设备进行检查作业。为此某高速铁路基础设施段高速铁路综合维修车间桥梁工区在所辖区段对桥梁进行专项检查，对 K800＋100～K1000＋208 处桥涵设备进行检查，对其发现的病害进行汇总分析。

【问题引导】

问题 1：桥涵设备检查都有哪些项目？

____

____

____

问题 2：说明桥涵设备检查制度有哪些？

____

____

____

【工作实施】

1. 请描述表 3.1 中主要试验仪具与设备的用途。

表 3.1 主要试验仪具与设备

仪器及辅助工具	用　途

笔记栏

续上表

仪器及辅助工具	用　途

2. 请完成表3.2中桥涵设备检查作业程序与质量标准。

表3.2　桥涵设备检查作业程序与质量标准

<table>
<tr><td>项目名称</td><td colspan="2">作业程序与质量标准</td></tr>
<tr><td>作业前</td><td colspan="2">作业前要求：</td></tr>
<tr><td rowspan="3">作业中</td><td>(1)桥面防水层、道床板检查：</td><td></td></tr>
<tr><td>(2)防撞墙检查：</td><td></td></tr>
<tr><td>(3)遮板及桥面栏杆检查：</td><td></td></tr>
</table>

笔记栏

续上表

项目名称	作业程序与质量标准	
作业中	(4)连续梁梁端缝检查：	
	(5)泄水管检查：	
	(6)梁间止水带检查：	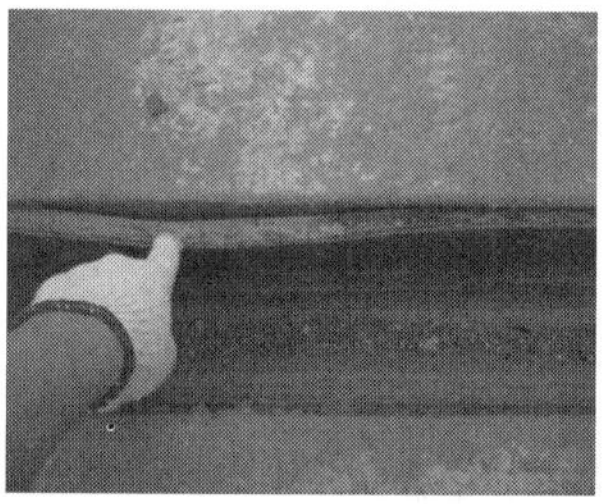
	(7)隔声墙检查：	
	(8)风雨监测设备检查：	
	(9)支座检查：	

续上表

项目名称	作业程序与质量标准	
作业中	(10)墩台设备检查：	
	(11)梁内检查：	
	(12)涵洞：	
	(13)应急通道检查：	
	(14)周边环境检查：	
作业后	详细描述检查病害：	

笔记栏

笔记栏

3. 说明桥涵设备主梁检查项目及其质量标准。

____

____

____

【评价反馈】

教师对学生工作过程与工作结果进行评价，并将评价结果填入表3.3教师综合评价表当中。

表3.3 教师综合评价表

<table>
<tr><td colspan="2">班级：</td><td>姓名：</td><td colspan="3">学号：</td></tr>
<tr><td colspan="2">任务3.1</td><td colspan="4">桥涵设备检查作业</td></tr>
<tr><td colspan="2">评价项目</td><td colspan="2">评价标准</td><td>分值</td><td>得分</td></tr>
<tr><td colspan="2">考勤(10%)</td><td colspan="2">无无故迟到、早退、旷课现象</td><td>10</td><td></td></tr>
<tr><td rowspan="4">工作过程(60%)</td><td>在表3.1中描述仪器及辅助工具用途</td><td colspan="2">能准确描述主要试验仪具与设备的用途</td><td>10</td><td></td></tr>
<tr><td>在表3.2中完成桥涵设备检查作业程序与质量标准</td><td colspan="2">能准确填写作业前、作业中、作业后各作业程序的质量标准</td><td>30</td><td></td></tr>
<tr><td>在工作实施问题3掌握桥涵设备检查质量标准</td><td colspan="2">主梁检查涉及的项目及标准</td><td>20</td><td></td></tr>
<tr><td>协调能力</td><td colspan="2">与小组成员、同学之间能合作交流，协调工作</td><td>10</td><td></td></tr>
<tr><td rowspan="3">项目成果(30%)</td><td>工作完整</td><td colspan="2">能按时完成任务</td><td>5</td><td></td></tr>
<tr><td>工作规范</td><td colspan="2">能按规范步骤进行操作</td><td>5</td><td></td></tr>
<tr><td>工作报告</td><td colspan="2">能准确掌握桥涵设备检查作业</td><td>10</td><td></td></tr>
<tr><td colspan="4">合　计</td><td>100</td><td></td></tr>
<tr><td rowspan="2">综合评价</td><td>自评(20%)</td><td>小组评价(30%)</td><td>教师评价(50%)</td><td colspan="2">综合得分</td></tr>
<tr><td></td><td></td><td></td><td colspan="2"></td></tr>
</table>

【相关知识】

1. 桥涵设备检查制度

桥涵设备检查制度包括水文观测、周期性检查、定期检查、临时检查、专项检查、检定试验等，各项检查必须建立相应的责任制和考核制度，保证各项检查工作的落实。

检查单位应建立检查登记簿、病害观测记录簿，并按规定认真填写，保证数据准确可靠。

为保证检查的精度，检查人员应配备必要的检查工具和仪器、仪表，并定期标定，统一计量标准。

根据检查工作量及技术难度可委托具有相应资质的单位承担检查任务。

笔记栏

对跨越大江大河的大型钢梁桥、公铁两用桥梁应制定专门的检查制度。

2. 桥涵设备检查项目及要求

为了保证桥涵结构物的安全运营，必须周期性的或者针对性地对桥涵各部设备位进行检查，以便及时发现桥涵的病害，并且可以随时掌握桥涵技术状态的变化情况，为运营、管理与维修提供依据，具体检查项目如下：

(1)排水设施

根据轨道结构形式，桥面横向排水构造为六面坡三列排水，或四面坡两侧排水，或两面坡中间排水；排水坡度不小于 2%，泄水管处应设有汇水坡，泄水管纵向间距宜在 4.0 m 左右。防护墙过水孔高度和宽度均不小于 15 cm，与防护墙过水孔对应位置的中间电缆槽竖墙应设置高度和宽度均不小于 10 cm 的过水孔。

跨越铁路、公路、城市道路和居民区的立交桥，当桥下对排水有要求或需要考虑景观时，应设置纵、横向排水管和竖向落水管集中从梁端排水，纵、横向排水管设置排水坡度不应小于 1%。落水管出口设弯管，弯管口距自然地面高差宜在 0.5～1.0 m，地面设消能槽和简易排水沟，简易排水沟与周边排水系统顺接，纵、横向排水管和竖向落水管应连接牢固。

桥面排水管系统由泄水管、管盖、纵向排水管、横向排水管、竖向落水管、顺 T 形接头、三向接头、弯管接头和排水管支架等组成。水管连接应牢固、不漏水，水管、支架均应连接牢固。泄水管直径应根据实际排水量要求确定，内径不应小于 15 cm，泄水管出口外露长度要保证排水不污染梁体、支座、墩台检查设施等，最小长度不小于 15 cm。管盖厚度不小于 38 mm，开孔最大尺寸宜为 20 mm，严寒地区泄水管壁厚不宜小于 8 mm。使用手电直照泄水管，检查管内是否通畅，若有堵塞现象时，需即时清理。

(2)防水层、道床板

轨道底座板直接与混凝土桥面板相连的无砟轨道结构，在轨道底座板范围外的防撞墙之间应铺设卷材类防水层，防撞墙和底座板根部加铺卷材附水层，附水层沿防撞墙弯起高度 5 cm，水平向宽度 15 cm。防水层上设厚度不小于 6 cm 的纤维混凝土保护层，保护层与防护墙接缝应采用聚氨酯防水涂料封边，封边高度不小于 8 cm。

防护墙、侧向挡块根部应进行封边处理，封边高度不小于 8 cm；泄水管内壁涂刷聚脲防水涂料，深度不小于 10 cm；分次喷涂时，搭接长度不小于 10 cm。防护墙外侧电缆槽防水层铺设要求与有砟轨道桥面防水相同。

混凝土梁及桥台顶面可能被积水渗入的位置，均应铺设防水层。若发现混凝土表面有湿润渗水、流锈水、白浆时，或无砟轨道桥面防水层出现起泡、脱皮、空鼓、开裂、掉块等病害时应查明原因及时修理，必要时予以更换或增设。防水层应采用 C40 及以上纤维混凝土，厚度不小于 6 cm。修补防水层的标准不应低于既有的防水层标准，修补部位的防水层搭接宽度不小于 20 cm。

梁体防排水设施出现梁端伸缩装置渗漏水，防水橡胶带脱落、开裂、破损，伸缩装置长度不足或端部泄水，桥面过水孔堵塞，排水管系统破损、堵塞，箱室内积水等问题时需及时处理。

笔记栏

目视检查线间防水层、道床板是否掉块、开裂(重点检查双块式轨枕与道床板衔接处是否开裂)。若存在宽度大于0.5 mm,或长度长于1 m的裂纹,应使用塞尺量取裂纹的宽度,5 m卷尺量取裂纹的纵向长度,向综合车间汇报。若裂纹宽度大于1 mm,或横向贯通整个道床板,上报段工务中心。

(3)防撞墙

目视检查防撞墙有无破损、断裂、露筋,伸缩缝填充是否完好,如存在裂纹或掉块现象,应使用塞尺、钢卷尺、20 cm直尺测量裂纹宽度、长度、掉块面积、深度,如防撞墙上存在宽度大于0.3 mm裂纹时,应向综合车间汇报。

(4)遮板及桥面栏杆

目视检查遮板、桥面栏杆有无破损、断裂、露筋,梁端遮板、栏杆端头是否顶死,影响梁体自由伸缩(尤其注意连续梁梁端的检查)。栏杆是否平直、连接牢固、无扭曲(10 m弦矢度小于20 mm),构件无缺少、裂损,螺杆无满帽现象,各种垫圈符合标准无缺少(不得缺失5%)。如遮板存在宽度大于0.3 mm的裂纹时,应向综合车间汇报。

(5)连续梁梁端缝

检查梁端缝变化情况,在梁端用油漆做固定检查标记,用钢板尺测量该处宽度,并测量当前气温值,在检查记录本上做好记录。

(6)梁间止水带

相邻梁间、梁与桥台间桥面梁缝应设置伸缩装置,梁间防水橡胶带应采用氯丁橡胶或三元乙丙橡胶,氯丁橡胶伸缩装置适用月平均温度范围应为−25~60 ℃,三元乙丙橡胶伸缩装置适用月平均温度范围应为−40 ~60 ℃。伸缩装置安装平直,防水橡胶带应全部嵌固于异型耐候钢或异型铝合金型材凹槽内,不得积水,且沿梁缝全长设置,防水橡胶带不得有接缝。

目视检查整条止水带,是否存在翘边、破裂、鼓包现象,如整条止水带脱落,应将止水带运离桥面,同时上报段工务中心,由工务中心制定方案组织安装。

(7)隔声墙

查看隔声墙立柱螺栓、隔声板、立柱是否安设牢固,如存在立柱螺栓松动,造成立柱倾斜、隔声板松动等不良现象时,立即对螺栓进行复紧,并向维修队汇报,维修队需加强对该处所的检查。如立柱倾斜严重或隔声板脱落,危及行车安全时,应立即通知维修队组织抢修,同时上报段调度监控中心、工务中心。

(8)风雨监测设备

目视检查是否设置完好,是否存在倾斜、松动现象。

(9)支座

检查防尘罩有无缺失、散落,罩内橡胶层有无脱落、外翻、老化现象;支座锚栓是否松动、缺少、剪断;支座与梁底及垫石间水平各层部件间是否密贴、无缝隙;支座处排水是否良好,是否存在翻浆、流锈现象;活动支座滑动面是否保持洁净滑润,能保证梁跨自由伸缩;转动活动支座的相对位移值是否均匀;支承垫石是否有裂损、积水现象。

(10)墩台设备

查看检查钢梯、墩台围栏是否存在松动、缺失、脱焊、锈蚀,围栏链条有无断裂、脱落等不良现象;防落架是否存在与墩台边缘挤死、锈蚀、锚固螺栓松动、缺失等不良现象。

(11)主梁内部

查看梁体上部、侧面、底部,如有细小裂纹、湿润渗水或积水痕迹,需测量裂纹的宽度、长度。使用5 m卷尺按渗水、积水痕迹测量面积要素,详细记录梁体透气孔是否通畅,梁内是否存在垃圾,梁体锚固端是否有混凝土开裂、剥落、流锈等现象。可对病害部位,使用塞尺测量裂缝宽度,使用钢板尺或5 m卷尺测量裂纹长度及剥落面积的大小。

(12)应急通道及周边环境

应急通道主要检查应急通道封闭网片是否存在脱焊、锈蚀、破损,通道圬工体是否存在裂缝、剥落等现象。如通道封闭设施破损,达不到封闭要求时,应通知车间立即进行修补,修补完成前安排人员进行看守。

桥下铁路保护用地范围内是否有取土、抽砂现象,影响桥梁墩台稳定性,桥下是否存在建筑垃圾及违章建筑桥下是否堆积干柴等易燃或易爆物。

(13)涵洞

检查涵身是否存在破损、开裂,且缝宽≥0.3 mm的裂纹;管节间是否变形、错位、拉开;涵顶及涵壁是否有渗水痕迹;基底是否冒水;涵内排水是否通畅,有无积水痕迹,是否有淤积;涵洞出水口有无堵塞;两侧翼墙是否存在开裂,外倾现象;护锥有无剥裂、起皮、隆起、溜坍现象。

【思考与练习】

1. 高速铁路桥涵设备检查都有哪些项目?
2. 桥涵设备检查常用的设备有哪些?
3. 桥涵设备检查的质量标准有哪些?

任务3.2　混凝土梁及墩台病害检查作业

【任务导入】

地处我国高速铁路路网最北端的哈齐高速铁路,冬季气温低至零下30 ℃,接近60 ℃的冬夏温差会使大桥箱梁产生超过30 mm的伸缩,为了及时发现大桥存在的安全隐患,哈齐高速铁路某工务段桥梁工区每次都需在桥梁内穿行6个多小时,检查80多个桥墩、箱梁,以保证高速铁路线路的安全运营。

【问题引导】

问题1:运营桥梁混凝土梁会出现哪些类型病害?

______

______

______

笔记栏

问题 2：运营桥梁混凝土墩台会出现哪些类型病害？

【工作实施】

1. 请描述表 3.4 中主要试验仪具与设备的用途。

表 3.4 主要试验仪具与设备

仪器及辅助工具	用　途
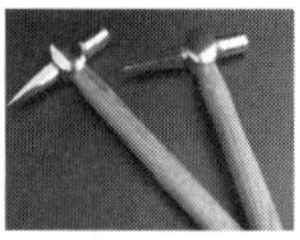	

2. 请完成表 3.5 中混凝土梁及墩台病害类型及成因分析。

表 3.5 混凝土梁及墩台病害类型及成因分析

项目名称	作业程序与质量标准	
作业前	作业前要求：	
作业中	病害类型： 成因分析：	

续上表

<table>
<tr><th>项目名称</th><th colspan="2">作业程序与质量标准</th></tr>
<tr><td rowspan="4">作业中</td><td>病害类型：

成因分析：</td><td> 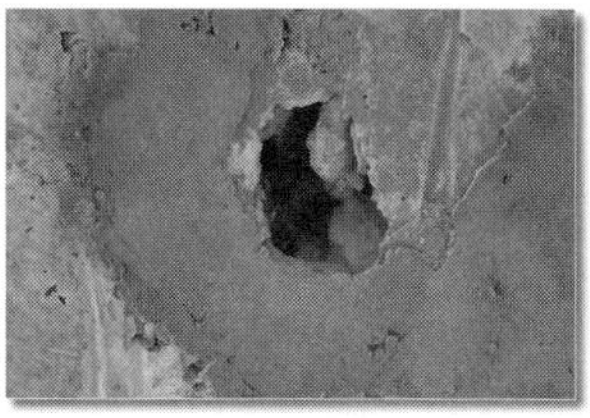</td></tr>
<tr><td>病害类型：

成因分析：</td><td> </td></tr>
<tr><td>病害类型：

成因分析：</td><td> </td></tr>
<tr><td>病害类型：

成因分析：</td><td> </td></tr>
<tr><td>作业后</td><td colspan="2">检查结果处理：</td></tr>
</table>

3. 河水、雨水会对桥墩、基础产生冲刷，而冲刷导致基础埋深减少，降低桥梁桥墩、基础刚度，影响桥梁上部结构的稳定性，冲刷造成桥梁病害的原因有哪些？

笔记栏

笔记栏

【评价反馈】

教师对学生工作过程与工作结果进行评价，并将评价结果填入表3.6教师综合评价表当中。

表3.6 教师综合评价表

班级：		姓名：		学号：	
任务3.2		混凝土梁及墩台病害检查作业			
评价项目		评价标准		分值	得分
考勤(10%)		无故迟到、早退、旷课现象		10	
工作过程(60%)	在表3.4中描述仪器及辅助工具用途	能准确描述主要试验仪具与设备的用途		10	
	在表3.5中完成混凝土梁及墩台病害类型、成因分析	能准确分析病害类型，并进行病害成因分析；能对检查结果进行处理，提出对应结果方案		30	
	在工作实施问题3中作答冲刷造成桥梁病害的原因	能准确根据桥梁下部结构病害类型，分析造成冲刷的原因		20	
	协调能力	与小组成员、同学之间能合作交流，协调工作		10	
项目成果(30%)	工作完整	能按时完成任务		5	
	工作规范	能按规范步骤进行操作		5	
	工作报告	能准确掌握混凝土梁及墩台病害检查作业		10	
合　计				100	
综合评价	自评(20%)	小组评价(30%)	教师评价(50%)	综合得分	

【相关知识】

1. 混凝土梁及墩台养护维修要求

混凝土梁及墩台应满足强度、刚度、抗渗、耐久性和整体稳定性要求，并经常保持状态良好，具体要求如下：

(1)箱梁内净空高度不宜小于1.6 m，并设置进入孔，进入孔宜设置在两孔梁梁缝处或梁端附近的底板上。

(2)多片式T梁应横向联成整体截面，横隔板施加横向预应力。湿接缝宽度不宜小于30 cm，钢筋构造应符合整体桥面受力要求。

(3)预应力混凝土梁的封锚及接缝处，应在构造上采取防水措施，防止雨水渗入。各种接缝应尽可能避开最不利环境作用的部位。对于结构有可能产生裂缝的部位，应适当增设普通钢筋限制裂缝发展。湿接缝新老混凝土之间应无错台，混凝土表面应平整，无蜂窝麻面、露筋、夹缝。墩台上相邻梁间、梁端与桥台胸墙间的间距，应能保证梁体自由伸缩，误差不应超过设计梁缝的±10%。

(4)支承垫石、墩帽(或墩身上部不少于1.5 m范围)应采用钢筋混凝土；寒冷地区墩台托盘宜采用钢筋混凝土。混凝土强度等级分别不应低于C40和C35，墩身混凝土强度等级不应低于C35，并应设护面钢筋。桥墩混凝土保护层厚度不应小于4 cm。桥墩台顶面尺寸应符合架设、检查、养护、维修、支座更换及顶梁的要求，并设不小于2%的排水坡。

(5)混凝土梁及墩台恒载裂缝宽度限值见表3.7。

表3.7　混凝土梁及墩台恒载裂缝宽度限值

梁　　别	裂缝部位		最大裂缝限值(mm)
预应力混凝土梁	梁体	下缘竖向及腹板主拉应力方向	不允许
		纵向及斜向	0.2
		横隔板	0.3
钢筋混凝土梁、桥面板及框构	主筋附近竖向		0.25
	腹板竖向及斜向		0.3
墩　　台	顶帽		0.3
	墩台身	经常受侵蚀性环境水影响	有筋0.2，无筋0.30
		常年有水但无侵蚀性	有筋0.25，无筋0.35
		干沟或季节性有水河流	0.4
	有冻结作用部分		0.2

(6)混凝土梁及墩台如发现下列状态，应及时处理。

①混凝土保护层中性化深度大于25 mm。

②钢筋混凝土梁裂缝流锈水。

③混凝土梁碱—集料反应导致梁体产生裂缝。

④混凝土梁及墩台恒载裂缝宽度大于表3.7规定的限值。

⑤预应力混凝土梁徐变上拱造成跨中道砟厚度不足30 cm。

⑥预应力混凝土梁徐变上拱或基础沉降造成轨道扣件无余量可调整。

⑦相邻跨梁端或梁端与桥台胸墙间顶紧，或相邻跨作业通道栏杆、电缆槽道、遮板等顶紧，影响自由伸缩。

⑧意外事故造成梁体或墩台混凝土局部溃碎或钢筋变形、折断。

⑨寒冷地区，空心墩台内部积水。

⑩防排水设施失效，梁体表面泛白浆。

(7)混凝土梁及墩台严重裂损，可采用修补、灌浆、表面封闭、加固等办法处理，并符合相应技术标准要求。墩台倾斜、下沉、冻害等病害，可采用地基加固、加深或扩大基础、台后换填、卸载等办法处理。

(8)桥墩台受船、筏、漂流物撞击、磨损或受冰压力等作用时，在上述外力作

笔记栏

用高度以下，不应采用空心墩。墩台承受船只或排筏的撞击力可按式(3.1)估算。

$$F=\gamma\times v\times\sin\alpha\sqrt{\frac{W}{C_1+C_2}} \tag{3.1}$$

式中 F——撞击力(kN)；

γ——动能折减系数，当船只或排筏斜向撞击墩台(指船只或排筏驶近方向与撞击点处墩台面法线方向不一致)时，可采用0.2，正向撞击时，可采用0.3；

v——船只或排筏撞击墩台时的速度(m/s)，此项速度对于船只采用航运部门提供的数据，对于自放排筏采用水流速度；

α——船只(或排筏)驶近方向与墩台撞击的夹角；

W——船只(或排筏)的重量(kN)；

C_1+C_2——船只或排筏的弹性变形系数和墩台圬工的弹性变形系数(m/kN)，缺乏资料时，一般假定为0.000 5 m/kN。

(9)桥墩有可能受到机动车撞击且影响行车安全时，应对桥墩采取加强或防撞等措施。

(10)平原、微丘区及城镇附近的旱桥地段，桥两侧应采用栅栏防护。必要时，应对梁底至地面高度小于4 m的桥梁加强防护。

(11)位于水库、江河中的桥梁，其墩台不足以承受冰压力时，应在冬季结冰期进行破冰工作。

2. 混凝土梁及墩台病害及成因分析

1)混凝土蜂窝麻面

(1)蜂窝：混凝土结构局部出现疏松、松散脱落，形成类蜂窝空洞。

(2)麻面：混凝土局部表面出现缺浆和许多小凹坑、麻点，形成粗糙面，但无钢筋外露现象(图3.2)。

图3.2　混凝土蜂窝、麻面

引起混凝土蜂窝麻面形成的原因较多，主要表现在以下几个方面。

①施工不规范

在工程施工作业中，如施工人员责任心较差，缺乏质量控制意识，混凝土搅

笔记栏

拌时间不足，搅拌不均；在混凝土浇筑中振动不密实，没有分层下料；钢筋设置过密，石子粒径较大；缺乏施工规范，引起混凝土蜂窝麻面。

②模板应用不当

在混凝土施工中，模板表面没有清理干净，表面粗糙，或在浇筑作业之前没有湿润模板，构件表面混凝土水分被吸走；模板存在缝隙，水泥浆流失；模板脱模剂涂抹不均匀或漏刷，引起混凝土蜂窝或麻面。

③混凝土原材料质量问题与配合比设置不当

混凝土原材料质量问题与配合比设置不当，会导致混凝土振捣时气泡难以排出；配合比不当，胶结料较多，砂率偏高等，均会导致硬化混凝土结构表面出现蜂窝麻面。

④混凝土含气量过大

当前，在工程施工中混凝土多采取泵送方式，在混凝土中掺入引气剂。如引气剂质量较差，在混凝土内部产生较大气泡，如振捣作业不密实，则难以排除气泡，引起混凝土蜂窝麻面。

⑤混凝土和易性较差

施工中混凝土和易性较差，在混凝土入模之后没有充分振捣，导致大量气泡存留在混凝土内部，引起混凝土蜂窝麻面。除了以上几点以外，环境温度变化，也是引起混凝土表面质量问题的重要因素。

2)混凝土空洞、孔洞

混凝土空洞、孔洞是指局部或全部没有混凝土的较大空隙(图3.3)。

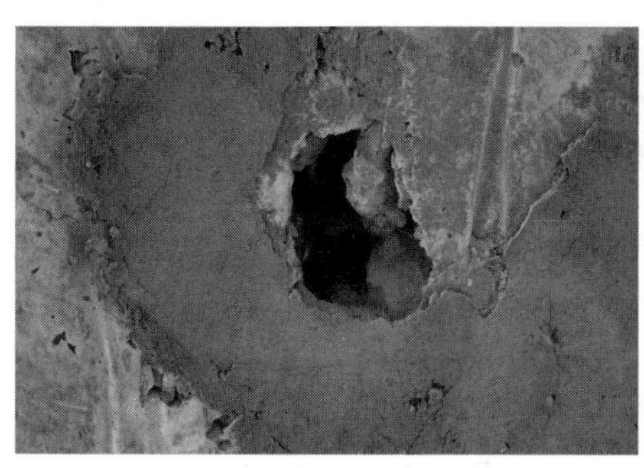
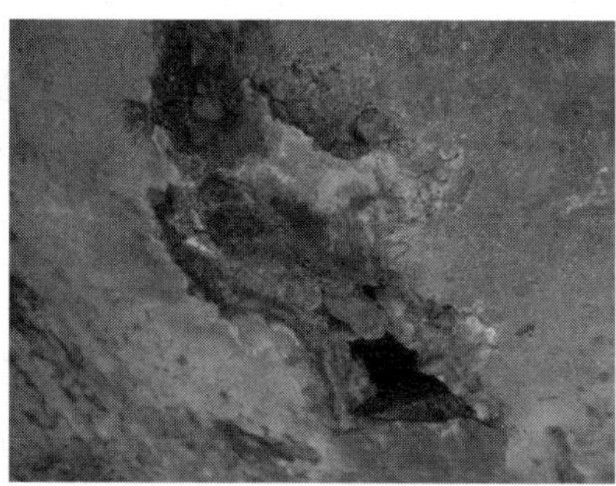

图3.3　混凝土空洞、孔洞

混凝土空洞、孔洞主要产生于成桥前，主要原因有以下方面：

(1)混凝土搅拌不均匀，坍塌落度过小。

(2)混凝土构件内的钢筋密集，石子粒径大。

(3)混凝土浇筑时，一次下料过多，超过了振捣器的振捣半径。

(4)混凝土投料前，砂石料中含泥块等杂物未清理干净。

3)混凝土剥落露筋

通过对运营高速铁路桥梁进行检查后发现，部分主梁、墩台出现不同程度露筋、混凝土剥落现象(图3.4)。

笔记栏

图 3.4 混凝土剥落露筋

造成混凝土梁及墩台露筋、混凝土局部剥落的原因有以下三个方面：

(1)混凝土的碳化作用

混凝土的碳化是由 CO_2 与混凝土中 $Ca(OH)_2$ 发生化学反应，导致混凝土碱性下降。当混凝土碳化穿透保护层到达钢筋表面时，钢筋周围碱性降低，钝化膜失去原有的稳定性，在水分和氧气的作用下钢筋就会锈蚀。

混凝土碳化的深度及速度与施工工艺和环境介质有关，施工中，水灰比减小会降低碳化速度，矿渣水泥碳化较快，碳化深度与水泥用量成反比，外加剂能减弱碳化作用，如果混凝土早期养护不良，其抗碳化能力降低，施工质量的不稳定，其碳化速度有成倍的差别，而且碳化深度随混凝土强度等级的提高而下降。

对于环境介质，碳化深度随相对湿度的降低、温度的增大、大气中的 CO_2 含量提高、风压的增大而增大。保护层厚度的增大，可以延续碳化的进程，特别是处于最外层构造钢筋的混凝土保护层厚度至关重要，碳化到达最外层钢筋位置，就会很快引起这些钢筋的锈蚀，随后混凝土保护层剥落，钢筋裸露。因此，从耐久性观点来看，构造筋和主筋的保护层同等重要。另外，保证混凝土保护层的密实度亦十分重要。

(2)混凝土表面裂缝

混凝土表面裂缝会促使各种离子和气体渗透到钢筋表面。在裂缝处，钢筋锈蚀取决于时间，因此，如果时间充分，这些有害物质会使钢筋钝化膜较早破坏，钢筋产生锈蚀膨胀，体积增大，加速混凝土表面裂缝的发展，从而导致混凝土保护层剥落。

混凝土表面裂缝主要包括温度裂缝、干缩裂缝、沉降收缩裂缝和塑性收缩裂缝。温度裂缝产生的原因是混凝土会随着温度的变化产生热胀冷缩。混凝土硬化初期，水泥水化热较多，混凝土又是热的不良导体，散热很慢，使得混凝土的内外温差很大，这将使混凝土产生内胀外缩，结果在混凝土表面产生很大的拉应力，当拉应力大于混凝土的抗拉强度时就会使混凝土产生裂缝。干缩裂缝产生的主要原因是混凝土在结硬过程中，表面没有覆盖层，使得表面水分挥发较大，体积收缩也大，但是结构内部湿度变化小，造成混凝土内外不均匀收缩，引起混凝土表面干裂。沉降收缩裂缝也称沉降裂缝，是指混凝土硬化时粗骨料沉降受到钢筋阻挡，产生与细骨料不同的沉降量而产生的裂缝。塑性收缩裂缝产生的原因是：混凝土浇筑成型后初凝前，由于重力作用，粗细骨料及水泥颗粒比重大，产生沉降；水分比重小，上浮至混凝土表面，产生泌水。水泥净浆浮至混凝土表面产生外分层，水泥净浆浮至粗骨料下方，产生内分层，混凝土泌水造成塑性收缩。

(3)混凝土碱—集料反应

碱—集料反应是混凝土原材料中的水泥、外加剂、混合材和水中的碱(Na_2O 或 K_2O)与骨料中的活性成分反应，在混凝土浇筑成型后若干年(数年至二三十年)逐渐反应，反应生成物吸水膨胀(体积可增至3～4倍)使混凝土产生内部应力，膨胀开裂、导致混凝土失去设计性能。由于活性骨料经搅拌后大体上呈均匀分布，一旦发生碱骨料反应，混凝土内各部分均产生膨胀应力，混凝土自身胀裂，导致混凝土保护层完全剥落，钢筋裸露，强度降低，弹性模量和耐久性损失，发展严重的则只能拆除，因而被称为混凝土的癌症。

混凝土工程中的碱—集料反应从类别上来讲包括碱硅酸反应、碱碳酸盐反应和碱硅酸盐反应三类。混凝土工程发生碱骨料反应需要具有三个条件：一是混凝土的原材料水泥、混合材、外加剂和水中含碱量高(＞0.6％)；二是骨料中有相当数量活性成分；三是潮湿环境，有充分的水分或湿空气供应。

4)墩身脏污

沿桥墩墩身出现不同程度水渍侵蚀导致的墩身脏污(图3.5)。导致桥墩墩身脏污的原因为，桥梁在运营过程中排水设施破损、梁端止水带失效，桥面水不能被有效地通过排水系统排出，水会沿桥墩面流下，从而造成桥墩墩身脏污。沿桥墩流下的水进入地基中，进一步造成地基沉降。

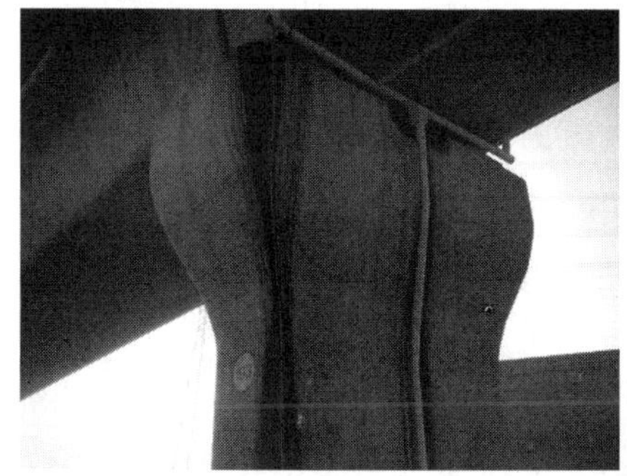

图3.5　桥墩墩身脏污

5)承台外露

我国是一个多山的国家，山区面积较大，故修建桥梁基础时不可避免地需要在陡坡上修建承台结构。河水、雨水会对桥墩、基础产生冲刷，而冲刷导致基础埋深减少(图3.6)，降低桥梁桥墩、基础刚度，影响桥梁上部结构的稳定性。

冲刷造成桥梁病害的原因：

根据国家设计规范设计的跨越河流的桥梁，本身具备一定的抗洪能力，

笔记栏

图 3.6 承台外露

偶然发生的超标洪水对桥梁的破坏，是允许发生的后天性水害。设计者对桥下河床冲刷认识不全面，桥梁基础埋深不足，就会导致必然要发生的先天性水害。

(1)桥梁水害的先天性

第一类先天性的原因是随着桥梁建成桥梁自身就有的因水出害的缺陷，其主要来自勘察设计、施工建设和后期维护过程，来自勘察设计方面的主要原因有：桥位选择不佳、桥式不妥、设计流量偏小及其他原因导致的孔径不够、基础埋深不足、导流防护不完善。

①桥位不佳导致的桥梁水害

在一般河床比较稳定的河流上，跨河桥梁的过河位置由选线工程师确定，水力工程师只需进行设计洪水的分析计算、确定桥梁孔径、计算冲刷深度、确定基础埋深和布设必要的导流防护工程。在复杂的、不太稳定的河流上，桥位的选择对减少养护和防洪工作量并保证安全运输往往有十分重要的作用。在这种场合，需要线路、桥梁和水文工程共同勘测，选定桥位，从而减少可能的洪水灾害。

②桥梁孔径不足导致的水害

由于推算的设计流量偏小或其他原因，致使桥梁的孔径偏小，这往往是一系列水害的重要源头。桥梁孔径偏小主要表现在桥长偏短、桥高不够，有时也会导致基础埋深不足。

③基础埋深不足

因为基础埋深不足而导致桥梁发生的水害，是众多水害当中发生较多、后果也比较严重的一种。也有很多原因导致桥梁基础埋深不足，其中主要的原因是设计时计算设计流量不足以及选用的冲刷计算公式不合适。

④导流防护不完善

在顺直并且较稳定的河段上建设桥梁，如果基础已经埋置到安全深度，通常不需要设置导流防护工程。在不太稳定或者不太顺直的河段上建设桥梁，通常都需要设置导流防护工程。但当导流防护工程不完善或者不适合时，不但无法起到顺导水流的作用，有时甚至会造成新的水害。

笔记栏

(2)桥梁水害的后天性

第二类后天性的原因是勘测设计时预见不到的,但在桥梁使用年限内发生了,其中有:

①由于河流变化导致桥梁遭受水害。

河流产生变化的原因有三种:

a. 河流自身的改变。如河流的崩滩、塌岸、裁弯取直等,导致河流的主流摆动、河床冲深扩宽,甚至是河岸迁移、主流改道,给桥梁造成危害。

b. 因环境改变导致河流的改变。如上游流域森林和植被的砍伐导致河流的径流性质发生改变等,导致河流塑造作用的改变,从而给桥梁造成危害。

c. 人为作用导致的河流的改变。如桥梁上游筑坝拦水、桥梁上下游水利工程改动等,人为地改变河流的径流分布,增大水流冲刷能力,给桥梁带来危害。

②超标准洪水和其他意外原因等,给桥梁造成危害。

③桥位附近长期大范围挖沙,在桥下游至桥下,形成陡坎甚至跌水等危及桥基安全。

【思考与练习】

1. 混凝土梁及墩台会在哪些阶段出现病害?
2. 造成混凝土结构露筋的原因有哪些?
3. 哪些措施可有效减少水流对桥墩的冲刷?

任务3.3 混凝土结构强度检测作业

【任务导入】

某高速铁路基础设施段高速铁路综合维修车间桥梁工区在所辖区段桥梁的检查周期到时,组织桥梁工前往里程K600+900~K700+016进行桥墩混凝土强度检测。采用回弹仪对关键部位进行无损检测,对碳化较严重的部位需结合混凝土碳化深度检测,测得各测区回弹值后对检测桥墩混凝土强度推定值进行计算,进而对该区段内桥墩混凝土强度进行评定。

【问题引导】

问题1:混凝土强度检测的方法有哪些?各有哪些优缺点?

______

______

______

笔记栏

问题 2:回弹法检测混凝土强度的基本原理是什么？回弹仪有哪些类型？

【工作实施】

1. 请描述表 3.8 中主要试验仪具与设备的用途。

表 3.8 主要试验仪具与设备

仪器及辅助工具	用　途

2. 请在图 3.7 中标注回弹测区及测点间的尺寸,并绘制回弹仪回弹角度。

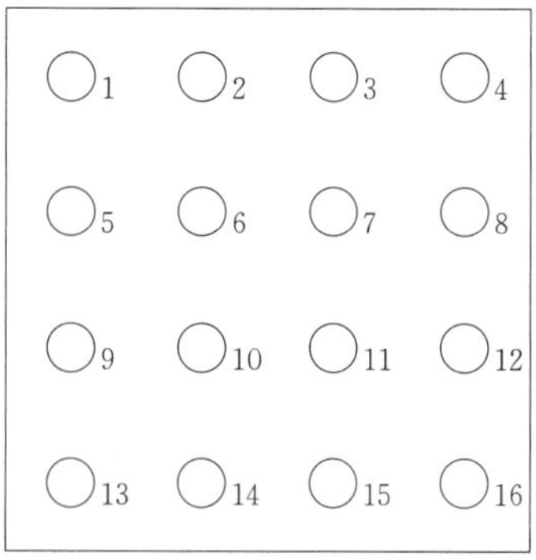

图 3.7 回弹测区测点布设

3. 请分组在混凝土结构表面画出 10 个测区,并将每一测区中 16 个测点的回弹值记录在表 3.9 中。

4. 各测区回弹值测量结束后,对每一测区选择部分测点进行碳化深度测试,各测点的平均碳化深度见表 3.10,请计算表 3.9 中测区强度值、平均值、标准差及混凝土强度推定值。

表 3.9　回弹法检测混凝土抗压强度记录

检测部位					设计强度						混凝土类别									检测日期				
构件名称	测区	回弹值 R_i																	弹击角度	角度修正后	浇筑面修正值	浇筑面修正后	平均碳化深度（mm）	测区强度（MPa）
		1	2	3	4	5	6	7	8	9	10	11	12	13	14	15	16	R_m						
	1																							
	2																							
	3																							
	4																							
	5																							
	6																							
	7																							
	8																							
	9																							
	10																							
强度（MPa）统计	$n=$					$m_{f_{cu}^{c}}=$						$s_{f_{cu}^{c}}=$						$f_{cu,min}^{c}=$				$f_{cu,e}=$		

笔记栏

笔记栏

表 3.10　各回弹测区碳化深度值

测　点	1	2	3	4	5	6	7	8	9	10
碳化深度 d_i(mm)	1.0	0.5	1.0	1.5	1.5	1.0	2.0	1.5	1.5	1.5

5. 请补充图 3.8 中回弹法数据计算流程空缺部分。

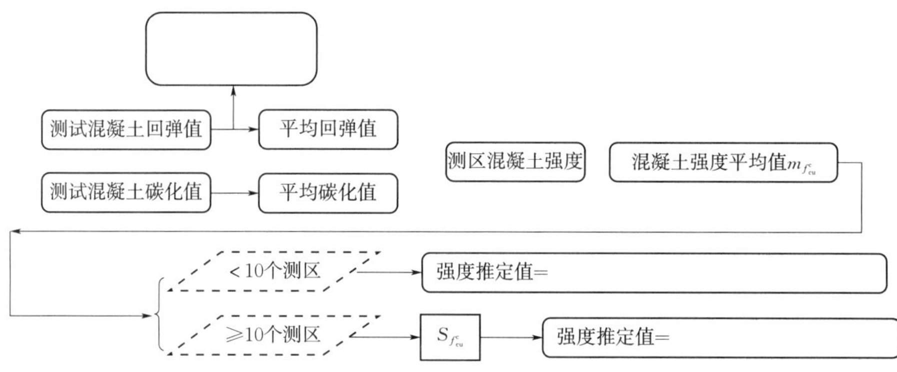

图 3.8　回弹法数据计算流程

【评价反馈】

教师对学生工作过程与工作结果进行评价，并将评价结果填入表 3.11 教师综合评价表当中。

表 3.11　教师综合评价表

<table>
<tr><td colspan="2">班级：</td><td colspan="2">姓名：</td><td colspan="2">学号：</td></tr>
<tr><td colspan="2">任务 3.3</td><td colspan="4">混凝土结构强度检测作业</td></tr>
<tr><td colspan="2">评价项目</td><td colspan="2">评价标准</td><td>分值</td><td>得分</td></tr>
<tr><td colspan="2">考勤(10%)</td><td colspan="2">无故迟到、早退、旷课现象</td><td>10</td><td></td></tr>
<tr><td rowspan="5">工作过程(60%)</td><td>在表 3.8 中描述仪器及辅助工具用途</td><td colspan="2">能准确描述主要试验仪具与设备的用途</td><td>10</td><td></td></tr>
<tr><td>在图 3.7 中标注回弹测区及测点间的尺寸，并绘制回弹仪回弹角度</td><td colspan="2">能准确标注回弹测区及测点间的尺寸，并绘制回弹仪回弹角度</td><td>10</td><td></td></tr>
<tr><td>在表 3.9 中能准确测量每一测区回弹值</td><td colspan="2">能准确进行每一测区回弹值测量</td><td>20</td><td></td></tr>
<tr><td>依据表 3.10 碳化深度进行数据处理</td><td colspan="2">能准确计算测区强度值、平均值、标准差及混凝土强度推定值</td><td>20</td><td></td></tr>
<tr><td>协调能力</td><td colspan="2">与小组成员、同学之间能合作交流，协调工作</td><td>10</td><td></td></tr>
<tr><td rowspan="3">项目成果(30%)</td><td>工作完整</td><td colspan="2">能按时完成任务</td><td>5</td><td></td></tr>
<tr><td>工作规范</td><td colspan="2">能按规范步骤进行操作</td><td>5</td><td></td></tr>
<tr><td>工作报告</td><td colspan="2">能准确掌握回弹法测混凝土强度作业</td><td>10</td><td></td></tr>
<tr><td colspan="4">合　计</td><td>100</td><td></td></tr>
<tr><td rowspan="2">综合评价</td><td>自评(20%)</td><td>小组评价(30%)</td><td>教师评价(50%)</td><td colspan="2">综合得分</td></tr>
<tr><td></td><td></td><td></td><td colspan="2"></td></tr>
</table>

笔记栏

【相关知识】

1. 回弹法基本原理

1)原理

回弹法是用以弹簧驱动的重锤,通过弹击杆(传力杆),弹击混凝土表面,并测出重锤被反弹回来的距离,以回弹值(反弹距离 L' 与弹击锤冲击长度 L 之比)作为与强度相关的指标,来推定混凝土强度的一种方法(图 3.9)。由于混凝土的抗压强度与其表面硬度之间存在某种相关性,而回弹仪的弹击锤被一定的弹力击打在混凝土表面上,其回弹高度(通过回弹仪读得回弹值)与混凝土表面硬度成一定的比例关系。根据表面硬度则可推求混凝土的抗压强度。

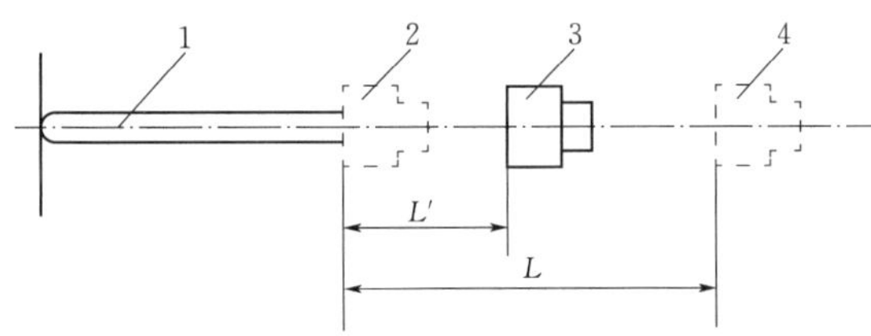

1—弹击杆;2—重锤弹击时的位置;3—重锤回跳最远位置;4—重锤发射前的位置。

图 3.9　回弹仪工作原理

2)特点与适用范围

回弹法是目前国内应用最为广泛的结构混凝土抗压强度检测方法,具有对结构没有损伤、仪器轻巧,使用方便、测试速度快、测试费用相对较低、可以基本反映结构混凝土抗压强度规律的优点。也有精度相对较低,不适用于表层与内部质量有明显差异或内部存在缺陷的混凝土结构或构件的检测,影响因素多(水泥品种、骨料粗细、骨料粒径、配合比、混凝土碳化等,龄期、模板、泵送、高强等)的缺点。

混凝土表面硬度和混凝土强度具有一定相关关系,通常混凝土表面硬度越高,混凝土的强度也越高,反之则越低,而混凝土表面硬度又与物体弹击在混凝土表面后的反弹能量有一定的相关关系。回弹法主要用于已建和新建结构的混凝土强度检测,适用于抗压强度 10～60 MPa 的混凝土。回弹法检测混凝土的龄期为 7～1 000 d,不适用于表层及内部质量有明显差异或内部存在缺陷的混凝土构件和特种成型工艺制作的混凝土的检测。

2. 回弹仪类型及技术要求

1)回弹仪类型

回弹仪的类型比较多,有重型(f_c≥C60)、中型(f_c≤C50)、轻型(非混凝土材料)和特轻型,一般工程使用最多的是中型回弹仪(图 3.10 和图 3.11)。指针直读式、自记式、带电脑自动记录及处理数字功能等回弹仪,其中以指针直读的直射锤击式仪器应用最广。

挂钩(12)与调零螺钉(16)互相挤压,使弹击锤脱钩。弹击锤的冲击面与弹击杆的后端平面相碰撞,弹击锤释放出来的能量借助弹击杆传递给混凝土构

笔记栏

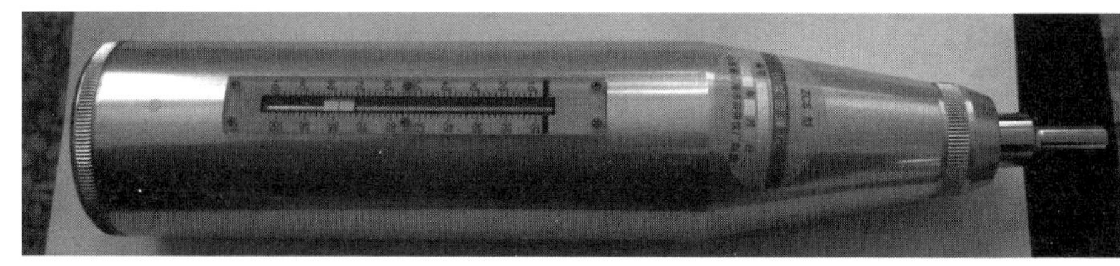

（a）指针直读式

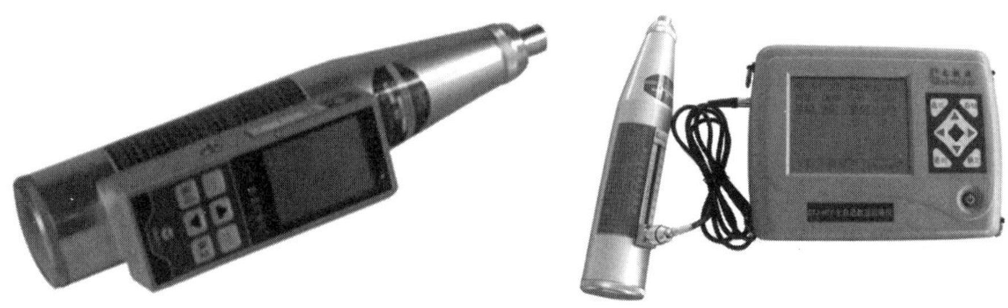

（b）自记式　　（c）带电脑自动记录及处理数字式

图 3.10　回弹仪类型

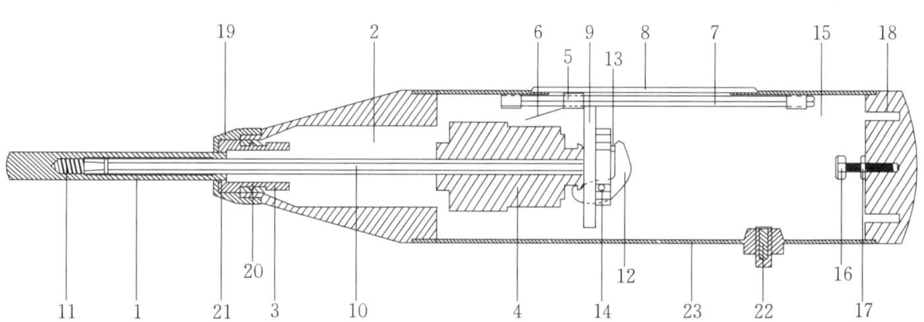

1—弹击杆；2—弹击拉簧；3—拉簧座；4—弹击锤；5—指针块；6—指针片；7—指针轴；8—刻度尺；9—导向法兰；10—中心导杆；11—缓冲压簧；12—挂钩；13—挂钩压簧；14—挂钩销子；15—压簧；16—调零螺钉；17—紧固螺母；18—尾盖；19—盖帽；20—卡环；21—密封毡帽；22—按钮；23—外壳。

图 3.11　回弹仪构造

件，混凝土弹性反应的能量又通过弹击杆传递给弹击锤。弹击锤获得回弹的能量向后弹回计算弹击锤回弹的距离和弹击锤脱钩前距弹击杆后端平面的距离之比，即得回弹值 R（图 3.12）。

2)技术要求

回弹仪必须具有制造厂的产品合格证及检定单位的检定合格证，并应在回弹仪的明显位置上具有下列标志：名称、型号、制造厂名（或商标）、出厂编号、出厂日期和我国计量器具制造许可证标志 CMC 及许可证证号等。

回弹仪应符合下列标准状态的要求：

(1)水平弹击时，弹击锤脱钩的瞬间，回弹仪的标准能量应为 2.207 J（图 3.13）。

(2)弹击锤与弹击杆碰撞的瞬间，弹击拉簧应处于自由状态，此时弹击锤起跳点应相应于指针指示刻度尺上“0”处。

(3)进行回弹仪率定测试时，室温为 5～35 ℃，分四个方向，在洛氏硬度 HRC 为 60±2 的钢砧上每次弹击三次，回弹仪的率定值应为 80±2。

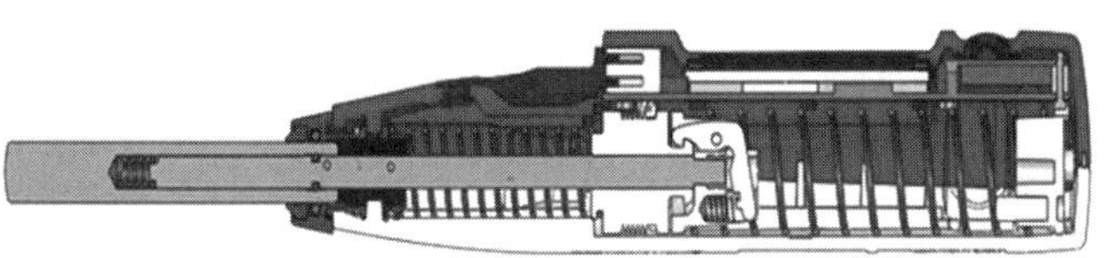

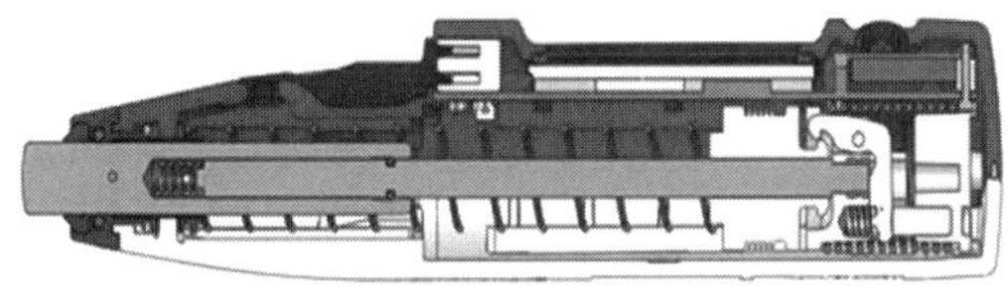

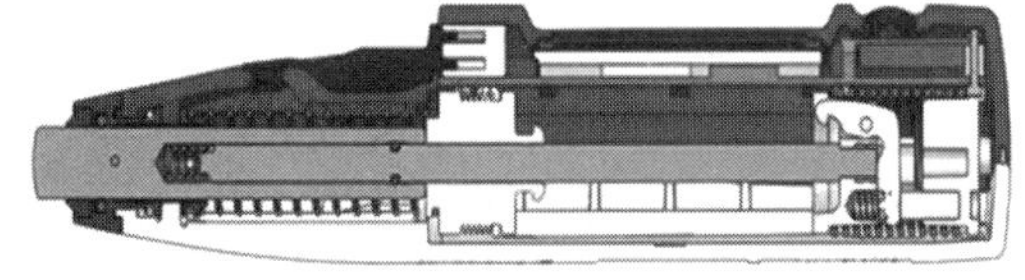

图 3.12 回弹仪工作过程

(4)回弹仪使用时的环境温度应为－4～40 ℃。

图 3.13 回弹仪率定测试

3)检定

回弹仪具有下列情况之一时应送检定单位检定：

(1)新回弹仪启用前。

(2)超过检定有效期限(有效期为半年)。

(3)累计弹击次数超过 6 000 次。

(4)经常规保养后钢砧率定值不合格。

(5)遭受严重撞击或其他损害。

回弹仪应由法定部门并按照国家现行标准对回弹仪进行检定；回弹仪在工程检测前后，应在钢砧上作率定试验。回弹仪率定试验宜在干燥、室温为 5～35 ℃的条件下进行。率定时，钢砧应稳固地平放在刚度大的物体上。测定回弹值时，取连续向下弹击三次的稳定回弹平均值。弹击杆应分四次旋转，每次旋转宜为 90°。弹击杆每旋转一次的率定平均值应为 80±2。

笔记栏

4)保养

回弹仪具有下列情况之一时应进行常规保养：

(1)弹击超过 2 000 次。

(2)对检测值有怀疑时。

(3)在钢砧上的率定值不合格。

常规保养应符合下列规定：

(1)使弹击锤脱钩后取出机芯，然后卸下弹击杆，取出里面的缓冲压簧，并取出弹击锤、弹击拉簧和拉簧座。

(2)机芯各零部件应进行清洗，重点清洗中心导杆、弹击锤和弹击杆的内孔和冲击面。清洗后应在中心导杆上薄薄涂抹钟表油，其他零部件均不得抹油。

(3)应清理机壳内壁，卸下刻度尺，并应检查指针，其摩擦力应为 0.5～0.8 N。

(4)不得旋转尾盖上已定位紧固的调零螺丝。

(5)不得自制或更换零部件。

(6)保养后应进行率定试验。

回弹仪使用完毕后应使弹击杆伸出机壳，清除弹击杆、杆前端球面以及刻度尺表面和外壳上的污垢、尘土。回弹仪不用时，应将弹击杆压入仪器内，经弹击后方可按下按钮锁住机芯，将回弹仪装入仪器箱，平放在干燥阴凉处。

3. 回弹值的测定

1)一般规定

结构或构件混凝土强度检测宜具有下列资料：

(1)工程名称及设计、施工、监理(或监督)和建设单位名称。

(2)结构或构件名称、外形尺寸、数量及混凝土强度等级。

(3)水泥品种、强度等级、安定性、厂名；砂、石种类、粒径；外加剂或掺合料品种、掺量；混凝土配合比等。

(4)施工时材料计量情况，模板、浇筑、养护情况及成型日期等。

(5)必要的设计图纸和施工记录。

(6)检测原因。

结构或构件混凝土强度检测可采用下列两种方式，其适用范围及结构或构件数量应符合下列规定：

(1)单个检测：适用于单个结构或构件的检测。

(2)批量检测：适用于在相同的生产工艺条件下，混凝土强度等级相同，原材料、配合比、成型工艺、养护条件基本一致且龄期相近的同类结构或构件。按批进行检测的构件，抽检数量不得少于同批构件总数的 30%且构件数量不得少于 10 件。抽检构件时，应随机抽取并使所选构件具有代表性。

每一结构或构件的测区应符合下列规定：

(1)每一结构或构件测区数不应少于 10 个，对某一方向尺寸小于 4.5 m 且另一方向尺寸小于 0.3 m 的构件，其测区数量可适当减少，但不应少于 5 个(图 3.14)。

笔记栏

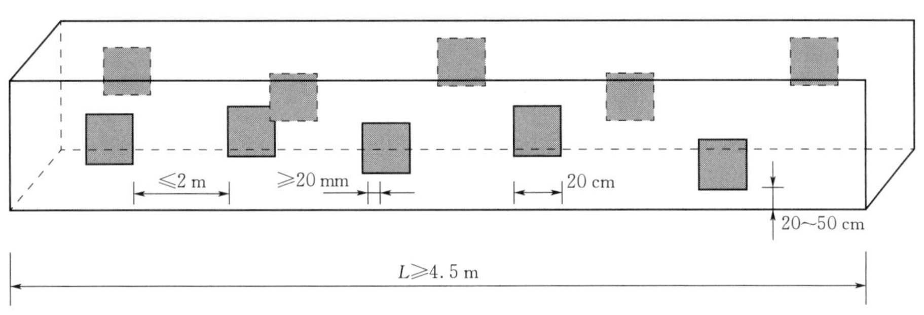

图 3.14　构件测区

(2)相邻两测区的间距应控制在 2 m 以内,测区离构件端部或施工缝边缘的距离不宜大于 0.5 m,且不宜小于 0.2 m。

(3)测区应选在使回弹仪处于水平方向检测混凝土浇筑侧面。当不能满足这一要求时,可使回弹仪处于非水平方向检测混凝土浇筑侧面、表面或底面(图 3.15)。

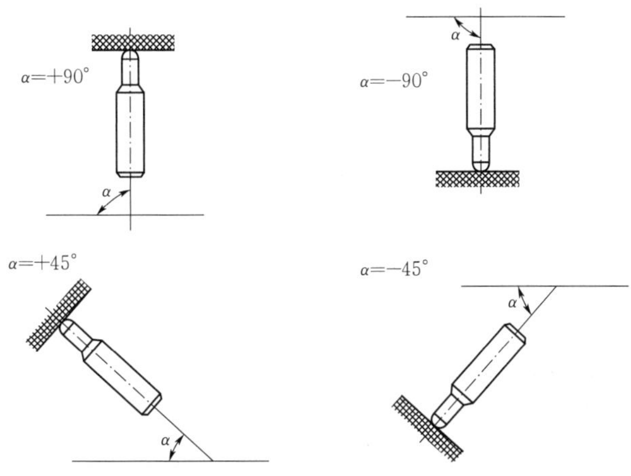

图 3.15　回弹仪测量角度

(4)测区宜选在构件的两个对称可测面上,也可选在一个可测面上,且应均匀分布。在构件的重要部位及薄弱部位必须布置测区,并应避开预埋件。

(5)测区的面积不宜大于 0.04 m^2。

(6)检测面应为混凝土表面,并应清洁、平整,不应有疏松层、浮浆、油垢、涂层以及蜂窝、麻面,必要时可用砂轮清除疏松层和杂物,且不应有残留的粉末或碎屑。

(7)对弹击时产生颤动的薄壁、小型构件应进行固定。

(8)结构或构件的测区应标有清晰的编号,必要时应在记录纸上描述测区布置示意图和外观质量情况。

2)回弹值测量

回弹值测量时应满足以下要求:

(1)检测时,回弹仪的轴线应始终垂直于结构或构件的混凝土检测面,缓慢施压,准确读数,快速复位。

(2)测点宜在测区范围内均匀分布,相邻两测点的净距不宜小于 20 mm;

笔记栏

测点距外露钢筋、预埋件的距离不宜小于 30 mm。

(3)测点不应在气孔或外露石子上，同一测点只弹击一次。每一测区记取 16 个回弹值，每一测点的回弹值读数估读至 1(图 3.16)。

(4)当检测条件于测强曲线的适用条件有较大差异时，采用同条件试件或钻取混凝土芯样进行修正，试件或钻取芯样数量不应少于 6 个。钻取芯样时每个部位应钻取一个芯样，计算时测区混凝土强度换算值应乘以修正系数。

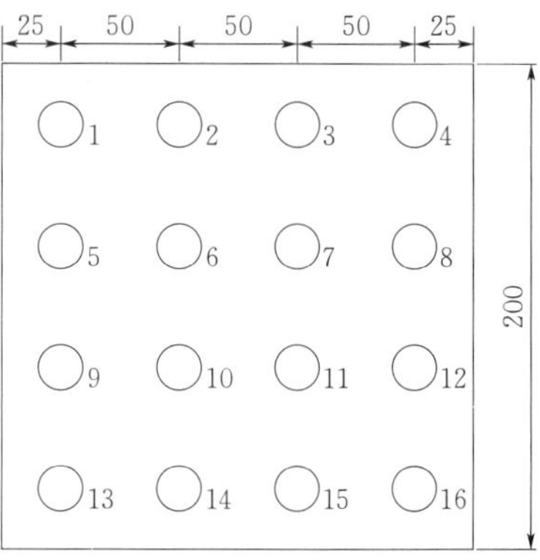

图 3.16 测点布设(单位:mm)

4. 碳化深度测定

混凝土中性化是指当空气、土壤、地下水等环境中的酸性气体或液体侵入混凝土中，与水泥石中的碱性物质发生反应，使混凝土中的 pH 值降低的过程。混凝土碳化是由大气环境中的 CO_2 引起的中性化过程。

(1)回弹值测量完毕后，应在有代表性的测区上测量碳化深度值，测点数不应少于构件测区数的 30%，应取平均值作为该构件每个测区的碳化深度值。当碳化深度值极差大于 2.0 mm 时，应在每一测区分别测量碳化深度值。应取三次测量的平均值作为检测结果，并应精确至 0.5 mm。

(2)碳化深度值的测量

用适当的工具在测区表面形成直径约 15 mm 的孔洞，其深度应大于预估混凝土的碳化深度。应清除孔洞中的粉末和碎屑，且不得用水擦洗(图 3.17)。

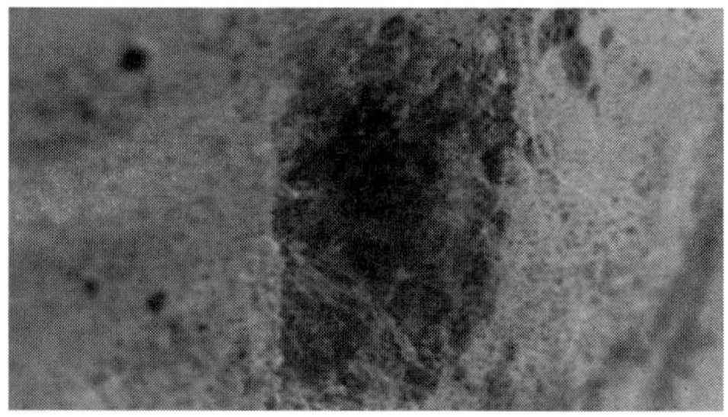

图 3.17 碳化深度测定

应采用浓度为 1%～2%的酚酞酒精溶液滴在孔洞内壁的边缘处，当已碳化与未碳化界限清晰时，应采用碳化深度测量仪测量已碳化与未碳化混凝土交界面到混凝土表面的垂直距离，并应测量三次，每次读数应精确至 0.5 mm。

5. 数据处理

回弹法测混凝土强度数据处理分四个步骤，即回弹平均值计算、角度修正、浇筑面修正、混凝土强度值计算。

1)回弹平均值计算

计算测区平均回弹值时，应从该测区的 16 个回弹值中剔除 3 个最大值和 3 个最小值，其余的 10 个回弹值取平均值，即

笔记栏

$$R_m=\frac{\sum_{i=1}^{10}R_i}{10} \tag{3.2}$$

式中　R_m——测区平均回弹值，精确至0.1；

R_i——第 i 个测点的回弹值。

2)角度修正

非水平方向检测混凝土浇筑侧面时，测区的平均回弹值应按式(3.3)修正。

$$R_m=R_{ma}+R_{aa} \tag{3.3}$$

式中　R_{ma}——回弹仪非水平方向检测时，测区的平均回弹值，精确至0.1；

R_{aa}——非水平方向检测时，回弹值的修正值(详见《回弹法检测混凝土抗压强度技术规程》(JGJ/T 23—2011)附录C)。

3)浇筑面修正

水平方向检测混凝土浇筑表面或浇筑底面时，测区的平均回弹值应按式(3.4)和式(3.5)修正。

$$R_m=R_m^t+R_a^t \tag{3.4}$$

$$R_m=R_m^b+R_a^b \tag{3.5}$$

式中　R_m^t, R_m^t——回弹仪在水平方向检测混凝土浇筑表面和混凝土浇筑底面时，测区的平均回弹值，精确至0.1；

R_a^t, R_a^b——回弹仪检测混凝土浇筑表面和混凝土浇筑底面时，回弹值的修正值(详见《回弹法检测混凝土抗压强度技术规程》(JGJ/T 23—2011)附录D)。

当回弹仪为非水平方向且测试面为混凝土的非浇筑侧面时，应先对回弹值进行角度修正，并应对修正后的回弹值班进行浇筑面修正。即“先修角，后修面”。

4)混凝土强度值计算

结构或构件的测区混凝土强度平均值可根据各测区的混凝土强度换算值计算。当测区数为10个及以上时，应计算强度标准差。平均值及标准差应按式(3.6)和式(3.7)计算。

$$m_{f_{cu}^c}=\frac{\sum_{i=1}^{10}f_{cu,i}^c}{n} \tag{3.6}$$

$$s_{f_{cu}^c}=\sqrt{\frac{\sum(f_{cu,i}^c)^2-n(m_{f_{cu}^c})^2}{n-1}} \tag{3.7}$$

式中　$m_{f_{cu}^c}$——结构或构件测区混凝土强度换算值的平均值(MPa)，精确至0.1 MPa；

n——对于单个检测的构件，取一个构件的测区数；对批量检测的构件，取被抽检构件测区数之和；

$s_{f_{cu}^c}$——结构或构件测区混凝土强度换算值的标准差(MPa)，精确至0.01 MPa。

结构或构件的混凝土强度推定值($f_{cu,e}$)应按下列公式确定：

笔记栏

(1)当该结构或构件测区数少于10个时：

$$f_{cu,e}=f^{c}_{cu,min} \tag{3.8}$$

式中　$f^{c}_{cu,min}$——构件中最小的测区混凝土强度换算值。

(2)当该结构或构件的测区强度值中出现小于10.0 MPa时：

$$f_{cu,e}<10.0\ \text{MPa} \tag{3.9}$$

(3)当该结构或构件测区数不少于10个或按批量检测时：

$$f_{cu,e}=m_{f^{c}_{cu}}-1.645s_{f^{c}_{cu}} \tag{3.10}$$

注：结构或构件的混凝土强度推定值是指相应于强度换算值总体分布中保证率不低于95%的结构或构件中的混凝土抗压强度值。

对按批量检测的构件，当该批构件混凝土强度标准差出现下列情况之一时，则该批构件应全部按单个构件检测：

(1)当该批构件混凝土强度平均值小于25 MPa时：

$$s_{f^{c}_{cu}}>4.5\ \text{MPa} \tag{3.11}$$

(2)当该批构件混凝土强度平均值不小于25 MPa时：

$$s_{f^{c}_{cu}}>5.5\ \text{MPa} \tag{3.12}$$

【思考与练习】

一、单选题

1. 计算混凝土强度换算值时，应按下列排列的先后顺序选择测强曲线(　　)。

A. 专用曲线、统一曲线、地区曲线

B. 统一曲线、地区曲线、专用曲线

C. 地区曲线、专用曲线、统一曲线

D. 专用曲线、地区曲线、统一曲线

2. 结构或构件的混凝土强度推定值是指相应于强度换算值总体分布中保证率不低于(　　)的结构或构件中的混凝土抗压强度值。

A. 85%　　B. 95%　　C. 90%　　D. 100%

3. 回弹法测强时，相邻两测区的间距应控制在(　　)以内。

A. 1 m　　B. 0.2 m　　C. 2 m　　D. 0.5 m

4. 回弹测试时，相邻两测点的最小净距(　　)。

A. 30 mm　　B. 20 mm　　C. 10 mm　　D. 40 mm

5. 混凝土碳化深度的测试，应采用(　　)。

A. 浓度约2%的酚酞酒精溶液　　B. 浓度约1%的酚酞酒精溶液

C. 浓度约1%的甲基橙溶液　　D. 浓度约2%的甲基橙溶液

二、多项选择题

1. 按规程进行回弹检测而得的回弹值可以反映(　　)。

A. 混凝土强度

B. 混凝土内部密实程度

C. 混凝土表面质量与内部质量

笔记栏

D. 混凝土质量均匀性

2. 回弹仪出现下列情况时，应进行检定(　　)。

A. 回弹仪弹击拉簧断裂

B. 弹击次数超过 2 000 次

C. 测试过程中对回弹值有怀疑时

D. 超过检定有效期限时

3. 对于回弹法检测中测区的布置，下列说法中错误的是(　　)。

A. 测区应选在使回弹仪处于水平方向检测的混凝土浇筑侧面

B. 每个构件的测区数绝对不得少于 10 个

C. 当构件相对较小时，可布置少于 10 个测区

D. 测区大小必须为 200 mm×200 mm

任务 3.4　桥涵路基结构物沉降观测作业

【任务导入】

某高速铁路基础设施段综合维修车间桥梁工区在所辖区段对桥梁进行专项检查时发现 K600+980～K720+030 处桥梁下路基结构物出现不均匀沉降，针对桥下路基结构物出现不均匀沉降的现象，组织桥梁工前去布设沉降观测网及沉降观测桩，对沉降区域沉降值采用水准仪进行测量，并在作业结束后对总下沉量进行计算。

【问题引导】

问题 1：引起桥下路基结构物沉降的原因有哪些？

问题 2：桥下路基结构物沉降量如何测量？

【工作实施】

1. 请描述表 3.12 中主要试验仪具与设备的用途。

表 3.12　主要试验仪具与设备

仪器及辅助工具	用　　途

笔记栏

续上表

仪器及辅助工具	用　　途

2. 请完成表 3.13 中桥涵路基结构物沉降观测作业程序与质量标准。

表 3.13　桥涵路基结构物沉降观测作业程序与质量标准

项目名称	作业程序与质量标准	
作业前	作业前要求：	
作业中	(1)观测网布设：	
	(2)观测桩点布设：	
	(3)支放仪器：	

笔记栏

续上表

<table>
<tr><th>项目名称</th><th colspan="2">作业程序与质量标准</th></tr>
<tr><td rowspan="4">作业中</td><td>(4)整平水准仪：</td><td></td></tr>
<tr><td>(5)沉降点高程测量：</td><td></td></tr>
<tr><td>(6)记录数据：</td><td></td></tr>
<tr><td colspan="2">(7)作业结束：</td></tr>
<tr><td>作业后</td><td colspan="2">数据处理：</td></tr>
</table>

3. 利用沉降观测网中已知高程点 A（A 点高程为 32.500 m），对布设的沉降观测点 B 连续两天进行沉降观测。第一天立标尺，测得 A 点读数为 4.225 m，B 点读数为 1.562 m；第二天测得 A 点读数为 4.125 m，B 点读数为 1.463 m。分别计算沉降观测点 B 的实测高程，并求得 B 点第二天的沉降量。

____

____

____

笔记栏

【评价反馈】

教师对学生工作过程与工作结果进行评价,并将评价结果填入表 3.14 教师综合评价表当中。

表 3.14　教师综合评价表

班级:		姓名:	学号:	
任务 3.4		桥涵路基结构物沉降观测作业		
评价项目		评价标准	分值	得分
考勤(10%)		无无故迟到、早退、旷课现象	10	
工作过程(60%)	在表 3.12 中描述仪器及辅助工具用途	能准确描述主要试验仪具与设备的用途	10	
	在表 3.13 中完成桥涵路基结构物沉降观测作业程序与质量标准	能准确填写作业前、作业中、作业后各作业程序的质量标准	30	
	在工作实施问题 3 中计算沉降观测点高程及沉降量	能准确计算沉降观测点 B 的实测高程及沉降量	20	
	协调能力	与小组成员、同学之间能合作交流,协调工作	10	
项目成果(30%)	工作完整	能按时完成任务	5	
	工作规范	能按规范步骤进行操作	5	
	工作报告	能准确掌握桥涵路基结构物沉降观测作业	10	
合　计			100	
综合评价	自评(20%)	小组评价(30%)	教师评价(50%)	综合得分

【相关知识】

1. 路基沉降变形概述

1)路基沉降变形定义

路基变形:线下结构由于荷载、环境等作用引起的随时间发生的位移。

路基沉降:基础设施在竖直方向产生的变形,包括下沉和隆起,向下为"正",向上为"负"。

路基工后沉降:有砟轨道工后沉降为有砟轨道基础设施竣工铺轨工程(包括铺砟)开始时的沉降量与最终形成的总沉降量之差。无砟轨道工后沉降定义为在铺轨工程完成以后,基础设施产生的沉降量。

差异沉降:在铺轨工程完成以后,路桥或路隧等连接处产生的沉降差。

折角(无砟轨道):在铺轨工程完成以后,路基与桥梁或隧道间由于过渡段沉降造成的弯折角度。路基总沉降是由不同阶段的沉降组成,与铁路运营直接

笔记栏

相关的是路基的工后沉降，要注意有砟轨道和无砟轨道对工后沉降计算的起点是不一样的。

2)路基沉降的组成

路基的工后沉降主要由路基填土的压密下沉、行车引起的基床累计下沉、地基产生的路基工后沉降三部分组成。

(1)路基填土压密下沉

路基填土压密下沉是由填土自重引起的，主要发生在两个阶段：第一是施工阶段的下沉，不计入工后沉降；第二是施工完成后对后期运营有影响的工后沉降。由于路基是散体材料填筑而成的，其填土产生一定的压密下沉是正常的，其大小取决于填料和压实质量。

按照现在高速铁路对路基填料、压实质量严格要求，按路堤高度的 0.1%～0.5%估算得到的数值是偏大的。若能合理安排施工并有一定的放置时间，路基本体的压密沉降很小可以在施工期间基本完成，不计入工后沉降。

(2)行车引起的基床累计下沉

运营阶段由于行车(动应力作用)引起的基床累计下沉，主要是列车通过道床传递到路基面的动荷载引起道床嵌入基床的下陷量。根据经验一年运营后的累计下沉量 1～2.5 mm，且一年时间行车后趋于稳定。

(3)地基下沉引起的工后沉降

地基下沉引起的工后沉降主要与地基类型、处理措施、填土高度、施工周期等因素有关。对于一般地基而言，其工后沉降有限，都能满足要求，但对于软土地基来说，由于压缩性大、渗透系数小、强度低等特点，路基建成后的沉降量大且延续时间较长才能完成。路基工后沉降主要是由地基沉降而引起的。

3)沉降观测目的及相关指标值

(1)路基沉降观测目的

一是用来指导现场路基施工填筑速率；二是用来推算路基工后沉降。《高速铁路设计规范》(TB 10621—2014)中规定路基施工应进行系统的沉降观测，铺轨前应根据沉降观测资料进行分析评估，确定路基工后沉降符合要求后方可进行轨道铺设。为使列车高速、安全、舒适运行，并尽可能减少维修，严格控制路基的变形、沉降是很重要的。路堤建成后发生的变形、沉降主要有：路堤(主要是基床)在列车荷载作用下发生的变形；路堤本体在自重作用下的压密沉降；支承路基的地基压密沉降。对软土地基来说，由于软土的压缩性大，渗透系数小等特性，路堤建成后，不仅沉降量大，而且沉降延续时间较长。

软土地基沉降可按《高速铁路设计规范》(TB 10621—2014)的规定计算，沉降计算值应经实际工程观测资料检验修正。软土及松软土路基应结合工程实际，选择代表性地段提前修筑试验段。受洪水或河流冲刷及受水浸泡的路堤部位，应采用水稳性好的渗水性材料填筑，并应放缓边坡坡率、设置边坡平台、加强边坡防护。雨季滞水及排水不畅的低洼地段，浸水影响范围应以渗水性材料填筑，并应采取排水疏导措施。在高地下水位(地下水位距地表不大于 0.5 m)的黏性土地基上填筑路堤时，路堤底部应填筑渗水性材料。有条件时，宜采取降低地下水位的措施。

笔记栏

满足高速铁路的轨道平顺性除要严格控制路基的均匀沉降外，不均匀沉降控制更为关键。路基与桥台及路基与横向结构物过渡段、地层变化较大处和不同地基处理措施连接处，是不均匀沉降容易产生的常见部位，故在地基处理和路堤设计中应采取逐渐过渡的方法减少不均匀沉降，以满足轨道平顺性要求。《高速铁路设计规范》(TB 10621—2014)要求路基工后沉降量应符合下列规定：无砟轨道路基工后沉降应符合扣件调整能力和线路竖曲线圆顺的要求。工后沉降不宜超过 15 mm；沉降比较均匀并且调整轨面高程后的竖曲线半径符合要求时，允许的工后沉降为 30 mm。

(2)路基工后沉降标准

根据《高速铁路轨道工程施工质量验收标准》(TB 10754—2018)中工后沉降定义，工后沉降指铺轨工程完成以后，基础设施产生的沉降量。沉降评估预测的沉降量 15 mm 的要求也是指铺轨完成后发生的累计沉降量。

如铺轨后线下构筑物发生不均匀沉降，将导致线路维修成本的增加；线下构筑物发生不均匀沉降超出无砟轨道扣件可调范围而无法通过扣件进行调整，将导致不得不对线下构筑物进行维修。线下构筑物不均匀沉降还会导致轨道板开裂，将引起轨道构件的更换或维修。因此，高速铁路无砟轨道必须严格控制线下构筑物的沉降，特别是不均匀沉降。高速铁路对路基工后沉降的控制制定了极其严格的标准，见表 3.15。

表 3.15 有砟轨道正线路基工后沉降控制标准

设计行车速度(km/h)	一般地段工后沉降(cm)	桥台台尾过渡段工后沉降(cm)	沉降速率(cm/年)
250	≤10	≤5	≤3
300、350	≤5	≤3	≤2

2. 路基沉降观测点布设

观测桩点布设时必须满足通视等测量技术要求，线路中心设置的桩点深入路基面保持 20 cm 以上，线路作业人员非应急情况严禁取用周围道砟。各部位观测点设在同一横断面上，这样有利于测点看护，便于集中观测，统一观测频率，更重要的是便于各观测项目数据的综合分析。

路基沉降监测分为：完整的沉降监测断面和一般的沉降监测断面。完整的沉降监测断面包括：在路基底部预埋一个单点数码沉降计及路基面沉降监测桩，或一个剖面沉降检测管；一般的沉降监测断面只有路基面设置沉降监测桩，正线路堤地段和正线路堑地段路基沉降观测点布设要求如下：

①正线路堤地段，一般每 100 m 设一个完整的沉降监测断面，中间 50 m 一个一般的沉降监测断面。过渡地段监测断面需加密。一般桥路过渡段，在距台尾 5 m 处各设一个完整的沉降观测断面，1 m、20 m、30 m 等处各设一个一般的沉降观测断面。涵洞等横向构筑物，在涵洞一侧(最好在填土较高一侧)5 m 处设一个完整的沉降观测断面。完整的沉降监测断面除按过渡段及距离确定外，还应选择路基较高，或加固较深的断面。

笔记栏

②正线路堑地段，及地质条件简单且路堤不高时，每 50 m 设置一个一般的沉降监测断面。工点较短时，按填、挖分别设置。

(1)沉降板

沉降板在地基处理完成后埋设。沉降板由底板、金属测杆(ϕ40 mm 壁厚镀锌铁管)及保护套管(直径不小于 ϕ75 mm、壁厚不小于 4 mm 的硬 PVC 管)组成。底板尺寸为 50 cm×50 cm，厚度不小于 1 cm，按国家一等精密水准测量标准测量沉降板标高变化，如图 3.18 所示。

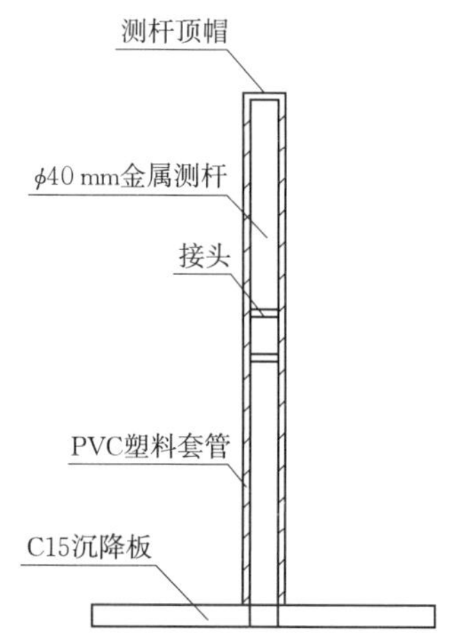

图 3.18 路基沉降观测板示意图

①沉降板埋设位置应按设计测量确定，埋设位置处可垫 10 cm 砂垫层找平，埋设时确保测杆与地面垂直。

②放好沉降板后，回填一定厚度的垫层，再套上保护套管，保护套管略低于沉降板测杆，上口加盖封住管口，并在其周围填筑相应填料稳定套管，测杆顶面略高于套管上口，测杆顶用顶帽封住管口，避免填料落入管内而影响测杆下沉自由度，顶帽高出碾压面高度不大于 50 cm，完成沉降板的埋设工作。

③按国家一等精密水准测量标准测量埋设就位的沉降板测杆杆顶标高读数作为初始读数，随着路基填筑土的逐渐增高，测杆和套管亦相应加高，沉降板测杆和保护套管每次接长高度以 1.0 m 为宜，接长前后测量杆顶标高变化量确定接高量。金属测杆用螺丝套扣连接，保护套管用 PVC 管外接头连接。采用水平仪按国家一等精密水准测量方法测量，路堤填筑和运架梁期间应注意保护沉降板。

(2)单点沉降计

单点沉降计是一种埋入式电感调频类位移传感器，是变磁阻式传感器中的一种，由电测位移传感器、测杆、锚头、锚板及金属软管和塑料波纹管等组成，其中主要部分是电测位移传感器，包括密封壳体及壳体内设置的电感线圈、活动杆和数据处理电路，用导磁金属杆移动，引起电感线圈的电感量变化，通过测量电路将传感器电感量变化转化为输出电压频率变化，经频率检测仪接收并转换为位移量，如图 3.19 所示。

①对于单点沉降计等电测元件及检测仪器的选配，选用高灵敏度、高精度、高可靠性及稳定性好的仪器；仪器企业厂家应具有相应的生产许可证、计量器具许可证和质量等证明文件。

②采用钻孔引孔埋设，钻孔孔径 ϕ108 mm，钻孔壁垂直。单点沉降计的埋设深度<30 m 时，采用直径 14 mm 的不锈钢测杆，埋设深度≥30 m 时，采用直径 20 mm 的不锈钢测杆。

③用于路基基底沉降观测的单点沉降计，埋设深度原则上埋设至强风化岩面。当强风化岩埋深很大，单点沉降计的埋深深度根据路堤填高等确定，即单点沉降计埋至附加应力等于 0.1 倍自重应力的深度处，单点沉降计的顶面至垫

笔记栏

层底面。

④用于路基填料沉降变形监测的单点沉降计埋设深度至路堤基底或垫层顶面，单点沉降计的顶面至路基面。

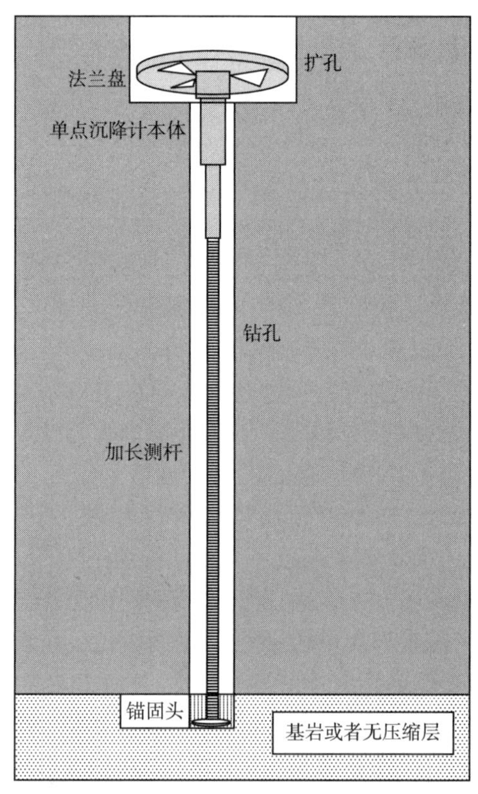

图 3.19 单点沉降计安装示意图

3. 沉降观测点测量作业

(1)现场作业安全要求

①现场作业不得携带任何非作业用工具材料。

②施工负责人必须掌握天窗起止时间和轨道车运行情况。

③上道所有工具、材料必须在记录本登记确认。

④上道所有作业人员必须穿着带有反光标志的服装。

(2)作业前要求

施工负责人对作业人员上道进行点名、分工、安全教育。

施工负责人对仪器设备状态和出库进行确认。

人员上道前施工负责人必须对天窗时间命令和轨道车运行情况进行确认。

(3)沉降观测点高程测量

沉降观测点高程测量作业过程及要求如下：

①支放仪器：根据测量地形选择置镜点，置镜点选择在坚固平稳地点，将仪器架设牢固，脚架要踩实。

②整平水准仪：架好仪器后通过水准仪脚螺旋调整水平气泡，至气泡剧中，再将仪器水平旋转 90°，看气泡居中情况，若气泡偏离中心重复上述过程，直至气泡居中。

笔记栏

③开始测量：待立尺人员找好水准点位，立放塔尺后进行测量读数记录，为后视点立尺人员在下沉测量点上立尺，为前视点。依次测完所有下沉点通视条件不好或高差较大时应加设转点观测精度符合要求。

④数据记录：在水准记录本上记录好下沉测量点读数，看镜人员与记录人员要做到数据复诵，确保数据记录准确。

⑤完成作业：由材料员清点工具，负责人检查现场，在材料机具登记本上登记，确保现场无杂物后，组织撤离现场。

(4)数据计算

后视减前视既为各下沉点与水准点间的高差。有转点时应引入高程计算，确保计算无误。比较前后两次测量的计算高差来确定本次下沉量。并采用逐项相加法计算总下沉量，通过电脑 Excel 软件将数据汇总到电脑，以便比较汇总。

【思考与练习】

单选题

1. 速度 300～350 km/h 高速铁路有砟轨道沉降速率为(　　)。

A. ≤2 cm/年　　B. ≤3 cm/年　　C. ≤4 cm/年　　D. ≤5 cm/年

2. 一般下沉地段在桥(涵)两端线路两侧各 20 m 范围内路肩布观测桩，间距不大于(　　)。

A. 7 m　　B. 8 m　　C. 9 m　　D. 10 m

3. 观测桩点布设时，线路中心设置的桩点深入路基面保持(　　)以上。

A. 10 cm　　B. 15 cm　　C. 20 cm　　D. 30 cm

4. 在水准测量中设 A 为后视点，B 为前视点，并测得后视点读数为 1.124 m，前视读数为 1.428 m，则 B 点比 A 点(　　)。

A. 高　　B. 低　　C. 等高　　D. 无法判断

5. 高程测量的基本原理是：利用水准仪提供的(　　)，测量两点间高差，从而由已知点高程推算出未知点高程。

A. 相对视线　　B. 水平视线　　C. 相对高程　　D. 大地水准面

项目4　桥梁结构维修作业

【项目描述】

检修人员结合高速铁路桥梁按经常检查、定期检查和特殊检查所获得的数据和结果，对桥梁部件和总体的耐久性状况、承载力状况和行车状况进行相应的评定，以采取对应的养护维修对策。本项目对基于高速铁路桥梁各构件检查及技术状况评定结果，对桥梁梁间止水带，圬工裂损，支座积水、桥面防水层破损等病害进行维修作业。

【学习目标】

1. 知识目标

(1)掌握桥梁圬工裂损维修作业；

(2)掌握桥梁支座病害维修作业；

(3)掌握桥梁梁间止水带破损维修作业；

(4)掌握高强度螺栓更换作业。

2. 能力目标

(1)具备桥梁圬工裂损、支座病害、高强度螺栓等病害维修的能力；

(2)具备桥梁病害维修仪器、设备使用的能力；

(3)具备在现有知识、技能基础上不断获取新知识、新技能的能力。

3. 素质目标

(1)培养学生精益求精的工匠精神；

(2)增强学生的工程伦理意识；

(3)拓宽学科视野，激发创新潜力，培养学生勇于创新的能力。

【案例导入】

京哈高速铁路，即京哈高速线，是一条连接中国北京市、辽宁省沈阳市与黑龙江省哈尔滨市的高速铁路。哈大高速铁路共有68名桥梁工人，他们担负着366 km的线路、92座桥梁、8座隧道、226座涵渠和13座上跨立交桥的养护维修工作。普兰店海湾特大桥，是哈大高速铁路唯一一座跨海湾大桥。桥体全长4.96 km，共有139孔梁。其中，横跨海湾部分的每跨长度达到了56 m，共有18孔，是东北地区最大跨度跨海简支箱梁。

桥梁内是密闭的空间，夏季尤其闷热，温度可达40 ℃以上。在这样的环境中，工人们要克服桥梁内没有光线的困难，仔细观察梁体有没有出现裂痕、管道的锈蚀状况以及梁内是否存有积水等问题，排查设备隐患并及时做好应急处置工作。桥梁工人不仅要在梁体内工作，还要爬出梁体，在平均30～40 m的梁体外对大桥墩台、支座、螺栓、防落梁装置等设施进行重点检查（图4.1）。由于高速铁路梁体内温差较大，热胀冷缩和管体老化造成个别排水管道非常脆弱，有时会发生断裂。排水管损坏后，水会直接流入梁体内，或在梁体表面漫流，加剧混凝土碱—基料反应，缩短梁体寿命，影响设备安全，所以必须进行更换维修（图4.2）。桥梁工人不仅要对桥涵病害进行检查，还需对检查后存在安全隐患的部位进行维修作业，具体包含：(1)环氧树脂砂浆补修圬工裂损；(2)桥梁更换高强度螺栓；(3)梁间止水带整修；(4)桥梁支座积水整治；(5)桥梁支座涂油防锈；(6)桥梁排水管更换；(7)防水层破损修补；(8)桥梁吊篮、围栏整修；(9)锥护坡浆砌片石。

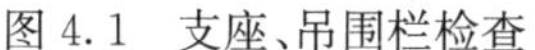

图4.1 支座、吊围栏检查

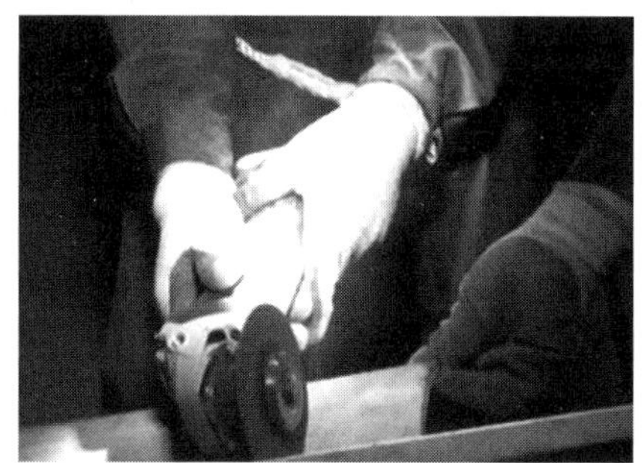

图4.2 排水管更换

任务4.1 环氧树脂砂浆补修圬工裂损作业

【任务导入】

某高速铁路基础设施段综合维修车间桥梁工区在所辖区段对桥梁进行专项检查时发现K600+980处桥台翼墙出现圬工裂损，在针对圬工裂损程度进行定性分析后得出，该里程处的裂损可采用环氧树脂砂浆进行补修，为此组织桥梁工前去并对其进行补修处理。

【问题引导】

问题1：引起桥梁出现圬工裂损的原因有哪些？

______

______

______

问题2：桥梁出现圬工裂损如何补修？

______

______

______

笔记栏

笔记栏

【工作实施】

1. 请描述表 4.1 中主要试验仪具与设备的用途。

表 4.1　主要试验仪具与设备

仪器及辅助工具	用　　途

2. 请完成表 4.2 中补修桥梁圬工裂损的作业程序与质量标准。

表 4.2　补修桥梁圬工裂损的作业程序与质量标准

项目名称	作业程序与质量标准	
作业前	作业前要求：	
作业中	(1)搭设好必要的脚手架、戴好安全带(帽)及劳保用品：	
	(2)确定凿除的范围：	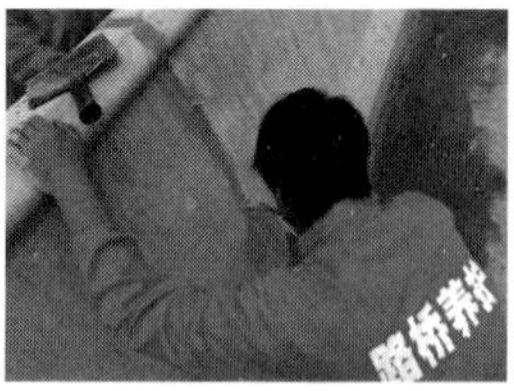

笔记栏

续上表

项目名称	作业程序与质量标准	
作业中	(3)确定凿除的形状：	
	(4)清缝：	
	(5)配制拌和环氧砂浆：	
	(6)勾缝：	
作业后	总结：	

【评价反馈】

教师对学生工作过程与工作结果进行评价，并将评价结果填入表4.3教师综合评价表当中。

笔记栏

表 4.3 教师综合评价表

<table>
<tr><td colspan="2">班级：</td><td colspan="2">姓名：</td><td colspan="2">学号：</td></tr>
<tr><td colspan="2">任务 4.1</td><td colspan="4">环氧树脂砂浆补修圬工裂损作业</td></tr>
<tr><td colspan="2">评价项目</td><td colspan="2">评价标准</td><td>分值</td><td>得分</td></tr>
<tr><td colspan="2">考勤(10%)</td><td colspan="2">无无故迟到、早退、旷课现象</td><td>10</td><td></td></tr>
<tr><td rowspan="3">工作过程
(60%)</td><td>在表 4.1 中描述仪器及辅助工具用途</td><td colspan="2">能准确描述主要试验仪具与设备的用途</td><td>20</td><td></td></tr>
<tr><td>在表 4.2 中完成补修桥梁圬工裂损的作业程序与质量标准</td><td colspan="2">能准确填写作业前、作业中、作业后各作业程序的质量标准</td><td>40</td><td></td></tr>
<tr><td>协调能力</td><td colspan="2">与小组成员、同学之间能合作交流，协调工作</td><td>10</td><td></td></tr>
<tr><td rowspan="3">项目成果
(30%)</td><td>工作完整</td><td colspan="2">能按时完成任务</td><td>5</td><td></td></tr>
<tr><td>工作规范</td><td colspan="2">能按规范步骤进行操作</td><td>5</td><td></td></tr>
<tr><td>工作报告</td><td colspan="2">能准确掌握环氧树脂砂浆补修圬工裂损的要领</td><td>10</td><td></td></tr>
<tr><td colspan="4">合　计</td><td>100</td><td></td></tr>
<tr><td rowspan="2">综合评价</td><td>自评(20%)</td><td>小组评价(30%)</td><td>教师评价(50%)</td><td colspan="2">综合得分</td></tr>
<tr><td></td><td></td><td></td><td colspan="2"></td></tr>
</table>

【相关知识】

1. 桥梁结构常见裂缝类型

1)桥梁墩、台常见的裂缝

(1)墩身网状裂纹

裂纹状态：在桥墩常水位以上的向阳部分，出现交织或水平和竖直的网状裂纹，在背阴部分裂纹较少。

原因分析：裂纹是混凝土体内与体外的温度差(该温度差是受日气温变化及阳光照射所影响)引起的温度应力所产生的。

(2)桥墩由支承垫石的上边延伸到下边的纵向贯通的裂缝

裂缝状态：裂缝在墩身的上、下游两侧面对称产生，裂缝上宽下窄，其裂缝长度常随荷载的变化而发展，有时能把桥墩分裂为两部分。

原因分析：由于相邻两孔的固定支座安在同一桥墩上或活动支座不灵活，在支座下产生很大摩阻力，在活载作用下支座支承垫石发生拉应力，而被拉裂。

(3)支承不等跨两梁的桥墩墩顶裂缝

裂缝状态：墩墙顶帽裂缝是此类桥墩通常出现的裂缝。墩帽易因此损坏。

原因分析：裂缝是由于小跨梁的支座底板至墩墙顶的边缘距离太小，墩帽混凝土在局部应力的作用下，沿刚性角的斜线发生开裂，以致引起混凝土脱落。

笔记栏

(4)圆端形桥墩的墩帽支承垫石周围的裂缝

裂缝状态:裂缝在支承垫石周围的墩帽混凝土面呈放射状。

原因分析:裂缝是由于支座局部压力在墩帽混凝土表面产生拉应力引起;或因为日照影响混凝土体内、外温度差产生的温度应力或由于混凝土干缩、施工质量不良等因素所产生的裂缝。

(5)桥墩墩身的竖直裂缝

裂缝状态:一般多发生在大型混凝土桥墩上,墩身裂缝未延伸到墩帽及基础。不论是实心墩还是空心墩均有发生,有时,空心桥墩的墩壁内外裂缝贯通。在相对湿度小,日气温温差大的地区的混凝土墩身常常容易发生。

原因分析:裂缝是由于混凝土浇筑时,混凝土内部水化热过高,而混凝土表面温度低,混凝土墩身内外温差大,产生较大温度应力引起混凝土开裂。

(6)圆形桥墩支座下裂缝

裂缝状态:裂缝从支承垫石边缘发展到墩帽边缘,然后折返向下发展,在墩身颈缩处合二而一,并向下延伸。

原因分析:圆墩支座下裂缝由于桥墩混凝土浇筑后养护不良,引起混凝土的收缩,或由于桥墩混凝土强度未达到要求值,而过早架设预制梁,或因架设时,架桥机偏心等所引起的裂缝。

(7)圆端形桥墩墩帽中间裂缝

裂缝状态:裂缝在墩帽平面上,顺桥梁中心轴线产生、发展、贯通整个墩帽,并由边缘自上而下垂直延伸,多发生在跨度大,支承反力大的桥墩帽上。

原因分析:主要是由支座传递来的局部压力,引起该处混凝土表面产生过大拉应力造成的裂缝。

(8)桥台由支承垫石开始,从上而下的裂缝

裂缝状态:裂缝发生后,会产生裂缝宽度的急剧变化,常见有明显的开合现象。裂缝多发生于非整体性桥台台帽,或者是跨度较大的石砌桥台上。

原因分析:支座不合标准,在支承垫石底发生拉应力。裂缝的宽度急剧变化是由桥上活载冲击作用的变化而引起。

2)普通钢筋混凝土梁的常见裂缝

(1)梁身网状裂纹

裂纹状态:裂纹多是表面性龟裂,其走向无固定规律,其深度不触及钢筋。裂纹宽度很小(0.01～0.05 mm),宽度在0.05 mm时,裂纹肉眼可见。

原因分析:因混凝土内外收缩不一致,引起混凝土表面龟裂,一般由产生塑性收缩裂缝,塑性干缩裂缝及混凝土内外温度差产生的表面温度裂缝中的一种或三种因素综合产生。

(2)梁腹斜裂缝

裂缝状态:

梁腹斜裂缝是钢筋混凝土梁中最多出现的一种裂缝,各种跨径的梁均有发

笔记栏

生。但在跨径小于 10 m 的梁上较少见，且其倾斜角也较小。

①跨径 12～20 m 的梁，其裂缝多分布在距支点 1 m 到 1/4 跨长处，裂缝宽最大达 0.4 mm，一般宽度在 0.2～0.3 mm，裂缝走向与水平轴成 60°至 45°；跨度在 10 m 以下的梁，裂缝在梁端部梁腹处，时有发生。

②斜裂缝在等截面梁上，宽度最大发生在主筋附近；而在变截面梁上，梁高中央线附近裂缝宽度最大，向两端发展，形成枣核形。

③裂缝间距为 0.5～1.0 m，斜裂缝在梁腹的两个侧面上分布规律与剪力的分布相符。

④斜裂缝一般少则几条，多则几十条，数目不等。

原因分析：

①主拉应力作用超过设计值时产生裂缝。

②混凝土收缩作用所引起。

③外力作用下，梁腹产生扭转作用产生裂缝。

④施工质量差，如混凝强度不足不均所引起的应力裂缝，模板、支架、拱架变形移动产生的施工因素裂缝等。

(3)顺主筋方向的纵向裂缝

裂缝状态：

①裂缝沿主筋方向延伸，裂缝宽度较大，裂缝长度可发展得很长，最严重时可达梁的半跨长，缝宽可达 4 mm。

②该裂缝对结构的危害大。这是因为裂缝破坏了钢筋与混凝土的共同作用，使钢筋应力骤增，以致易引起结构突然断裂破坏。

原因分析：

①主要是混凝土中掺用了氯化物，水渗入，钢筋发生电化学锈蚀作用，将混凝土胀裂。

②由于施工工程质量不良，钢筋混凝土保护层过薄或存在蜂洞，使钢筋发生锈蚀，混凝土被胀裂。

(4)梁腹面上的竖向裂缝

裂缝状态：

①跨径为 12～20 m 的变截面梁普遍存在于梁腹较薄部位，裂缝成枣核形，在梁高 1/2 附近缝宽最大；而跨度 10 m 以下的等截面梁，该裂缝较少，多分布在跨中 1/4 跨长范围内，缝宽最大处位于主筋以上部位附近。

②裂缝在混凝土浇筑后二、三个月内陆续产生，且随荷载作用加大而增多，间距无一定规律，裂缝宽度一般为 0.2 mm，最大可达 0.6 mm。

原因分析：是混凝土收缩和外力作用的综合产物，以混凝土的收缩因素为主。

(5)横隔板处竖向裂缝

裂缝状态：在梁端及梁腹跨中的横隔板上均有发生，缝宽 0.2～0.3 mm，裂缝走向是由楞角边缘向上延伸发展。

原因分析：由于偏载、扭转或支座不平等原因，使横梁连接的两片主梁受力不均，在横隔梁、板上产生裂缝；或因竖向剪力及梁腹的厚度发生剧变处，产生应力集中而引起横隔板开裂。

(6)梁侧外伸长的人行道悬臂板顶面上顺梁长方向的纵向裂缝

裂缝状态：裂缝由梁端，顺梁长方向，向跨中延伸发展，裂缝宽度在 0.2 mm 以上。

原因分析：设计考虑不周，或该处钢筋处于悬臂板厚的中部；或由于混凝土硬化中受到振动。都会产生此类裂缝。

2. 环氧树脂砂浆施工

环氧树脂砂浆就是一种环氧树脂加石英砂混合而成，具有高黏度浆料，包括 A(树脂)、B(硬化剂)、C(填料)三组分。环氧树脂砂浆按用途分为修补型(R 型)和防护型(P 型)两类，R 型用于混凝土的局部缺陷修补，P 型用于混凝土表面防护与强化。

(1)一般规定

环氧树脂砂浆施工前，应根据设计要求、现场环境及工况条件，确定施工工艺和参数，编制施工技术方案。施工宜在 5～35 ℃、相对湿度小于 85%的环境条件下进行，不应在下雨和高温阳光直射下露天施工。基层温度高于露点温度至少 3 ℃。在室内或封闭环境中应采取通风措施，保持良好的空气流通。

环氧树脂砂浆应按照基层处理、底涂涂刷和砂浆涂覆的工序进行。每道工序完成后，经检查合格方可进入下道工序施工。

环氧树脂砂浆施工过程中，应进行过程控制和质量检查并有完整的施工记录。记录应包括项目名称、施工时间和地点、环境条件、材料状态、施工情况、施工面积及材料用量等。

(2)基层处理

混凝土基层应采用打磨、高压清洗、凿除等方法清除表面浮浆、灰尘、油污及松动颗粒。处理后的基层应露出新鲜、坚实的混凝土，表面清洁、无污染。基层混凝土的裂缝应按要求采用灌浆、凿槽嵌填等方法进行处理。

基层混凝土渗水点及渗水裂缝应根据渗水量、渗水形式等采用凿槽嵌填、化学灌浆或引排等方法进行处理。

环氧树脂砂浆施工前，基层表面宜干燥，满足材料施工要求。

(3)底涂拌制和涂刷

底涂的拌制宜采用电动搅拌器，按产品配比将各组分拌和至均匀，少量使用时也可人工拌制。拌和量根据施工面积和施工人员组合确定，应在材料适用期内使用完毕。

底涂涂刷宜采用刷涂或辊涂方式进行，应厚度均匀、无流挂、无漏涂、无堆积。

应在底涂初凝前进行环氧树脂砂浆的涂覆。若底涂已初凝，应重新涂刷；若超过复涂时间，应对前道底涂打毛处理后重新涂刷。

笔记栏

(4)环氧树脂砂浆涂覆

环氧树脂砂浆的拌制要求如下：

①宜采用砂浆拌和机进行拌制，按产品配比将各组分加入到拌和机中搅拌至均匀。

②拌和量根据施工面积和施工人员组合确定，应在材料适用期内使用完毕。

③少量使用时可采用人工拌制，按产品配比将各组分加入拌和容器中，用铁铲翻拌、碾压，使液料均匀包裹砂料，颜色均一无团聚。

环氧树脂砂浆的涂覆要求如下：

①环氧树脂砂浆的涂覆宜按先顶面、再侧面、后底面，先上后下的顺序进行。

②边墙和顶拱部位的环氧树脂砂浆厚度超过 10 mm 时，宜采用分层涂覆，后层应在前层砂浆硬化后进行涂覆施工，每层环氧树脂砂浆涂覆前均需涂刷底涂。

③环氧树脂砂浆的涂覆宜按压实、提浆、找平、收光顺序进行。涂覆完成后应检查涂层外观质量，若有裂纹、麻面、下坠、鼓包及明显搭接痕迹等缺陷，应及时处理。

④施工间断形成的搭接缝面应做成斜面，后续涂覆中应做好接缝处的压实、抹光和平顺连接。

⑤环氧树脂砂浆防护施工应按混凝土基层的结构缝、施工缝分块进行。跨结构缝时，可采用整体施工、后期切割方法，也可采用预埋木条等方法，在基层结构缝处形成 10～20 mm 宽矩形缝槽，缝槽清洁后宜采用高性能密封胶回填。

⑥环氧树脂砂浆施工完成后应进行养护，根据施工环境条件和产品特点，养护期宜为 7～14 d，期间应避免曝晒、雨淋、重压和撞击等。

【思考与练习】

1. 简述减少主梁裂缝的措施。
2. 简述减少桥墩裂缝的措施。

任务 4.2　桥梁更换高强度螺栓作业

【任务导入】

某高速铁路基础设施段高速铁路综合维修车间桥梁工区夏季对所辖区段内钢桁梁桥进行检查，发现某钢桁梁桥下弦杆与腹杆连接处出现螺栓断裂现象，在对针螺栓断裂程度进行定性分析后得出，需对钢桁梁桥进行高强度螺栓更换，为此组织相关作业人员按照《钢结构高强度螺栓连接技术规程》(JGJ 82—2011)的要求对断裂高强度螺栓进行更换。

笔记栏

【问题引导】

问题 1:我国哪些高速铁路桥梁钢桥采用高强螺栓进行连接?

问题 2:钢桥用高强度螺栓会出现哪些类型病害?

【工作实施】

1. 请描述表 4.4 中主要试验仪具与设备的用途。

表 4.4　主要试验仪具与设备

仪器及辅助工具	用　　途

2. 请完成表 4.5 中桥梁更换高强度螺栓作业程序与质量标准。

表 4.5　桥梁更换高强度螺栓作业程序与质量标准

项目名称	作业程序与质量标准
作业前	作业前要求:

笔记栏

续上表

项目名称	作业程序与质量标准	
作业中	(1)旧螺栓拆除：	
	(2)新螺栓安装：	
	(3)高强度螺栓安装检查：	
	(4)螺栓刷漆、标记：	
作业后	检查结果处理：	

3. 大胜关长江大桥钢桁梁高强度螺栓，从2010年12月30日开通运营至2016年3月22日，共发现高强度螺栓断裂277套，造成钢桁梁桥高强度螺栓断裂的原因有哪些？

笔记栏

【评价反馈】

教师对学生工作过程与工作结果进行评价，并将评价结果填入表 4.6 教师综合评价表当中。

表 4.6　教师综合评价表

班级：		姓名：	学号：	
任务 4.2		桥梁更换高强度螺栓作业		
评价项目		评价标准	分值	得分
考勤(10%)		无故迟到、早退、旷课现象	10	
工作过程(60%)	在表 4.4 中描述仪器及辅助工具用途	能准确描述主要试验仪具与设备的用途	10	
	在表 4.5 中完成桥梁更换高强度螺栓作业程序与质量标准	能准确填写作业前、作业中、作业后各作业程序的质量标准	30	
	在工作实施问题 3 中作答导致钢桁梁桥高强度螺栓断裂的原因	能准确根据高速铁路钢桁梁桥高强度螺栓断裂案例，分析高强度螺栓断裂原因	20	
	协调能力	与小组成员、同学之间能合作交流，协调工作	10	
项目成果(30%)	工作完整	能按时完成任务	5	
	工作规范	能按规范步骤进行操作	5	
	工作报告	能准确掌握桥梁更换高强度螺栓作业	10	
合　计			100	
综合评价	自评(20%)	小组评价(30%)	教师评价(50%)	综合得分

【相关知识】

1. 高强度螺栓病害及成因分析

高强度螺栓连接是钢结构桥梁常用的连接形式，我国某高速铁路钢桁梁桥，主桥钢梁质量约为 8.2 万 t，主桁由三片主桁架组成，桁梁总宽 41.0 m，两个 336 m 的中跨钢拱桁从拱趾到拱顶总高 96.18 m。正桥钢桁梁采用 382 万套高强度螺栓摩擦型连接，其中主桁杆件采用 M30 螺栓连接，桥面系和联结系构件采用 M24 螺栓连接，桥面 U 形肋和板肋的拼接采用 M22 螺栓连接。M24、M22 高强度螺栓材质为 20MnTiB，M30 高强度螺栓材质为 35VB。

1)高强度螺栓典型病害

高强度螺栓常见病害主要有：涂膜剥落、螺栓锈蚀、螺栓腐蚀损伤、螺栓(杆)轴力减小、螺母松动、延迟断裂、掉落等(图 4.3 和图 4.4)。

笔记栏

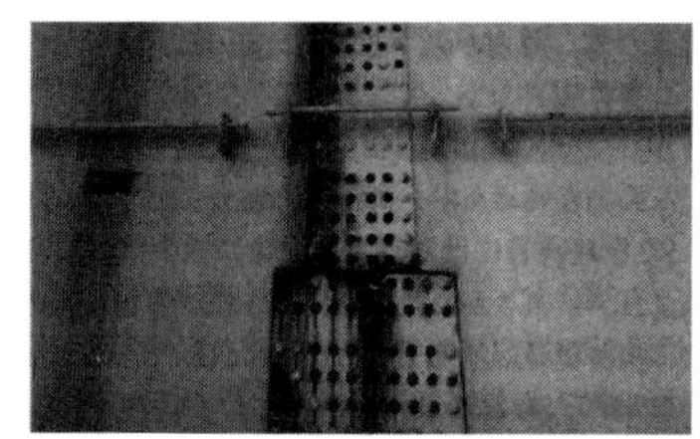
图 4.3 高强度螺栓腐蚀情况

图 4.4 螺栓断裂

高强度螺栓发生断裂，由于受力、材质等原因影响，断裂位置不一，主要有以下几种形式：①螺栓丝杆中部；②螺母与螺栓交接处；③螺栓直杆与丝口交界处；④螺栓直杆与螺栓头部交接处；⑤螺栓直杆中部。

2）高强度螺栓病害成因分析

高强度螺栓会因气候条件、原材质、施工误差、结构应力等方面导致其出现断裂等病害，具体病害成因如下：

（1）气候条件的不利影响

如我国某钢桁梁桥位于长江的中下游，属北亚热带向中亚热带过渡气候带，具有过渡性、季风性、湿润性的特点。年平均雨日 108.8 天，相对湿度较高：1 月平均为 73.7%、7 月份平均为 81.1%、年平均 77.0%。每年的 1～4 月、10～12 月昼夜温差大，这样的环境气候条件对高强度螺栓的耐候性有很大的影响，是造成高强度螺栓断裂的原因之一。

（2）原材质因素造成缺陷

通常，高强度螺栓材质自身缺陷会造成延迟断裂。高强螺栓的原材料中存在非金属夹杂物，冶炼和加工过程中各种介质（特别是氢）的侵入，导致在冶炼过程中，可能会存在初始缺陷，在制造过程中，也有可能产生新的制造缺陷，这些都有可能成为日后高强度螺栓延迟断裂的诱因。

（3）施工误差引起延迟断裂

为防止高强度螺栓腐蚀，目前国内通常的做法是对高强度螺栓表面进行处理，虽然可以防腐，但是在施工时需要在其表面涂抹润滑剂，易造成扭矩系数离散，导致预紧力无法控制，出现超拧问题。根据《钢结构高强度螺栓连接技术规程》（JGJ 82—2011），高强度螺栓连接副的拧紧分初拧和终拧。对于大型节点应分为初拧、复拧和终拧。初拧扭矩和复拧扭矩为终拧扭矩的 50%左右。初拧或复拧后的高强度螺栓应用颜色在螺母上标记，终拧后的高强度螺栓应用另一种颜色在螺母上标记，连接处的螺栓应按一定顺序施拧。但存在施工扭矩控制不准，班前班后扭矩标定，终拧后扭矩检查复验等复杂施工工序，工人劳动强度大，施拧质量仍主要依靠人工，无法实现扭矩精准控制及记录，一旦出现超拧，将是高强度螺栓延迟断裂的主因。

（4）结构应力造成自身破坏

对于钢结构而言，连接破坏是结构破坏的最重要原因，结构应力集中等诱因会导致高强度螺栓自身破坏，主要有螺栓直接剪断；有裂纹、裂缝；螺纹、螺杆损伤；螺纹磨损严重超过配合间隙（滑扣）；表面脱碳、镀锌层脱落；锈蚀；弯曲、拉伸变形等情况。

笔记栏

3)高强度螺栓缺失对接头传力性能的影响

作为连接部位的重要传力部件,高强度螺栓的断裂会导致连接接头滑移,甚至主体结构失稳破坏。栓接接头在承受外力时,每排螺栓所传递的外力与全部螺栓所传递的总外力之比称为传力比。

部分钢桁梁桥桁架节点板高强度螺栓的排列形式为长列多排高强度螺栓接头,其承载性能、各栓传力比复杂,长列多排高强度螺栓接头在轴力作用下各排传力比接近马鞍型分布,第一排和最末一排螺栓传力比最大,中间螺栓传力比较小,由两边向中间递减。螺栓缺失后对其相邻的两排螺栓影响很大,对其余各排螺栓的传力比影响不明显,说明螺栓缺失只对局部范围内的螺栓有影响,但若传力比较大的螺栓排缺失数量达到一定程度后,极易使剩余螺栓传力比超过其抗剪承载力而出现剪切破坏。

2. 高强度螺栓断裂处治措施

高强度螺断裂原因复杂,受影响的因素很多,为减少高强度螺栓断裂或发生断裂的情况下,确保运营的高速铁路钢桁梁桥设备状态良好,重点是做好以下工作。

1)改善高强度螺栓原材料性能

尽量采用35VB材质的高强度螺栓连接副或其他性能更好的高强度螺栓连接副。

2)加强日常养修作业管理

《高速铁路桥隧建筑物修理规则(试行)》(TG/GW 114—2011)第5.2.1条规定,钢桁梁桥每季检查一遍。目的是缩短检查周期,加大高强度螺栓的检查频率,尽早发现断裂的高强度螺栓,并及时补充更换,保持该节点高强度螺栓处于正常的受力状态。

更换高强度螺栓的关键是控制好扭矩,高强度螺栓的施工预拉力应符合设计要求,欠拧值或超拧值均不应超过规定值的10%。高强度螺栓的初拧值应根据试验确定,一般取终拧值的40%～70%。更换过的螺栓在检验之后,均应涂上与桥梁结构显著不同的颜色,并记入桥梁记录簿,注明其数量和位置。更换螺栓后,应对其所有相邻而未更换的螺栓加以敲击,检查是否受到损伤。高强度螺栓更换,对于大型节点,同时更换的数量不得超过该节点螺栓总数的8%,对于螺栓数少的节点则要逐个更换。在一个连接处(或节点)少量更换的螺栓、螺母及垫圈的材质、规格、强度等级应与原桥上使用的相同,不准混用。

温度与湿度对扭矩系数影响很大,雨天、大雾天不得进行高强度螺栓施拧作业。高强度螺栓拧紧后为防止雨水及潮湿空气侵入板缝,节点板束四周的裂缝均应腻缝封闭。高强度螺栓、螺母和垫圈的外露部分均应进行涂装防锈处理。

3. 高强度螺栓检查及维修更换

1)高强度螺栓检查

高强度螺栓连接施工紧固质量检查应符合《钢结构工程施工质量验收规范》(GB 50205—2020)相关规定。高强度螺栓连接副扭矩检验含初拧、复拧、终拧扭矩的现场无损检验,检验所用的扭矩扳手其扭矩相对误差应为±3%。

笔记栏

高强度螺栓连接副扭矩检验分扭矩法检验和转角法检验两种，原则上检验法与施工法应相同。扭矩检验应在施拧 1 h 后，24 h 内完成。

(1)扭矩法检验

检验方法：在螺尾端头和螺母相对位置画线，将螺母退回 60°左右，用扭矩扳手测定拧回至原来位置时的扭矩值。该扭矩值与施工扭矩值的偏差在 10%以内为合格，高强度螺栓连接副终拧扭矩值按式(4.1)计算。

$$T_c = K_c \cdot P_c \cdot d \tag{4.1}$$

式中 T_c——终拧扭矩值(N·m)；

P_c——施工预拉力值标准值(kN)；

d——螺栓公称直径(mm)；

K_c——扭矩系数。

高强度大六角头螺栓连接副初拧扭矩值可按 T_0 取值。

扭剪型高强度螺栓连接副初拧扭矩值可按式(4.2)计算。

$$T_0 = 0.065 P_c \cdot d \tag{4.2}$$

式中 T_0——初拧扭矩值(N·m)；

P_c——施工预拉力标准值(kN)；

d——螺栓公称直径(mm)。

①用小锤(约重 0.3 kg)敲击螺母对高强度螺栓进行普查，不得漏拧。

②终拧扭矩应按节点数抽查 10%，且不应少于 10 个节点；对每个被抽查节点应按螺栓数抽查 10%，且不应少于 2 个螺栓。

③如发现有不符合规定的，应再扩大 1 倍检查，如仍有不合格者，则整个节点的高强度螺栓应重新施拧。

④扭矩检查宜在螺栓终拧 1 h 以后，24 h 之前完成；检查用的扭矩扳手，其相对误差为±3%。

在对高强度螺栓的终拧扭矩进行检测前，应清除螺栓及周边涂层。螺栓表面有锈蚀时，应进行除锈处理。对高强度螺栓终拧扭矩的检测，应经外观检查或小锤敲击检查合格后进行。

(2)转角法检验

检验方法：检查初拧后在螺母与相对位置所画的终拧起始线和终止线所夹的角度是否达到规定值。在螺尾端头和螺母相对位置画线，然后全部卸松螺母，在按规定的初拧扭矩和终拧角度重新拧紧螺栓，观察与原画线是否重合。终拧转角偏差在 10%以内为合格。

①普查初拧后在螺母与相对位置所画的终拧起始线和终止线所夹的角度应达到规定值。

②终拧转角应按节点数抽查，且不应少于 10 个节点；对每个被抽查节点按螺栓数抽查，且不应少于 2 个螺栓。

③在螺杆端面和螺母相对位置画线，然后全部卸松螺母，再按规定的初拧扭矩和终拧角度重新拧紧螺栓，测量终止线与原终止线画线间的角度，误差在±30°者为合格。

笔记栏

④如发现有不符合规定的，应再扩大 1 倍检查，如仍有不合格者，则整个节点的高强度螺栓应重新施拧。

⑤转角检查宜在螺栓终拧 1 h 以后，24 h 之前完成。

2)高强度螺栓维修更换

通过现场检查确定需要更换的螺栓，测量其孔径和圆度值，确定偏差值。高强度螺栓重新安装长度 L 应保证，在终拧后螺栓外露丝扣为 2～3 扣，具体更换施工如图 4.5 所示。

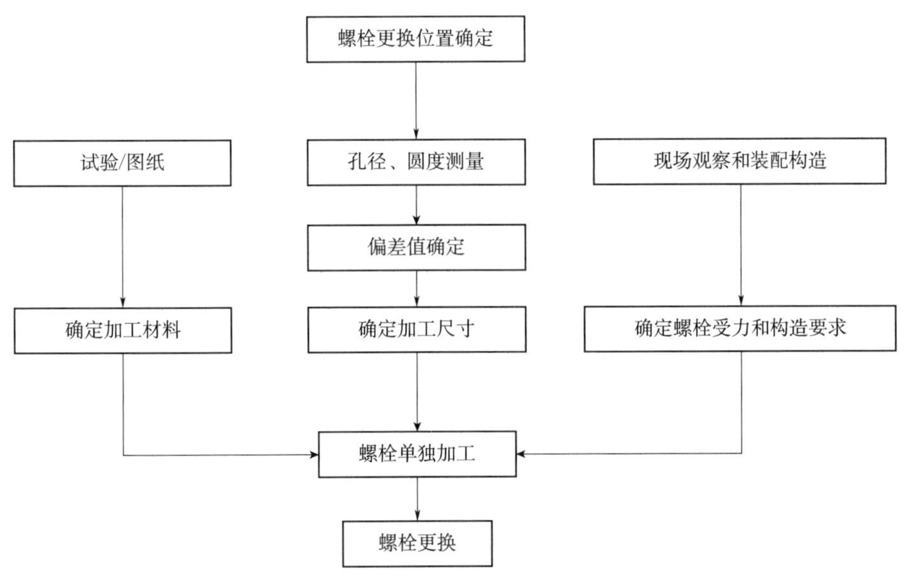

图 4.5 高强螺栓更换施工示意

对大型节点，同时更换的数量不得超过该节点螺栓总数的 10%，对螺栓少的节点应逐个更换。在一个连接处(或节点)少量更换的螺栓、螺母及垫圈的材质、规格、强度等级应与原桥上使用的相同，不得混用。高强度螺栓拧紧后，节点板四周的缝隙应采用腻缝封闭。高强度螺栓、螺母及垫圈的外露部分均应进行涂装防锈。高强度螺栓拧紧检查完后，节点板束的顶缝、侧缝和底缝均应腻缝封闭；螺栓、螺母和垫圈的外露部分应涂以底漆和面漆防锈；并在螺母、螺栓相应位置画一白线以便检查。

4. 作业要求

作业前施工负责人对作业人员进行点名、分工、安全教育，施工负责人对材料工具进行清点确认，人员上道前施工负责人必须对天窗时间命令和轨道车运行情况进行确认。

作业人员在进行桥梁更换高强度螺栓时不得携带任何非作业用工具材料，作业负责人对上下道材料、工具进行清点，确保无遗漏，作业负责人清点人员材料机具，确保线路上无遗留，对作业情况进行总结，对存在的问题制定整改措施。

【思考与练习】

1. 桥梁高强度螺栓断裂的类型有哪些?

笔记栏

2. 说明高强度螺栓更换的具体流程。
3. 可采用哪些方法对高强度螺栓安装质量进行检查?

任务 4.3 梁间止水带整修作业

【任务导入】

某高速铁路基础设施段高速铁路综合维修车间桥梁工区对所辖区段内梁间止水带进行检查,发现部分 32 m 梁梁端的止水带出现破损、断裂问题。通常由于温差导致混凝土自由伸缩时其线膨胀系数变化较大,导致混凝土发生较大的线膨胀量,而橡胶止水带的定型产品适应不了如此大的变形量而导致应力集中,引起橡胶止水带薄弱处断裂。在对梁间止水带损伤程度进行定性分析后得出,需对橡胶止水带进行更换,为此组织相关作业人员按照安装作业要求对损伤的梁间止水带进行更换。

【问题引导】

问题 1:梁间止水带在什么部位?

____

____

____

问题 2:梁间止水带整修的流程是什么?

____

____

____

【工作实施】

1. 请描述表 4.7 中主要试验仪具与设备的用途。

表 4.7 主要试验仪具与设备

仪器及辅助工具	用 途

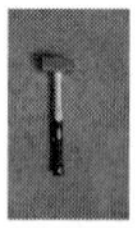	

续上表

笔记栏

仪器及辅助工具	用　　途

2. 请完成表4.8中梁间止水带整修作业程序与质量标准。

表4.8　梁间止水带整修作业程序与质量标准

项目名称	作业程序与质量标准	
作业前	作业前要求：	
作业中	(1)	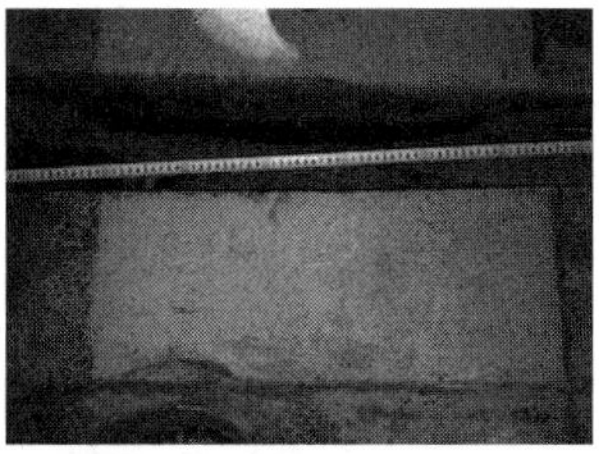
	(2)	
	(3)	
	(4)	

笔记栏

续上表

项目名称	作业程序与质量标准
作业中	(5)
作业后	总结：

3. 固定止水带的方法有哪些？

【评价反馈】

教师对学生工作过程与工作结果进行评价，并将评价结果填入表 4.9 教师综合评价表当中。

表 4.9 教师综合评价表

<table>
<tr><td colspan="2">班级：</td><td colspan="2">姓名：</td><td colspan="2">学号：</td></tr>
<tr><td colspan="2">任务 4.3</td><td colspan="4">桥涵设备检查作业</td></tr>
<tr><td colspan="2">评价项目</td><td colspan="2">评价标准</td><td>分值</td><td>得分</td></tr>
<tr><td colspan="2">考勤(10%)</td><td colspan="2">无无故迟到、早退、旷课现象</td><td>10</td><td></td></tr>
<tr><td rowspan="4">工作过程
(60%)</td><td>在表 4.7 中描述仪器及辅助工具用途</td><td colspan="2">能准确描述主要试验仪具与设备的用途</td><td>10</td><td></td></tr>
<tr><td>在表 4.8 中完成梁间止水带整修作业程序与质量标准</td><td colspan="2">能准确填写作业前、作业中、作业后各作业程序的质量标准</td><td>30</td><td></td></tr>
<tr><td>在工作实施问题 3 固定止水带的方法</td><td colspan="2">固定止水带的方法描述清楚</td><td>20</td><td></td></tr>
<tr><td>协调能力</td><td colspan="2">与小组成员、同学之间能合作交流，协调工作</td><td>10</td><td></td></tr>
<tr><td rowspan="3">项目成果
(30%)</td><td>工作完整</td><td colspan="2">能按时完成任务</td><td>5</td><td></td></tr>
<tr><td>工作规范</td><td colspan="2">能按规范步骤进行操作</td><td>5</td><td></td></tr>
<tr><td>工作报告</td><td colspan="2">能准确掌握梁间止水带整修作业</td><td>10</td><td></td></tr>
<tr><td colspan="4">合　计</td><td>100</td><td></td></tr>
<tr><td rowspan="2">综合评价</td><td>自评(20%)</td><td>小组评价(30%)</td><td>教师评价(50%)</td><td colspan="2">综合得分</td></tr>
<tr><td></td><td></td><td></td><td colspan="2"></td></tr>
</table>

笔记栏

【相关知识】

1. 梁端止水带检查

梁端止水带检查时应特别注意止水带是否脱落、破损、堵塞、失去防水作用（尤其是博格板下方），止水带的排水软管需排水顺畅，长度满足要求。排水管检查时特别注意排水管的连接弯头处是否破损、堵塞（图4.6），梁端止水带是否漏水、脱落、破损、堵塞，有砟轨道梁缝挡板是否脱落、盖板脱出。

图4.6 梁间止水带脱落

2. 梁间止水带整修流程

(1)梁间止水带技术要求

梁端防水装置按适用轨道类型分为有砟轨道用防水装置和无砟轨道用防水装置两类。其中有砟轨道用防水装置设置挡道砟钢盖板，防止道砟积聚在防水装置顶面而影响防水装置的正常工作；无砟轨道用防水装置不设置挡道砟钢盖板。

梁端防水装置按适用温度范围（月平均温度）分为常温型防水装置和耐寒型防水装置两类。其中，常温型防水装置适用于－25～60 ℃，代号C；耐寒型防水装置适用于－40～60 ℃，代号F。通常由异型型材、防水橡胶带及其锁紧条、锚筋、钢盖板及盖板定位螺栓等主要部件组成。

防水橡胶带应采用氯丁橡胶、天然橡胶或三元乙丙橡胶，不应使用再生胶。耐寒型防水橡胶带应采用天然橡胶或三元乙丙橡胶，胶料的物理机械性能应符合胶料的物理机械性能规定。

梁端防水装置采用抽拔防水橡胶带和锁紧条的更换方式时，防水橡胶带或锁紧条由异型型材型腔（凹槽）的一端穿入直至由另一端穿出，在型腔中的穿行阻力不应大于3 kN。更换完成后，防水橡胶带与异型型材的型腔（凹槽）应结合紧密，静停48 h后，夹持性能和防水性能应满足下面要求：

①梁端防水装置的异型型材对防水橡胶带的夹持力应满足在5 kN/m的拉力下持荷15 min后，防水橡胶带不应从异型型材的型腔（凹槽）内脱落，且防水橡胶带不应出现裂纹或断裂。

②梁端防水装置注满水后24 h内无渗漏。

(2)梁间止水带整修流程

①清除梁端石砟及梁缝止水带内的杂物。

②根据梁间结构尺寸，前期调查结果计算好止水带长度，异型结构要有图纸说明，尽量使用整体止水带，现场连接时，可采用电加热板硫化粘合或冷粘接（橡胶止水带）的方法。

③作业人员必须戴上防护眼镜、口罩和手套。沿梁间缝凿毛后将混凝土碎渣清洁干净，在清洁的混凝土表面，薄而均匀地涂刷环氧底胶料，不得有漏涂和留坠现象。

④涂完底胶料，让其自然固化 1～2 h 后，再用环氧砂浆平铺在混凝土基面上，厚度约 20 mm。边铺环氧砂浆边安装橡胶止水带，同时用螺丝将角钢收紧。

⑤固定止水带的方法有：利用附加钢筋固定；专用卡具固定；铅丝和模板固定等，如需穿孔时，选在止水带的边缘安装区，不得损伤其他部分。环氧砂浆自然固化前将止水带与梁边缘抹平顺。止水带粘贴固紧后 1～2 h 内应保持无水干爽状态。

⑥止水带安装无机械损伤，安装在正确的位置，无位移，牢靠固定。

⑦作业负责人清点人员材料机具，对作业情况进行总结，对存在的问题制定整改措施。

【思考与练习】

1. 梁间止水带的位置在哪里？
2. 梁间止水带的固定方法有哪些？
3. 梁间止水带劣化等级标准有哪些？

任务 4.4 桥梁支座积水整治作业

【任务导入】

某高速铁路基础设施段高速铁路综合维修车间桥梁工区在所辖区段对桥梁进行专项检查时发现 K700＋880～K800＋076 处桥梁盆式橡胶支座存在积水的问题，在对积水原因进行现场勘察分析后得出由于支承垫石排水坡坡度不足，决定组织车间员工对积水位置处支承垫石进行排水坡施工。

【问题引导】

问题 1：高速铁路常用支座有哪些类型？

____

____

____

问题 2：高速铁路桥梁橡胶盆式支座安装作业的顺序是什么？

____

____

____

笔记栏

【工作实施】

1. 请描述表4.10中主要试验仪具与设备的用途。

表4.10　主要试验仪具与设备

仪器及辅助工具	用　　途

2. 请完成表4.11中桥梁支座积水整治作业程序与质量标准。

表4.11　桥梁支座积水整治作业程序与质量标准

项目名称	作业程序与质量标准	
作业前	作业前要求：	
作业中	(1)凿出排水槽或流水坡：	
	(2)清除碎渣：	

笔记栏

续上表

项目名称	作业程序与质量标准	
作业中	(3)涂刷纯水泥浆：	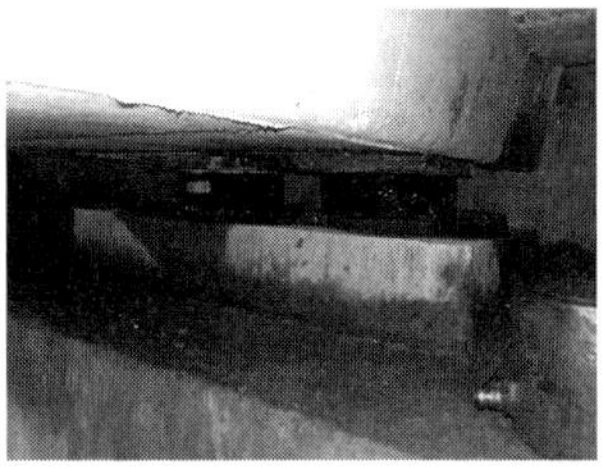
	(4)拌制砂浆：	
	(5)抹面、养生：	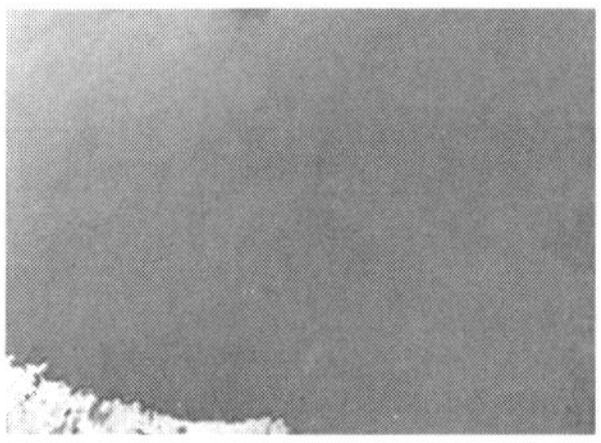
作业后	整治作业分析：	

3. 开通不到两年的郑太高速铁路经过暴雨影响致使设备变化快，为确保春运期间旅客安全出行，太原高速铁路工务段榆社西桥隧工区桥隧工们加密了检查频次。此次作业项目是对高速铁路桥梁支座进行检查，以排查支座存在的安全隐患。请问高速铁路桥梁支座存在哪些常见病害？

______

______

______

【评价反馈】

教师对学生工作过程与工作结果进行评价，并将评价结果填入表 4.12 教师综合评价表当中。

笔记栏

表 4.12　教师综合评价表

<table>
<tr><td colspan="2">班级：</td><td colspan="2">姓名：</td><td colspan="2">学号：</td></tr>
<tr><td colspan="2">任务 4.4</td><td colspan="4">桥梁支座积水整治作业</td></tr>
<tr><td colspan="2">评价项目</td><td colspan="2">评价标准</td><td>分值</td><td>得分</td></tr>
<tr><td colspan="2">考勤(10%)</td><td colspan="2">无无故迟到、早退、旷课现象</td><td>10</td><td></td></tr>
<tr><td rowspan="4">工作过程(60%)</td><td>在表 4.10 中描述仪器及辅助工具用途</td><td colspan="2">能准确描述主要试验仪具与设备的用途</td><td>10</td><td></td></tr>
<tr><td>在表 4.11 中完成桥梁支座积水整治作业程序与质量标准</td><td colspan="2">能准确填写作业前、作业中、作业后各作业程序的质量标准</td><td>30</td><td></td></tr>
<tr><td>在工作实施问题 3 中作答高速铁路桥梁支座常见病害</td><td colspan="2">能准确识别高速铁路桥梁支座存在的病害，并能对病害成因进行分析</td><td>20</td><td></td></tr>
<tr><td>协调能力</td><td colspan="2">与小组成员、同学之间能合作交流，协调工作</td><td>10</td><td></td></tr>
<tr><td rowspan="3">项目成果(30%)</td><td>工作完整</td><td colspan="2">能按时完成任务</td><td>5</td><td></td></tr>
<tr><td>工作规范</td><td colspan="2">能按规范步骤进行操作</td><td>5</td><td></td></tr>
<tr><td>工作报告</td><td colspan="2">能准确掌握桥梁支座积水整治作业</td><td>10</td><td></td></tr>
<tr><td colspan="4">合　计</td><td>100</td><td></td></tr>
<tr><td rowspan="2">综合评价</td><td>自评(20%)</td><td>小组评价(30%)</td><td>教师评价(50%)</td><td colspan="2">综合得分</td></tr>
<tr><td></td><td></td><td></td><td colspan="2"></td></tr>
</table>

【相关知识】

1. 高速铁路桥梁支座的结构形式

我国高速铁路 60%以上正线采取了高架桥梁方式建设，对桥梁支座的需求逐年增加。作为桥梁工程上、下部结构的连接、传力部件，桥梁支座的优劣直接影响桥梁的整体性能。因此高速铁路工程对桥梁支座产品的安全性、耐久性、承载能力、环境适应性等方面都提出了更高的要求。

目前，我国高速铁路使用的桥梁支座按其使用功能可分为固定支座、单向活动支座和多向活动支座。所有支座类型都可承受竖向荷载，并具有转动功能。除此以外，固定支座可承受各向水平荷载，但不发生水平位移；单向活动支座可承受限位方向的水平荷载，可适应非限位方向的水平位移；多向活动支座可适应各向水平位移。目前，我国高速铁路使用的桥梁支座主要有盆式橡胶支座和球形钢支座，这两种支座具有结构紧凑、技术成熟、传力可靠的特点，可适应梁体旁弯、横向转动及横向位移，对梁体不产生附加约束，转动和滑动灵活，优点较为突出，应用最为广泛。

2. 高速铁路桥梁支座的安装

高速铁路桥梁支座的安装是保证其发挥正常功能的关键环节，在高速铁路桥梁支座标准与规范中对安装工艺、材料的性能均提出严格要求。高速铁路桥梁支座在安装前需仔细检查支座状态，并确认支承垫石处的混凝土及平整度、四角高差均满足设计要求。高速铁路桥梁支座通常采用重力灌浆法进行安装，

笔记栏

灌浆前先安装灌浆模板，模板采用钢模，与支座的相对位置如图 4.7 所示。

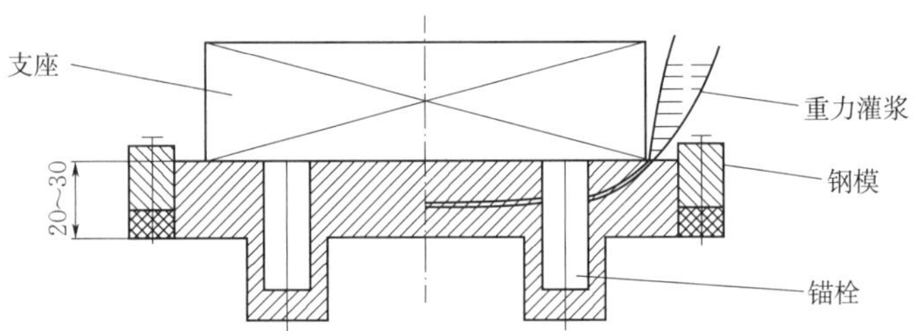

图 4.7 重力灌浆法(单位:mm)

支座安装用灌浆料按照经试验确定的固定配比进行拌制，并根据初步计算所需浆体的体积进行备料。灌浆作业时从支座中心部位向四周灌注，直至从模板与支座底板周边缝隙观察到灌浆料为止，灌浆料达到规定强度后拆除模板，灌浆作业结束。高速铁路桥梁支座的安装过程保证了规范、连续，质量一致，体现了标准化作业，因此获得了良好的安装效果。

3. 支座积水病害及成因分析

由于支座垫石与桥梁墩台同时浇筑而成，支座下底板与垫石连接时仅对垫石四周进行凿毛处理，未量测垫石排水坡的坡度。在桥梁运营阶段由于排水系统损坏或梁端止水带破损，桥梁上部结构水流入至支座位置处。因支座垫石坡面无法及时排水，造成支座位置处积水，长时间的积水会导致支座出现腐蚀、锈蚀等病害(图 4.8 和图 4.9)。

图 4.8 支座锈蚀

图 4.9 支座积水

4. 支座积水整治作业

支座积水整治时需找准位置，按照以下作业要点及流程开展：

1)作业要点

(1)作业人员上道行走时，严格执行“眼看、手比、口呼”制度。

(2)作业人员作业时，要统一指挥，严禁乱干盲干。

(3)作业人员按规定佩戴防护眼镜、口罩、安全带、安全帽和手套等劳动保护用品。

(4)防止机具、料具侵限造成碰撞事故。

2)作业流程

作业准备—防护就位—凿出排水槽或流水坡—清除碎渣、涂刷纯水泥浆—拌制砂浆—补抹砂浆—湿草袋覆盖—清理现场、撤出防护。

3)开工准备

作业负责人组织防护员、作业人员列队点名，明确作业内容、主要技术标

笔记栏

准、安全事项、作业时间、人员分工、作业人员行走路线，所有职工均应按规定使用劳动保护用品。根据当日作业项目进行全员安全预想。要明确驻站联络员、现场防护员和两端防护员及联络防护员(根据需要)。点名完成后集体呼口号。作业人员对工(机)具性能及安全性检查确认，防止将损伤的工(机)具带入作业现场，影响作业进度和质量。

4)作业程序

(1)设置防护

防护员必须由经考试合格的职工担任。驻站联络员提前 40 min 到达车站办理登记手续，了解列车运行情况，及时通知现场防护员。现场防护员根据要求准备防护备品。

(2)人机转移

现场防护员(联系困难地段增加中间联络员)会同作业负责人组织所有作业人员从就近安全通道或路肩上行走至作业地点附近的安全地带。需汽车运输时，乘坐有运营资质的载人汽车，遵守道路交通规则，注意人身安全。

(3)上道作业

作业负责人确认防护已到位，并接到施工命令(命令号、施工起讫时间)后，通知作业人员作业。

(4)基本作业

①准备工作料具。

②凿出排水槽或流水坡，流水坡的坡度为 3%。

③清除碎渣，冲洗粉尘，在新凿圬工表面涂刷一层纯水泥浆。

④按砂浆强度等级拌制砂浆。

⑤补抹砂浆。压实、抹光，达到坡度正确、棱角分明、排水畅通。

⑥湿草袋覆盖，养生不少于 7 d。

⑦收拾工具、清理现场。

(5)验收

严格执行“工完料尽”制度，作业负责人检查是否有工(机)具侵限；作业负责人根据质量标准对作业内容进行验收，作好记录。

(6)撤除防护

作业负责人检查工料具及人员下道完毕后，待人员、工(机)具全部到达安全区域后，撤离防护。

5)质量标准

支座水害整治作业需达到以下要求：

(1)形状、坡度(3%)符合要求，排水畅通。

(2)抹面平顺，棱角分明，无空响、无裂纹。

(3)砂浆强度不低于 M7.5。

6)注意事项

(1)桥梁支座积水整治不得携带任何非作业用工具材料。

(2)环氧树脂施工当日最低气温在 5 ℃以上。

【思考与练习】

1. 支座积水的原因有哪些？

笔记栏

2. 简述支座积水整治作业流程。
3. 简述支座积水整治质量标准。

任务 4.5 桥梁支座涂油防锈作业

【任务导入】

某高速铁路基础设施段高速铁路综合维修车间桥梁工区对所辖区段内32 m 梁盆式橡胶支座进行检查，发现部分 32 m 箱梁下支座底板存在不同程度锈蚀问题，在对锈蚀原因及锈蚀程度定性分析后，组织相关作业人员对锈蚀支座进行涂油防锈处理。

【问题引导】

问题 1：支座涂油的目的是什么？

____

____

____

问题 2：支座涂油的程序是什么？

____

____

____

【工作实施】

1. 请描述表 4.13 中主要试验仪具与设备的用途。

表 4.13 主要试验仪具与设备

仪器及辅助工具	用　途

笔记栏

续上表

仪器及辅助工具	用　　途
醇酸防锈漆	

2. 请完成表4.14中支座涂油作业程序与质量标准。

表4.14　支座涂油作业程序与质量标准

项目名称	作业程序与质量标准	
作业前	作业前要求：	
作业中	(1)	
	(2)	
	(3)	
	(4)	
	(5)	

笔记栏

续上表

项目名称	作业程序与质量标准
作业后	总结：

3. 支座涂油，涂抹的具体是什么油？有哪些要求？

____

____

____

【评价反馈】

教师对学生工作过程与工作结果进行评价，并将评价结果填入表 4.15 教师综合评价表当中。

表 4.15 教师综合评价表

<table>
<tr><td colspan="2">班级：</td><td colspan="2">姓名：</td><td colspan="2">学号：</td></tr>
<tr><td colspan="2">任务 4.5</td><td colspan="4">桥梁支座涂油防锈</td></tr>
<tr><td colspan="2">评价项目</td><td colspan="2">评价标准</td><td>分值</td><td>得分</td></tr>
<tr><td colspan="2">考勤(10%)</td><td colspan="2">无无故迟到、早退、旷课现象</td><td>10</td><td></td></tr>
<tr><td rowspan="4">工作过程(60%)</td><td>在表 4.13 中描述仪器及辅助工具用途</td><td colspan="2">能准确描述主要试验仪具与设备的用途</td><td>10</td><td></td></tr>
<tr><td>在表 4.14 中完成支座涂油作业程序与质量标准</td><td colspan="2">能准确填写作业前、作业中、作业后各作业程序的质量标准</td><td>30</td><td></td></tr>
<tr><td>在工作实施问题 3 支座涂油具体涂抹的是什么油?</td><td colspan="2">能准确描述支座涂油作业过程中油的类别及参数</td><td>20</td><td></td></tr>
<tr><td>协调能力</td><td colspan="2">与小组成员、同学之间能合作交流，协调工作</td><td>10</td><td></td></tr>
<tr><td rowspan="3">项目成果(30%)</td><td>工作完整</td><td colspan="2">能按时完成任务</td><td>5</td><td></td></tr>
<tr><td>工作规范</td><td colspan="2">能按规范步骤进行操作</td><td>5</td><td></td></tr>
<tr><td>工作报告</td><td colspan="2">能准确掌握桥梁支座涂油防锈作业</td><td>10</td><td></td></tr>
<tr><td colspan="4">合　计</td><td>100</td><td></td></tr>
<tr><td rowspan="2">综合评价</td><td>自评(20%)</td><td>小组评价(30%)</td><td>教师评价(50%)</td><td colspan="2">综合得分</td></tr>
<tr><td></td><td></td><td></td><td colspan="2"></td></tr>
</table>

【相关知识】

1. 桥梁支座安装要求

桥梁一般应采用盆式橡胶支座、球形钢支座，大跨度梁也可采用铰轴滑板支座；墩台基础工后沉降大的桥梁应采用调高支座，支座安装应符合下列规定：

(1)支座安装位置要求

①同一座桥上固定支座的设置，应避免梁缝处相邻梁端发生横向反方向温

笔记栏

度位移。

②在坡道上，固定支座宜设在较低一端；在车站附近，应设在靠车站一端。

③对斜交梁，支座纵向位移方向应与梁轴线或切线一致。

④双线整孔简支箱梁，每孔梁一端应安装一个固定支座（GD）和一个横向活动支座（HX），另一端安装一个纵向活动支座（ZX）和一个多向活动支座（DX）。固定支座和纵向活动支座应在梁的同一侧，横向活动支座与多向活动支座应在梁的另一侧。

⑤双线并置简支箱梁，每孔梁一端应安装两个固定支座和两个横向活动支座，另一端安装两个纵向活动支座和两个多向活动支座。固定支座、纵向活动支座应安装在内侧，横向活动支座和多向活动支座应安装在外侧。

⑥单线简支箱梁（支座中心距<4.0 m）和简支 T 梁，每孔梁一端应安装两个固定支座，另一端应安装两个纵向活动支座。

⑦多片简支 T 梁，中梁一端应安装固定支座，另一端安装纵向活动支座，边梁在中梁固定支座端应全部安装横向活动支座，另一端应全部安装多向活动支座。

⑧双线连续梁，每联梁应在一个墩顶（一般为中间墩）安装固定支座和横向活动支座，其余墩顶安装纵向活动支座和多向活动支座。固定支座和纵向活动支座在梁的同一侧，横向活动支座与多向活动支座在梁的另一侧。

⑨单线连续梁，每联梁应在一个墩顶（一般为中间墩）安装两个固定支座，其余墩顶全部安装纵向活动支座。

⑩同一座桥梁中，当各桥跨固定支座安装条件相互抵触时，应首先满足线路一侧的支座横向位移约束条件相同的要求，即同桥同侧的要求。其次，再按水平力作用影响较大的情况设置。

（2）支座板边缘至墩台边缘的距离

支座板边缘至墩台边缘的距离应符合表 4.16 规定。

表 4.16　支座板边缘至墩台边缘的距离

跨度 L（m）	$L<16$	$16\leqslant L<20$	$20\leqslant L<32$	$32\leqslant L<40$	$L\geqslant 40$
距离（cm）	15	20	25	35	40

（3）重力灌浆要求

支承垫石顶面与下支座板之间应采用 20～30 mm 厚的无收缩灌浆料重力灌浆填实；四个支点的反力与平均值相差不应超过±5%。

（4）支座安装允许偏差

支座安装应稳固可靠，支座位置上下座板应水平安装，支座与梁底及垫石间必须密贴无缝隙，水平各层部件间应密贴无缝；活动支座滑动面应保持洁净滑润，保证梁跨自由伸缩、转动。支座安装允许偏差应满足表 4.17 规定。

表 4.17　支座安装允许偏差

序号	项　　目		允许偏差（mm）
1	支座下座板中心与墩台支座设计中心纵向错动量	墩台高度<30 m	20
		墩台高度≥30 m	15

笔记栏

续上表

序号	项目			允许偏差(mm)
2	支座下座板中心与墩台支座设计中心横向错动量	墩台高度<30 m		15
		墩台高度≥30 m		10
3	同端支座中心横向距离	偏差与桥梁设计中心对称时		+30,−10
		偏差与桥梁设计中心不对称时		+15,−10
4	聚四氟乙烯板4个角点的外露高度			+0.6,0
5	盆式橡胶支座	支座板四角高差		1
		上下座板十字线扭转		1
		同一梁端两支座高差		1
		一孔箱梁四个支座中,一个支座不平整限值		3
		固定支座上下座板及中线的纵、横错动量		1
		活动支座中线的纵横错动量(按设计温度定位后)		3
6	钢支座	下座板中心十字线扭转	下座板尺寸<2 000 mm	1
			下座板尺寸≥2 000 mm	1‰边宽
		固定支座十字线中心与全桥贯通测量后墩台中心线纵向偏差	连续梁或跨度≥60 m简支梁	20
			跨度<60 m简支梁	10
		活动支座中心线的纵向错动量(按设计气温定位后)		3
		固定支座上下座板中线的纵横错动量		3
		支座底板四角相对高差		2
		活动支座的横向错动量		3
		上下座板及轴之间的扭转		1

(5)支座安装其他规定

①支承垫石的高度应满足维修养护的需要,其高度不应小于35 cm。

②支座锚栓直径不应小于24 mm,支承垫石顶的套筒孔应采用无收缩灌浆料重力灌浆填实,螺栓标准件应采用渗锌或多元合金共渗防护处理。

③支座应按环境要求设置防尘装置,且便于拆装。

④钢支座适用温度范围为−40~60 ℃。

⑤常温型盆式橡胶支座适用温度范围为−25~60 ℃,耐寒型支座适用温度范围为−40~60 ℃。

⑥地震设防地段梁端或墩台顶应设置防落梁挡块,防落梁挡块应采用Q235焊接工型钢,高度不宜小于50 cm,挡块中心与支座中心一致,连接螺栓强度应满足抗震要求。

⑦防落梁挡块连接螺栓应采用40Cr,螺栓螺纹与梁底预埋套筒有效接合长度应大于1.2倍的螺栓直径。挡块与支承垫石之间的空隙宜在20~40 mm之间;横向活动支座(HX)和多向活动支座(DX)处,挡块严禁与墩台顶面、支承垫石侧面接触。

⑧防落梁挡块、预埋钢板、螺栓应采用多元合金共渗或渗锌并加封闭层防腐处理。

笔记栏

2. 桥梁支座病害评定

(1)支座病害类型

支座出现下列状态之一时,应及时处理:

①聚四氟乙烯板磨耗严重,凸出钢衬板高度不足 0.2 mm。

②聚四氟乙烯板滑出,滑出长度超出不锈钢板边缘 10 mm 以上。

③位移或转角超限,位移量超过设计值 10 mm,转角超过设计值的 20%。

④锚栓缺少或剪断。

⑤橡胶密封圈脱落或外翻。

⑥下支座板与支承垫石间灌浆料、干硬性砂浆开裂。

⑦支承垫石开裂、积水、翻浆。

⑧钢件裂纹深度≥10 mm,主要受力部位焊缝脱焊。

(2)防落梁挡块病害类型

防落梁挡块出现下列状态之一时,应及时处理:

①活动支座旁挡块与支承垫石顶死。

②活动支座旁挡块与墩台顶面顶死。

③墩顶相邻跨挡块连成整体,影响梁体自由伸缩。

④挡块与支承垫石之间的空隙大于 40 mm。

(3)支座劣化评定

支座劣化等级评定标准,见表 4.18。

表 4.18 高速支座劣化等级评定标准

支座劣化等级评定				
类型 等级	(1)钢件裂纹及变形	(2)钢件脱焊	(3)聚四氟乙烯板磨损(凸出钢衬板高 h)	(4)位移超限
AA	主要部件折断	主要受力部位脱焊	$h \leqslant 0.2$ mm	
A1	裂缝深度达 10 mm		0.2 mm $< h <$ 0.5 mm	聚四氟乙烯板脱出不锈钢板达 10 mm
B	裂纹深度达 5 mm 但小于 10 mm	非主要受力部位脱焊	0.5 mm $\leqslant h <$ 1 mm	聚四氟乙烯板脱出不锈钢板小于 10 mm
C	微裂			
类型 等级	(5)转角超限	(6)锚栓剪断	(7)钢件锈蚀	(8)上下座板与梁底及支承垫石不密贴或垫石劣化
AA		剪断数量达 25%		
A1	超出设计转角 20% 以上	剪断数量小于 25%		支承垫石裂损,影响支座受力
B	超出设计转角 10%~20%			上下座板与梁底及支承垫石不密贴,支座下翻浆积水
C	超出设计转角小于 10%		钢件锈蚀	

笔记栏

3. 支座涂油流程

支座修理涂油每个步骤都是至关重要的，在进行维护时需要严格按照工艺流程操作，以确保支座的正常工作，具体流程如下：

(1)开防尘罩，掏出旧黄油。

(2)除锈：除去表面污物，铲除和敲掉锈皮、氧化皮、旧涂层，用刮刀和钢丝刷除去边角部位锈蚀，再用砂布和钢丝刷进行清理，支座表面无污垢、无灰尘、无锈蚀。

(3)压入新黄油，黄油表面封贴塑料薄膜，封闭良好，黄油饱满。

(4)支座表面涂刷底面漆。

(5)装好防尘罩，封闭缝隙。

(6)作业负责人对作业情况进行总结，对存在的问题制定整改措施。

【思考与练习】

1. 高速铁路桥梁常用支座有哪些类型？
2. 为什么需要对支座进行养护？
3. 说明支座涂油的流程。

任务 4.6 桥梁排水管更换作业

【任务导入】

某高速铁路基础设施段高速铁路综合维修车间桥梁工区对所辖区段内32 m 箱室内部排水管进行检查，发现部分 32 m 箱梁箱室内排水管出现破损，导致水流不能顺利排出。在对排水管破损原因及破损程度定性分析后，组织相关作业人员对破损排水管进行更换。

【问题引导】

问题 1：什么情况下桥梁排水管需要更换？

____

____

____

问题 2：更换排水管是高空作业吗？安全注意事项有哪些？

____

____

____

【工作实施】

1. 请描述表 4.19 中主要试验仪具与设备的用途。

笔记栏

表4.19　主要试验仪具与设备

仪器及辅助工具	用　　途

2. 请完成表4.20中排水管更换作业程序与质量标准。

表4.20　排水管更换作业程序与质量标准

项目名称	作业程序与质量标准	
作业前	作业前要求：	
作业中	(1)	

笔记栏

续上表

<table>
<tr><td>项目名称</td><td colspan="2">作业程序与质量标准</td></tr>
<tr><td rowspan="4">作业中</td><td>(2)</td><td></td></tr>
<tr><td>(3)</td><td></td></tr>
<tr><td>(4)</td><td></td></tr>
<tr><td>(5)</td><td> </td></tr>
<tr><td>作业后</td><td colspan="2">总结：</td></tr>
</table>

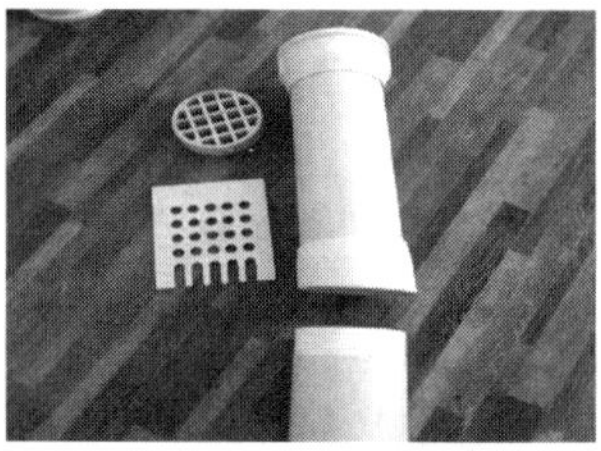

3. 在桥梁排水管作业中，排水管如何连接？

____

____

____

【评价反馈】

教师对学生工作过程与工作结果进行评价，并将评价结果填入表 4.21 教师综合评价表当中。

笔记栏

表 4.21　教师综合评价表

<table>
<tr><td colspan="2">班级：</td><td colspan="2">姓名：</td><td colspan="2">学号：</td></tr>
<tr><td colspan="2">任务 4.6</td><td colspan="4">桥梁排水管更换作业</td></tr>
<tr><td colspan="2">评价项目</td><td colspan="2">评价标准</td><td>分值</td><td>得分</td></tr>
<tr><td colspan="2">考勤(10%)</td><td colspan="2">无无故迟到、早退、旷课现象</td><td>10</td><td></td></tr>
<tr><td rowspan="4">工作过程(60%)</td><td>在表 4.19 中描述仪器及辅助工具用途</td><td colspan="2">能准确描述主要试验仪具与设备的用途</td><td>10</td><td></td></tr>
<tr><td>在表 4.20 中完成排水管更换作业程序与质量标准</td><td colspan="2">能准确填写作业前、作业中、作业后各作业程序的质量标准</td><td>30</td><td></td></tr>
<tr><td>在工作实施问题 3 排水管如何连接?</td><td colspan="2">能在作业过程中准确选择排水管连接方式?</td><td>20</td><td></td></tr>
<tr><td>协调能力</td><td colspan="2">与小组成员、同学之间能合作交流，协调工作</td><td>10</td><td></td></tr>
<tr><td rowspan="3">项目成果(30%)</td><td>工作完整</td><td colspan="2">能按时完成任务</td><td>5</td><td></td></tr>
<tr><td>工作规范</td><td colspan="2">能按规范步骤进行操作</td><td>5</td><td></td></tr>
<tr><td>工作报告</td><td colspan="2">能准确掌握桥梁排水管更换作业</td><td>10</td><td></td></tr>
<tr><td colspan="4">合　计</td><td>100</td><td></td></tr>
<tr><td rowspan="2">综合评价</td><td>自评(20%)</td><td>小组评价(30%)</td><td>教师评价(50%)</td><td colspan="2">综合得分</td></tr>
<tr><td></td><td></td><td></td><td colspan="2"></td></tr>
</table>

【相关知识】

1. 排水管检查

桥梁的排水系统是防止水涝对桥梁结构产生影响的重要措施，需要对桥梁的排水系统进行检查，包括排水管道、雨水口、雨水斗等部分。如果排水系统出现堵塞或漏水等问题，需要及时清理和修复，以确保桥梁结构的稳定性，具体检查要求如下：

跨越铁路、公路、城市道路和居民区的立交桥，当桥下对排水有要求或需要考虑景观时，应设置纵、横向排水管和竖向落水管集中从梁端排水。纵、横向排水管设置排水坡度不应小于 1%。落水管出口设弯管，弯管口距自然地面高差宜在 0.5～1.0 m，地面设消能槽和简易排水沟，简易排水沟与周边排水系统顺接。纵、横向排水管和竖向落水管应连接牢固。

桥面排水管系统由泄水管、管盖、纵向排水管、横向排水管、竖向落水管、顺 T 形接头、三向接头、弯管接头和排水管支架等组成。排水管支架采用金属材料，水管连接应牢固、不漏水，水管、支架均应连接牢固。

电缆槽、排水管内不得积水，不得有影响排水的沙土、垃圾等杂物。

排水管系统破损、堵塞、漏水应及时处理。

墩身排水管有脱落、松动、损坏应做遗失处理。

笔记栏

梁端伸缩缝处的排水管与橡胶板连接可靠，排水管畅通，排水管出水口应伸出墩台顶帽。

2. 排水管更换

更换排水管时需确定好更换位置，对破损排水管进行切除并将新旧排水管进行接长，具体更换要求如下：

检查排水管道，掌握排水管现状，确定更换位置。

排水管更换作业时，按需要搭设好脚手架，或者采用升降机作业。

将损坏的排水管端头锯齐，测量好所要更换的管路长度，进行下料，试安装至尺寸符合要求。

将管路所需接口处边缘、PVC 管接头、PVC 管箍内缘用细砂纸打磨干净，均匀涂好 PVC 专用胶。

胶液初凝后安装，一头使用管接头，一头使用管箍胶接，排水管新旧管对接良好，外观平顺，排水管接口处不漏水、不渗水。

【思考与练习】

1. 什么情况下桥梁排水管需要更换？
2. 说明更换排水管的作业流程。
3. PVC 排水管如何连接？

任务 4.7　防水层破损修补作业

【任务导入】

某高速铁路基础设施段高速铁路综合维修车间桥梁工区在所辖区段对 32 m 简支梁桥进行专项检查时发现 K600＋980～K700＋001 处桥梁出现箱梁箱室内顶板渗水的情况，分析箱梁顶板渗水出现渗漏水原因后，得出渗水是因桥面防水层破损导致，组织相关作业人员对破损防水层进行修补。

【问题引导】

问题 1：引起桥梁防水层破损的原因有哪些？

问题 2：桥梁防水层破损如何修补？

笔记栏

【工作实施】

1. 请描述表4.22中主要试验仪具与设备的用途。

表4.22　主要试验仪具与设备

仪器及辅助工具	用　途

2. 请完成表4.23中桥梁防水层破损修补作业程序与质量标准。

表4.23　桥梁防水层破损修补作业程序与质量标准

项目名称	作业程序与质量标准	
作业前	作业前要求：	
作业中	(1)防水层基面处理：	
	(2)防水层基面底胶施工：	

笔记栏

续上表

项目名称	作业程序与质量标准	
作业中	(3)底胶固化后，准备进行防水层施工：	
	(4)喷涂防水涂料：	
	(5)注意做好中断点：	
	(6)做好与已施工的防水层搭接工作：	
作业后	(7)对作业情况进行总结：	

【评价反馈】

教师对学生工作过程与工作结果进行评价，并将评价结果填入表 4.24 教师综合评价表当中。

笔记栏

表 4.24　教师综合评价表

<table>
<tr><td colspan="2">班级：</td><td>姓名：</td><td colspan="3">学号：</td></tr>
<tr><td colspan="2">任务 4.7</td><td colspan="4">桥梁防水层破损修补作业</td></tr>
<tr><td colspan="2">评价项目</td><td colspan="2">评价标准</td><td>分值</td><td>得分</td></tr>
<tr><td colspan="2">考勤(10%)</td><td colspan="2">无无故迟到、早退、旷课现象</td><td>10</td><td></td></tr>
<tr><td rowspan="3">工作过程(60%)</td><td>在表 4.22 中描述仪器及辅助工具用途</td><td colspan="2">能准确描述主要试验仪具与设备的用途</td><td>20</td><td></td></tr>
<tr><td>在表 4.23 中完成桥涵路基桥梁防水层破损修补作业程序与质量标准</td><td colspan="2">能准确填写作业前、作业中、作业后各作业程序的质量标准</td><td>40</td><td></td></tr>
<tr><td>协调能力</td><td colspan="2">与小组成员、同学之间能合作交流，协调工作</td><td>10</td><td></td></tr>
<tr><td rowspan="3">项目成果(30%)</td><td>工作完整</td><td colspan="2">能按时完成任务</td><td>5</td><td></td></tr>
<tr><td>工作规范</td><td colspan="2">能按规范步骤进行操作</td><td>5</td><td></td></tr>
<tr><td>工作报告</td><td colspan="2">能准确掌握桥梁防水层破损修补作业的要领</td><td>10</td><td></td></tr>
<tr><td colspan="4">合　计</td><td>100</td><td></td></tr>
<tr><td rowspan="2">综合评价</td><td>自评(20%)</td><td>小组评价(30%)</td><td>教师评价(50%)</td><td colspan="2">综合得分</td></tr>
<tr><td></td><td></td><td></td><td colspan="2"></td></tr>
</table>

【相关知识】

1. 防水层的修补

桥面防水层破损位置采用喷涂聚脲弹性涂料进行修补处理，喷涂材料和施工工艺如下：

(1)材料

喷涂聚脲弹性涂料是一种双组分，不含溶剂、快速固化型。A 组分由预聚物或半预聚物与异氰酸酯反应制得，B 组分由端氨基树脂和端氨基扩链剂组成。A 组分和 B 组分在专用喷涂设备的喷枪内混合喷出，快速反应固结成灰色的弹性体膜(图 4.10)。

(2)运输及储存

涂料应储存在温度为 15～40 ℃通风、干燥的库房内，储存和运输途中严禁雨淋、日光曝晒；并应隔绝火源，远离热源；在未启封包装条件下储存期自生产之日起为 6 个月，超过储存期可按本条件及相关标准进行检验，若符合技术要求仍可使用。

(3)喷涂防水层

防水层系统构造(图 4.10)防水层涂膜平均厚度不得小于 2.0 mm，每平方米涂料用量约 2.3 kg。

(4)基层处理

新建混凝土桥面板至少应有 7 d 养护期。基面应彻底清除油脂、灰尘、污

笔记栏

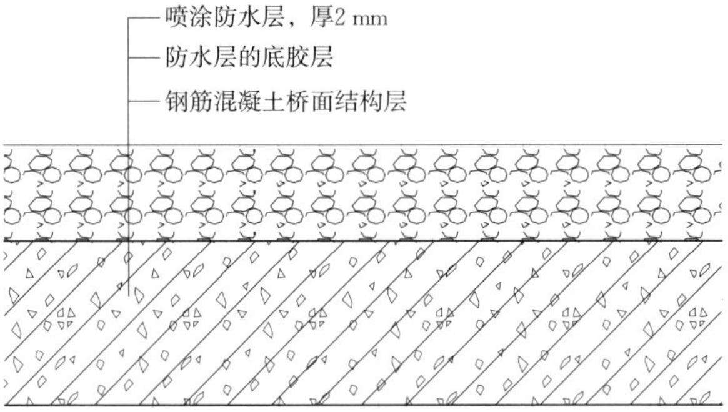

喷涂防水层，厚2 mm
防水层的底胶层
钢筋混凝土桥面结构层

图 4.10 防水层系统构造

物、脱膜剂、浮浆和松散的表层(应采用机械打磨或机械抛丸处理)等，确保基面洁净、干燥和平整。预留后浇混凝土等部位进行密封处理。基面必须具有良好的平整度，不得有明显的坑洞或凸起。

如果有明显的坑洞，必须提前 3～7 d，使用早强聚合物修补砂浆进行修补。

(5)底胶施工

施工前，表面应干燥。使用喷涂设备或者刷涂、辊涂方式进行基面底胶施工，应均匀、不漏涂、不堆积，也不宜太厚。

(6)防水层施工

底胶固化后，可进行防水层施工处理，一般在 2 h 后。24 h 之前，进行防水层施工。施工采用专用喷涂设备。施工前，使用气动搅拌器对对涂料的 A、B 组分分别进行搅拌，低温施工时需采取对物料的预加热措施，严禁加入任何稀释剂。

喷涂前先对设备进行调试，各系统运转正常后，按照喷涂设备的要求开始进行施工，涂膜厚度 2 mm，为保证防水层质量，分两次喷涂，每层厚度约 1 mm，每层一次成型到位，两次间隔时间越短越好。涂膜施工完毕 24 h 内，应避免重物碾压。风力超过三级时禁止施工，或采取必要的防护措施。

在自然中断点如伸缩缝、墙角、墙边等处可以自然中断。已涂装的区域如果未形成自然中断，需预先切出宽度和深度至少为 6 mm 的锯齿。然后再施工涂料，使涂膜在锯齿处中断。将锯齿周围的邻近边缘用胶带清除掉喷涂过多的涂膜，使表面光滑清洁。在与已施工的聚脲防水层交界处或需要修补处，先用带钢丝圆盘的机械砂轮、钢丝刷或其他工具把需修补的表面打毛，增强机械粘合力。用专用处理剂处理打毛的表面，从而除去所有灰尘或其他污染物，并软化现有表面。用手工聚脲或喷涂聚脲施工于所需区域。

2. 防水层修补验收

喷涂聚脲弹性防水层施工检验、验收标准见表 4.25。

表 4.25 喷涂聚脲弹性防水层施工检验、验收标准

项　　目	技术标准	误差范围	检测频率
厚度	2 mm	±0.3 mm	每孔梁取一组，每组四点取平均值

笔记栏

续上表

项　目	技术标准	误差范围	检测频率
外观检测	涂层表面光顺，无流挂，无针孔，无起泡，无开裂高低不平度≤3 mm/4 m		随时
粘结强度	≥2.5 MPa		每批特种涂料检测一组，每组三点取平均值
不透水性	渗水为 0		每孔梁取四组，都不渗水
涂膜色泽	应均匀一致		每孔梁

【思考与练习】

单选题

1. 涂料在未启封包装条件下储存期自生产之日起为(　　)个月。

A. 2　　B. 4　　C. 6　　D. 8

2. 防水层涂膜平均厚度不得小于(　　)mm。

A. 2　　B. 3　　C. 4　　D. 5

3. 喷涂聚脲弹性防水层施工检验时粘结强度大于(　　)MPa。

A. 1.5　　B. 2.5　　C. 3.5　　D. 4

4. 喷涂聚脲弹性防水层施工检验不透水性时，每孔梁取(　　)组，都不渗水。

A. 1　　B. 2　　C. 3　　D. 4

任务 4.8　桥梁吊篮、围栏整修作业

【任务导入】

某高速铁路基础设施段高速铁路综合维修车间桥梁工区在所辖区段对桥梁进行专项检查时发现 K750＋650～K800＋001 处桥梁吊篮、围栏有缺失、损坏的情况，针对桥梁吊篮、围栏有缺失、损坏的现象，组织桥梁工前去对该区域的桥梁吊篮、围栏进行检查，并对有缺失、损坏的地方进行除锈、涂漆整修。

【问题引导】

问题 1：引起桥梁吊篮、围栏缺失、损坏的原因有哪些？

______

______

______

笔记栏

问题 2：缺失、损坏的桥梁吊篮、围栏如何整修？

【工作实施】

1. 请描述表 4.26 中主要试验仪具与设备的用途。

表 4.26 主要试验仪具与设备

仪器及辅助工具	用　　途

2. 请完成表 4.27 中桥梁吊篮、围栏整修作业程序与质量标准。

表 4.27 桥梁吊篮、围栏整修作业程序与质量标准

项目名称	作业程序与质量标准	
作业前	作业前要求：	
作业中	(1)除锈：	

续上表

笔记栏

项目名称	作业程序与质量标准	
作业中	(2)检查钢结构的表面：	
	(3)擦拭干净钢结构表面：	
	(4)将油漆搅拌均匀：	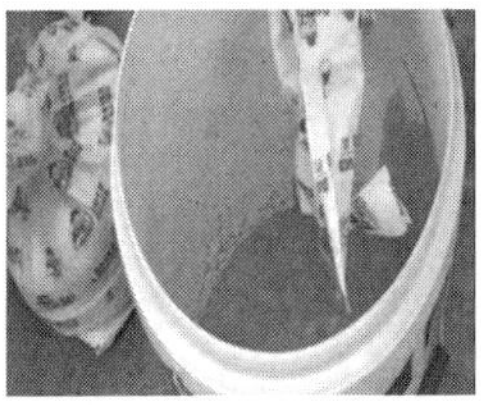
	(5)在钢结构上刷漆：	
	(6)注意涂漆的要点：	
作业后	对作业情况进行总结：	

【评价反馈】

教师对学生工作过程与工作结果进行评价，并将评价结果填入表4.28教师综合评价表当中。

笔记栏

表 4.28 教师综合评价表

<table>
<tr><td colspan="2">班级：</td><td colspan="2">姓名：</td><td colspan="2">学号：</td></tr>
<tr><td colspan="2">任务 4.8</td><td colspan="4">桥梁吊篮、围栏整修作业</td></tr>
<tr><td colspan="2">评价项目</td><td colspan="2">评价标准</td><td>分值</td><td>得分</td></tr>
<tr><td colspan="2">考勤(10%)</td><td colspan="2">无无故迟到、早退、旷课现象</td><td>10</td><td></td></tr>
<tr><td rowspan="3">工作过程
(60%)</td><td>在表 4.26 中描述仪器及辅助工具用途</td><td colspan="2">能准确描述主要试验仪具与设备的用途</td><td>20</td><td></td></tr>
<tr><td>在表 4.27 中完成桥梁吊篮、围栏整修作业程序与质量标准</td><td colspan="2">能准确填写作业前、作业中、作业后各作业程序的质量标准</td><td>40</td><td></td></tr>
<tr><td>协调能力</td><td colspan="2">与小组成员、同学之间能合作交流，协调工作</td><td>10</td><td></td></tr>
<tr><td rowspan="3">项目成果
(30%)</td><td>工作完整</td><td colspan="2">能按时完成任务</td><td>5</td><td></td></tr>
<tr><td>工作规范</td><td colspan="2">能按规范步骤进行操作</td><td>5</td><td></td></tr>
<tr><td>工作报告</td><td colspan="2">能准确掌握桥梁吊篮、围栏整修作业的要领</td><td>10</td><td></td></tr>
<tr><td colspan="4">合 计</td><td>100</td><td></td></tr>
<tr><td rowspan="2">综合评价</td><td>自评(20%)</td><td>小组评价(30%)</td><td>教师评价(50%)</td><td colspan="2">综合得分</td></tr>
<tr><td></td><td></td><td></td><td colspan="2"></td></tr>
</table>

【相关知识】

1. 围栏、吊篮维护涂装

围栏、吊篮都应进行维护性涂装，防止钢结构锈蚀，对既有墩台吊篮、围栏的保护涂装和涂料劣化需依据劣化状态，按照《铁路桥梁钢结构及构件保护涂装与涂料 第 3 部分：附属钢结构》(Q/CR 749.3—2020)进行维护性涂装。

围栏、吊篮需根据劣化状态进行维护性涂装：

(1)劣化等级为 3 级粉化时，应清除涂层表面污渍，用细砂纸除去粉化物，然后涂装 2 道相应面漆。

(2)劣化等级为 2 级～3 级起泡、裂纹或脱落且未锈蚀时，用机具清理劣化区域周围疏松的涂层，并延伸至未劣化的区域，形成 50～80 mm 坡口，然后涂装相应中间漆和面漆。如要保持涂层表面一致，可在局部涂装面漆后，再全部涂装面漆。

(3)劣化等级为 2 级～3 级锈蚀时，钢表面清理应达到彻底的局部手工和动力工具清理(P St2 级)或局部机械打磨(P Ma 级)要求，然后涂装防锈底漆、中间漆和面漆。如要保持涂层表面一致，可在局部涂装面漆后，再全部涂装面漆。

涂层性能通常采用目视法检验。涂层断裂伸长率测定时，涂层要求制成自由膜，厚度 150 μm±50 μm，在温度 23 ℃±2 ℃、相对湿度 50%±5%的条件下养护 7 d。涂层耐盐雾性测定时，涂层要求涂装 2 道，检验结束后特制环氧富锌

笔记栏

防锈底漆样板表面可以有轻微起泡。

成品检验每个测点的渗层厚度、防腐层厚度、附着力检验结果全部合格，则判整批合格；拉开法附着力检验时若3个测点中有2个达到设计要求，另1个不低于设计要求的90%，可判定涂层附着力为合格。涂料检验结果全部满足技术要求，则判整批合格。若有一项技术要求不合格时，应双倍抽样检验该项目，若仍不合格，则判该批不合格。

2. 钢梁维护性涂装和重新涂装

钢梁需根据劣化状态，按照《铁路桥梁钢结构及构件保护涂装与涂料 第1部分：钢梁》(Q/CR 749.1—2020)进行维护性涂装和重新涂装，确保钢桥的耐久性和安全性。

1)维护性涂装

对既有钢梁涂层根据根据劣化状态进行维护性涂装：

(1)劣化等级为3级粉化时，应清除涂层表面污渍，用细砂纸除去粉化物，然后涂装2道相应面漆。

(2)劣化等级为2级～3级起泡、裂纹或脱落且未锈蚀时，用机具清理劣化区域周围疏松的涂层，并延伸至未劣化的区域，形成50～80 mm坡口，然后涂装相应中间漆和面漆。如要保持涂层表面一致，可在局部涂装面漆后，再全部涂装面漆。

(3)劣化等级为2级～3级锈蚀时，钢表面清理应达到非常彻底的局部喷射清理(P Sa2)要求，然后涂装防锈底漆、中间和面漆。如要保持涂层表面一致，可在局部涂装面后，再全部涂装面漆。

2)重新涂装

对既有钢梁涂层劣化当粉化达到4级或起泡、裂纹、脱落面积达到33%或生锈面积达到5%及以上时，应全部进行重新涂装。重新涂装前钢表面清理应达到非常彻底的局部喷射清理要求。

3)涂装间隔时间和涂装作业环境要求

(1)涂装间隔时间

钢梁表面清理后宜在4 h内完成第一道涂层的涂装，下一道涂装应在上一道涂层实干后进行，底漆、中间漆涂层最长暴露时间不应超过7 d，两道面漆涂装间隔若超过7 d时需用细砂纸打磨成细微毛面。

(2)涂装作业环境

涂装作业环境应满足下列要求：

①基面应干燥，待涂表面温度高于露点3 ℃以上。

②环境温度：5～35 ℃。

③环境相对湿度不应大于85%，风力不应大于5级。

④施工现场出现扬沙、下雨等天气时应停止施工，已施工部位应采取防护措施。继续施工时应进行检查，如有起泡、起皱、剥落等现象，应清除后再行施工。

4)涂装质量要求

涂料涂层表面平整均匀，不应有起泡、气孔、裂纹、剥落，可有不影响防护性

笔记栏

能的轻微橘皮、流挂、刷痕和少量杂质以及钢板原材表面缺陷所引起的外观不平整，表面缺陷应符合有关规定。

金属涂层表面均匀一致，不应有起皮、鼓泡、大熔滴、松散粒子、裂纹、剥落，可有不影响防护性能的轻微结疤、起皱。涂层最大厚度不应超过最小厚度要求的 3 倍。

整个涂装体系涂层间附着力，宜采用拉开试验检测法，附着力不应小于 3 MPa。属涂层附着力宜采用拉开检测法，附着力不应小于 5.9 MPa。当采用划格试验检测法时，试验后，方格内的涂层不应与基体剥离。存在异议时，以拉开试验检测法测定结果为准。

(3)施工要求

支架搭设轮扣接头是轮扣式脚手架的核心构造，组装时先将轮扣搁置在限位销上，将横杆接头插入轮扣，待全部接头插入后，用榔头敲击横杆轮扣凸头，直至轮扣横杆被卡紧不能摇动为止。接头连接牢固，再继续搭设上部脚手架，在搭设过程中，应注意调整整架的垂直度，要求整架垂直度小于 $1/500H$，严格控制每层支架的垂直度和水平度，使支架竖杆在两个方向的垂直偏差都控制在 2 mm 以内，支架每部的水平偏差控制在 5 mm 以内，随后在支架的顶部和底部用大横杆和剪刀撑加以固定，为了确保脚手架的整体刚度，加设交叉式剪刀撑，将各排支架牢固地连接在一起，支架采用双排，步距 1.2 m，横向间距 1.5 m，纵向间距 0.8 m，作为操作平台。

拆除支架时，任何杆件不得随意直接向下抛掷，必须用传递方式运出或拴绳续下。施工期间应注意天气影响，避开恶劣天气，才可以吊装作业。在高处作业时，对作业人员要定期体检，对不适合高处作业的疾病者，不得从事高处作业，饮酒后不得从事高处作业。高处作业时，必须使用安全带和安全绳，安全带和安全绳要拴在牢固的物体上。

高处作业人员衣着要灵便，禁止赤脚、穿硬底鞋、拖鞋、高跟鞋以及带钉易滑的鞋从事高处作业。作业人员上下通行必须经由专用爬梯，不得攀登脚手架、绳索上下，禁止跟随起重物件运送材料的设备上下。现场施工建立明确的岗位责任制，严格纪律，统一指挥、统一信号、统一行动。

(4)设备机具配置

主要设备机具配置参考表见表 4.29。

表 4.29　主要设备配置参考表

序　　号	设备名称	数　　量
1	起重机	1
2	电动吊篮	1
3	电焊机	1
4	安全带	1
5	电动机	1
6	提升机	1

笔记栏

续上表

序　　号	设备名称	数　　量
7	工程车	1
8	灭火器	2

(5)安全技术及环保要求

坚决贯彻执行“安全第一、预防为主”的方针,把安全工作贯穿到每个工序、每个人。建立完善的安全管理机构,设专职安全员。各班要有兼职安全员,对生产的日常工作进行系统管理,形成群众性的生产网,实行安全生产无事故目标。

每项工作施工前进行技术交底和安全生产教育,强化全员安全生产意识。建立安全保证体系,使安全管理制度化、安全教育经常化。进入施工现场必须戴安全帽,系帽绳。高空作业穿防滑鞋,特种高空作业,必须佩戴安全带。

施工中的环保注意夜间施工的噪声影响,尽量采用低噪声施工设备,对不符合尾气排放标准的机械设备,不能使用。少数高噪声设备尽可能不在夜间施工作业,必须在夜间从事有噪声污染的施工应先通知附近居民,以征得附近居民的理解,如有可能采取限时作业措施。场地应即时清扫,以防粉尘被风吹扬。凡对环境有污染的废物,如建筑垃圾、生产垃圾、废弃材料等,采取集中堆放或运往指定地点处理。

工程完工后,可通过当地政府或环保部门的同意,将便道协议转让。否则,必须将其拆除,将临时租用的土地归还。

【思考与练习】

单选题

1. 吊篮安装前,外侧设置不低于(　　)m 的双层防护栏杆。

A. 1　　B. 1. 2　　C. 2　　D. 2. 2

2. 支架竖杆在两个方向的垂直偏差都控制在(　　)mm 以内。

A. 2　　B. 3　　C. 4　　D. 5

3. 支架每部的水平偏差控制在(　　)mm 以内。

A. 5　　B. 6　　C. 7　　D. 8

任务 4. 9　锥护坡浆砌片石作业

【任务导入】

某高速铁路基础设施段高速铁路综合维修车间桥梁工区在所辖区段对桥梁锥护坡进行专项检查时发现 K700＋600～K720＋016 区间类共计 12 处桥梁锥护坡浆砌片石出现破损、下陷病害。针对已破损、下陷位置处锥护坡,制定修补作业计划,采用浆砌片石对病害位置进行修复。

笔记栏

【问题引导】

问题 1:引起锥护坡下陷、破损的原因有哪些?

问题 2:可采用哪些方法对锥护坡进行修补?

【工作实施】

1. 请描述表 4.30 中主要作业设备的用途。

表 4.30　主要试验仪具与设备

仪器及辅助工具	用　途

2. 请完成表 4.31 中锥护坡浆砌片石作业程序与质量标准。

表 4.31　锥护坡浆砌片石作业程序与质量标准

项目名称	作业程序与质量标准
作业前	作业前要求: (1) (2) (3)

续上表

笔记栏

项目名称	作业程序与质量标准	
作业中	(1)浆砌片石前准备工作:	
	(2)选料加工:	
	(3)拌和砂浆:	
	(4)夯实地层,浆砌作业面:	
	(5)勾缝抹面:	
	(6)养生:	

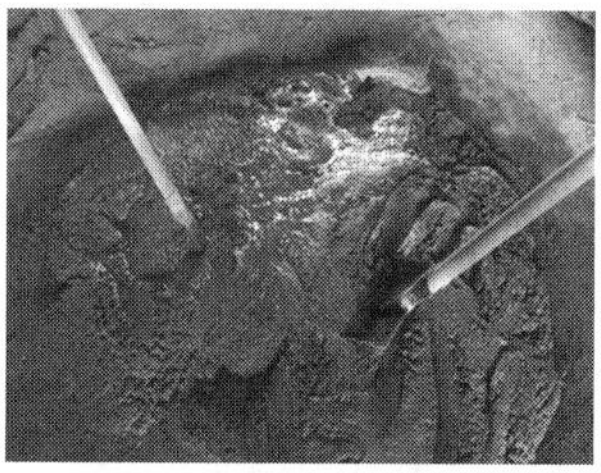

笔记栏

续上表

项目名称	作业程序与质量标准
作业后	具体要求：

3. ××年6月19日武广高速铁路K1512+947雨观测点连续雨量及日雨212.2 mm，1 h雨强53.4 mm，达到限速警戒值。6月22日武广高速铁路防洪巡查小组雨后巡查发现武广高速铁路下行K1497+530～+560护坡出现2.0 m处裂缝、错台，最大错台0.8 m，坍体坡脚向侧沟方向有小量位移，采用锚固桩加浆砌片石进行护坡修复。请问浆砌片石修补完成后，砌筑允许偏差检查项目有哪些？并说明检查项目的允许偏差。

【评价反馈】

教师对学生工作过程与工作结果进行评价，并将评价结果填入表4.32教师综合评价表当中。

表4.32 教师综合评价表

班级：		姓名：		学号：	
任务4.9		锥护坡浆砌片石作业			
评价项目		评价标准		分值	得分
考勤(10%)		无无故迟到、早退、旷课现象		10	
工作过程(60%)	在表4.30中描述仪器及辅助工具用途	能准确描述主要试验仪具与设备的用途		10	
	在表4.31中完成锥护坡浆砌片石作业程序与质量标准	能准确填写作业前、作业中、作业后各作业程序的质量标准		30	
	在工作实施问题3中作答浆砌片石砌筑检查项目	能准确作答浆砌片石砌筑允许偏差检查项目有哪些，并说明检查项目的允许偏差		20	
	协调能力	与小组成员、同学之间能合作交流，协调工作		10	
项目成果(30%)	工作完整	能按时完成任务		5	
	工作规范	能按规范步骤进行操作		5	
	工作报告	能准确掌握锥护坡浆砌片石作业		10	
合　计				100	
综合评价	自评(20%)	小组评价(30%)	教师评价(50%)	综合得分	

笔记栏

【相关知识】

1. 锥护坡病害成因及防治措施

锥护坡病害是指锥护坡因实际工程质量等原因，导致锥坡土体发生病害，如锥体塌陷、溜坡裂缝、局部脱落等。当锥坡不能平衡车辆对桥台处路基的冲击力时，台身和耳背墙就会发生裂缝或断裂，影响桥台处路基的稳定性，进而威胁桥头行车的安全。下面对锥坡土体的病害形式、土体病害的影响因素及防治措施进行分析介绍。

1)锥护坡病害形式

根据破坏规模锥坡土体失稳破坏形式大小，可分为土体整体失稳破坏和坡面破坏两类。其中，土体整体失稳破坏可细分为：崩塌、滑坡、坍塌；坡面破坏可细分为：坡面侵蚀、坡面剥落。锥坡土体整体往往失稳破坏是坡面破坏逐渐发展的结果，如图 4.11 所示。

(1)整体失稳破坏

①崩塌，它的特征表现为土体自由坠落或滚动。

②滑坡，它的特征表现为土体沿某一弱面或朝向坡外的结构面整体向下滑移。

③坍塌，它的特征表现为土体产生剪切破坏，由坡顶向坡内逐渐扩展。

(2)坡面破坏

①坡面侵蚀，它的特征表现为土体受雨水作用使坡面产生径流冲蚀，形成冲沟。

②坡面剥落，它的特征表现为锥坡土体受风化、胀缩作用而形成碎落。

图 4.11　锥护坡破损

2)锥护坡病害成因

锥坡土体病害的影响因素分为内部因素和外部因素。内部因素是锥坡土体变形破坏的先决条件，其对土体稳定性的影响是缓慢的；外部因素通过内部因素对土体稳定性产生影响，但其对土体变形破坏的影响是迅速的，明显的，不容忽视的。

(1)内部因素

①锥坡土体的性质。锥坡土体的性质由其物理力学参数来体现，包含有黏聚力、内摩擦角、容重、弹性模量、泊松比等参数。

②锥坡的形态。锥坡形态包含坡高、坡角、平面形态、坡面形态以及锥坡的

临空条件等。当锥坡形态不利时，例如，坡高和坡角值比较大时，在坡顶会出现张应力，并出现张裂缝，坡角会出现大的剪应力，剪切破坏带形成，这样就极大地降低石坡体的稳定性。

(2)外部因素

①外部荷载。外部荷载的影响包括地震作用和桥台处车辆的机械振动，前者主要是引起土体结构的松动，破裂面、弱面错位、孔隙水压力累计上升等；后者主要是因振动造成坡体中软弱层的触变液化以及使处于临界状态的边坡瞬间失稳等。

②水的作用。水对锥坡土体稳定性的影响是多方面的，大多数锥坡土体的破坏都与水有关。这里所讲的水包含地下水和降水，两者对锥坡土体作用的共同之处就是因土体含水量的增加，土体自重增大，土体抗剪强度参数性质发生变化，从而造成土体内部稳定平衡受到破坏。

③气候条件。气候条件是指降雨、温差变化、降雪等因素。温差越大，降雪降雨越大，对锥坡土体稳定性的影响就越大。通常，温差变化、降雪、降雨等因素既可单独地又可综合地对锥坡土体产生影响。季节性降雨、突然的暴雨和坡面上的冰的融化会引起地下水位的变化，附加的水压力会引起锥坡土体的破坏。在寒冷地区，已充水的裂缝，水结成冰的膨胀力会对土体的稳定性产生影响。

④风化作用与植被覆盖情况的影响。风化作用可使土体的裂缝增大，强度降低，影响锥坡的形状和坡度，使雨水易于侵入，改变地下水的动态。植物根系可吸收部分地下水，有助于保持坡体的干燥，增加坡体的稳定性。但有时大的根系也可能引起坡体局部崩塌。

⑤人为因素。人为因素是外部因素中非常重要的一个方面，它主要包括管理决策部门和工程建设业主对工程锥坡认识不够深入，设计和治理不太合理；建设单位在锥坡施工中监控管理不到位，不够重视；施工单位为了工期和经济利益，未按设计和规范进行施工等。这些人为因素对土体稳定性都会产生一定的影响。锥坡土体防护措施在工程中，锥坡因其特殊的部位和结构形态，其土体的防护效果不仅影响自身的稳定性，还影响工程路线的美观。锥坡防护作为整个路基边坡防护中较薄弱的一环，应引起重视。因受内部因素和外部因素的影响，锥坡土体常常出现上面介绍的失稳破坏现象，这就需要对土体采取相应的防护措施。锥坡不像路基边坡那样路线长，防护方法复杂。

3)锥护坡防护措施

锥坡防护其主要是针对土体坡面来防护，具体可分为植被防护、工程防护、综合防护。

①植被防护，如种草、植草皮。

②工程防护，如片石护坡、预制混凝土块防护。

③综合防护，如植被防护和工程防护相结合，或者新型的防护方法。

2. 锥护坡浆砌片石施工

(1)施工前准备工作

①各种原材料均取样进行各种试验，进行混凝土、砂浆试配，配合比已完成审批。

笔记栏

②施工前，锥、护坡坡面进行刷坡，修整后坡面必须符合设计要求。

③施工前，由测量组进行施工放样，用白灰撒出基础轮廓线。

（2）锥护坡浆砌片石施工

锥、护坡施工工艺流程

施工放样→修整坡面→挖基础→备料→浆砌片石基础→坡面砂砾垫层→浆砌片石锥、护坡坡面（浆砌六棱块）→勾缝→养生，如图 4.12 所示。

施工准备 → 坡面修整 → 测量放样 → 基础开挖 → 反滤土工布施工 → 基础、坡面浆砌片石施工（← 材料配备）→ 勾缝 → 养护

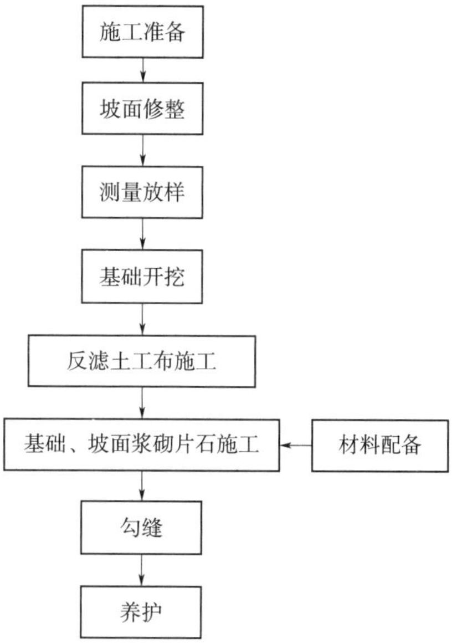

图 4.12　浆砌片石施工工艺流程

（3）锥护坡施工

①施工前由测量组进行施工放样，根据坡顶和坡角线由人工配合小型挖掘机修整坡面，修整后坡面符合设计要求坡度。

②由测量组进行锥、护坡基础放样，人工开挖基础基槽，基础无松散土渣，经质检员自检、监理工程师检查验收均符合图纸要求尺寸后，方可进行砌筑。

③运输车从石料厂运输片石至施工现场（从预制场运输六棱块等预制块），片石强度不低于 30 kPa，预制块强度符合设计要求。

④拌和站按照批复的配合比，调整成施工配合比，进行水泥砂浆拌和，混凝土运输车运送至施工现场，按要求拌和 M10 水泥砂浆，砂浆拌和要均匀。

⑤片石砌筑前必须浇水湿润，表面如有湿土、水锈，应清洗干净；砌筑基础的第一层时，可直接座浆砌筑。砌筑顺序自下而上，分层进行。每隔 70～120 cm 为一层，大致找平一次，一次砌筑不得超过 1.2 m。大面积浆砌坡面时，要留泄水孔，泄水孔要里高外低，以利排水。每 2 m 左右间距，用 50 mm 圆棒插入砌体，初凝时拔出，内壁处做过滤层。片石要在砌筑前修好，不准在已经砌好的砌体上敲打；砌筑前先将片石湿润，以免吸收砂浆中水分。不得使片石无砂浆直接接触，禁止干填石料后灌砂浆办法。砌筑顺序是先角石，再镶面后填腹；填腹石的分层高度与镶面石相同。较大的砌块使用于下层，安砌时选取形状及尺寸较为合适的砌块，尖锐突出部分应敲除；竖缝较宽时，应在砂浆中塞以小石块，不得在石块下面用高于砂浆砌缝的小石片支垫。

⑥铺砌层的砂砾垫层材料，粒径不小于 50 mm，含泥量不超过 5%，含砂量不超过 40%。铺设砂砾垫层前，应将坡面拍打平整密实，厚度均匀。垫层与铺砌层配合铺砌，随铺随砌。

⑦浆砌预制六棱块时严格控制平面位置和高度；砌缝应横平竖直；砌缝宽度不大于 10 mm；砌体表面要整齐美观。

⑧浆砌片石砌体勾缝采用凸缝或平缝，浆砌预制六棱块采用凹缝；勾缝砂浆强度不低于砌体砂浆强度；勾缝要嵌入砌缝内约 20 mm 深，缝槽深度不足

笔记栏

时，应凿够深度后再勾缝。

定位砌块表面砌缝宽度不超过 4 cm。砌体表面与三块相邻石料相切的内切圆直径不得大于 7 cm，两层间的错缝不得小于 8 cm，如图 4.13 所示。

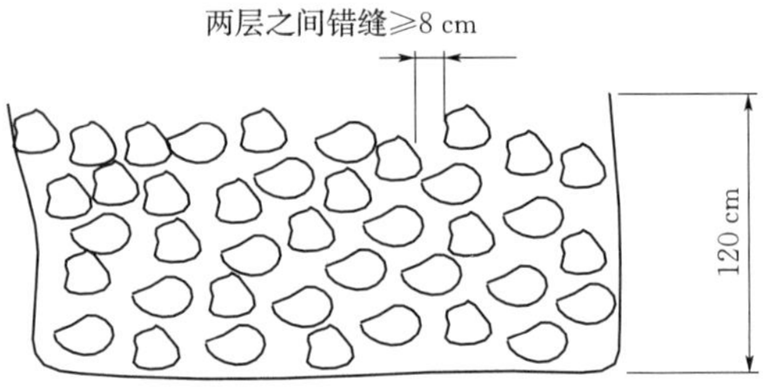

图 4.13 镶面片石错缝

填腹部分的砌缝宜减小，在较宽的砌缝中可用小石块塞填。块石砌筑可按同一厚度分层，但每砌筑成 70～120 cm 的高度后找平一次。段内和两端相接处的竖向错缝不得小于 8 cm，如图 4.14 所示。

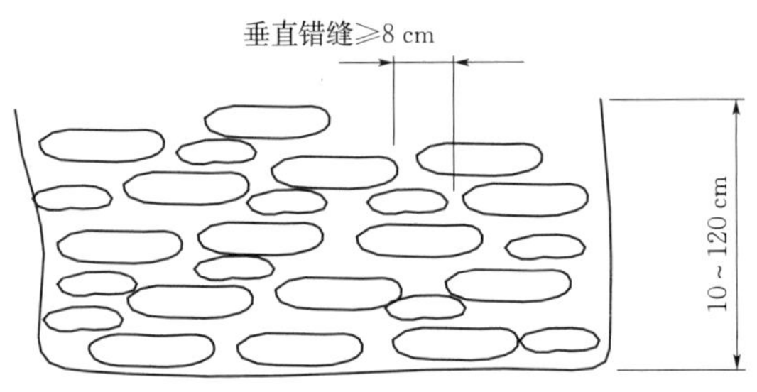

图 4.14 砌筑块石垂直错缝

用块石填腹时，水平砌缝宽度不得大于 3 cm，竖向砌缝不得大于 4 cm。填腹石的砌缝彼此错开。镶面石用一顺一丁或两顺一丁方式砌筑，砌缝宽度不得大于 3 cm。

⑨浆砌砌体应在砂浆初凝后，洒水覆盖养生 7～14 d，养护期间应避免碰撞、振动或承重。

3. 锥、护坡施工质量要求

锥、护坡施工需满足如下质量要求：

石料的质量和规格符合设计要求，片石强度不低于 30 MPa，预制六棱块不低于 20 MPa。砂浆所用的水泥、砂、水的质量符合规范要求，按规定的配合比施工。砂浆抗压强度同等级试件的平均强度不低于设计强度等级，任意一组试件最低值不低于设计等级的 75%。

锥、护坡基础的埋置深度符合设计要求。

锥、护坡填料密实度达到设计要求，对坡面刷坡整平后方可铺砌。

浆砌砌体咬扣紧密，嵌缝饱满密实。砌缝宽度片石 40～70 mm、预制六棱块不大于 10 mm。

砂砾垫层铺设前将表面拍打平整密实，厚度不小于设计，宽度不小于设计。垫层与铺砌层配合铺砌，随铺随砌。

浆砌片石基础位置及外形尺寸允许偏差见表 4.33。

笔记栏

表 4.33　浆砌片石基础位置及外形尺寸允许偏差

项　　目	允许偏差(mm)
轴线偏位	25
平面尺寸	±50
顶面高程	±30
基底高程(土质)	±50

锥、护坡砌筑允许偏差见表 4.34。

表 4.34　锥、护坡砌筑允许偏差

检查项目	规定值或允许偏差	检查方法和频率
顶面高程(mm)	±50	水准仪:每 50 m 检查 3 点,不足 50 m 时至少 2 点
表面平整度(mm)	30	2 m 直尺:锥坡检查 3 处,护坡每 50 m 检查 3 处
坡度	不陡于设计	坡度尺量:每 50 m 量 3 处
厚度(mm)	不小于设计	尺量:每 100 m 检查 3 处
底面高程(mm)	±50	水准仪:每 50 m 检查 3 点

勾缝坚固、整齐,深度和型式符合要求,勾缝平顺,无脱落现象。初凝后洒水覆盖养生,养生期不小于 7 d,养生期间避免碰撞、振动或承重。

砌体表面平整,无垂直通缝。

【思考与练习】

1. 说明浆砌片石作业施工工艺流程。
2. 浆砌片石作业时浆砌作业面有哪些具体要求?
3. 锥、护坡施工质量有哪些具体要求?

笔记栏

项目5 隧道结构检查作业

【项目描述】

高速铁路隧道病害分类比较多，隧道病害主要包括衬砌结构冻害、衬砌裂损、渗漏水、衬砌材料劣化等形式；受制于地震、地质结构异化及雨水、山洪、泥石流等自然环境影响造成的路基翻浆、围岩混凝土剥落、洞门错茬错缝、隧道断面形变等危害。由于隧道病害具有发展性，会随着时间推移造成病害的加重。隧道病害伴随着隧道运营产生，随着时间推移，病害中的一些裂缝的深度、长度、宽度在多种因素作用下可能增加，最终将导致较为严重的结构性危害。所以在治理隧道病害过程中，应加强日常监测和养护工作。

本项目在分析高速铁路隧道典型病害及成因基础上，对隧道衬砌、排水系统、防灾疏散救援设备、隧道竖井、隧道进出口山体进行检查作业。使学生了解并掌握高速铁路隧道的典型病害及相应病害的检查方法。

【学习目标】

1. 知识目标

(1)掌握隧道衬砌脱空、开裂等病害检查作业；

(2)掌握隧道口山体危岩落石检查作业；

(3)掌握隧道排水系统堵塞、结晶等病害检查作业；

(4)掌握隧道防灾疏散救援设备检查作业。

2. 能力目标

(1)具备隧道衬砌、排水系统、防灾疏散救援设备、隧道竖井等结构病害检查的能力；

(2)具备隧道病害检查仪器、设备使用的能力；

(3)具备在现有知识、技能基础上不断获取新知识、新技能的能力。

3. 素质目标

(1)培养学生不惧艰险、不畏劳苦的个人品质；

(2)拓宽学科视野，激发创新潜力，培养具有突破精神的隧道养护人才；

(3)提升学生的家国情怀和社会责任感。

【案例导入】

霞浦隧道位于福建省霞浦县境内，隧道全长达 13 099 m，是杭深线上最长的隧道，每天从霞浦隧道通行的动车组近百列。福州工务段福州南路桥车间霞浦路桥养修工区工长带领 20 余名作业人员手持检查锤和钢钎，在 7 m 多高的

笔记栏

作业平台上不断敲击隧道衬砌，检查衬砌病害。衬砌是支持和维护隧道稳定的重要结构。受温度、湿度、风化及混凝土收缩应力等影响，时间一长，衬砌会发生裂损、渗漏水等病害，如果不及时处理，有可能危及铁路行车安全。隧道敲击作业不但考验听力，更考验体力和耐力。敲击作业完成后，职工们还要在整治后的位置喷上显眼的油漆，为随后的修补工作留下记号(图5.1)。

福州工务段在隧道排查整治工作中，以“全面研判隧道安全隐患，消除轨道板上拱、拱顶衬砌空洞、严重渗漏水”等6类重大病害为目标，开展隧道重大病害整治工程，已完成杭深线、昌福线、峰福线等共计107.5座、173.095 km隧道的敲击检查，完成隧道排查97.5%。用实际行动凝聚起“守底线、补缺陷、除隐患、防风险”安全专项整治行动的强大合力，确保高速铁路和旅客列车绝对安全。

为确保高速铁路铁路隧道的正常使用和安全运营，需对高速铁路隧道按照《高速铁路桥隧建筑物修理规则(试行)》(TG/GW 114—2011)进行如下检查作业：

(1)高速铁路隧道设备检查；

(2)隧道衬砌敲击检查；

(3)隧道边仰坡检查；

(4)隧道辅助坑道检查；

(5)隧道防灾疏散救援设备检查。

图5.1　隧道衬砌检查作业

任务5.1　高速铁路隧道设备检查作业

【任务导入】

壁板坡隧道全长14 756 m，是沪昆高铁第一长隧道，采用“进口合修，出口分修”的方式，其中合修段长1 361 m、分修段长13 395 m。为确保列车安全穿越隧道，贵阳高铁工务段盘州桥隧检查工区对隧道进行了预防性检查，观察拱顶是否有漏水和裂纹，根据混凝土表面颜色变化、光滑、平整度，判断隧道是否有空响、孔洞、裂缝、剥落等设备病害问题。

笔记栏

【问题引导】

问题 1:高速铁路隧道内的主要结构有哪些?

问题 2:高速铁路隧道内常见的病害有哪些?

【工作实施】

1. 请描述表 5.1 中主要试验仪具与设备的用途。

表 5.1 主要试验仪具与设备

仪器及辅助工具	用　　途

2. 请完成表 5.2 中高速铁路隧道检查作业程序与质量标准。

表 5.2 高速铁路隧道检查作业程序与质量标准

项目名称	作业程序与质量标准
作业前	作业前要求:

笔记栏

续上表

项目名称	作业程序与质量标准	
作业中	(1)衬砌设备检查:	
	(2)排水设施检查:	
	(3)隧道疏散通道及防护门(格栅门)检查:	
	(4)隧道附属设施检查:	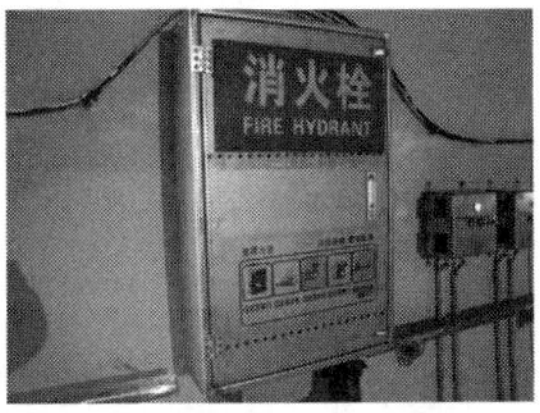
作业后	总结:	

【评价反馈】

教师对学生工作过程与工作结果进行评价,并将评价结果填入表5.3教师综合评价表当中。

笔记栏

表 5.3 教师综合评价表

班级：		姓名：	学号：	
任务 5.1		高速铁路隧道检查作业		
评价项目		评价标准	分值	得分
考勤(10%)		无无故迟到、早退、旷课现象	10	
工作过程(60%)	在表 5.1 中描述仪器及辅助工具用途	能准确描述主要试验仪具与设备的用途	20	
	在表 5.2 中完成高速铁路隧道检查作业程序与质量标准	能准确填写作业前、作业中、作业后各作业程序的质量标准	40	
	协调能力	与小组成员、同学之间能合作交流，协调工作	10	
项目成果(30%)	工作完整	能按时完成任务	5	
	工作规范	能按规范步骤进行操作	5	
	工作报告	能准确掌握高速铁路隧道检查作业的要点	10	
合 计			100	
综合评价	自评(20%)	小组评价(30%)	教师评价(50%)	综合得分

【相关知识】

1. 高速铁路隧道主体建筑物

隧道的主体建筑物是为了保持隧道的稳定、保证列车的安全运行而修筑的，它由洞身衬砌和洞门组成。在洞口容易坍塌或有落石危险时则需要加筑明洞。

(1)洞身衬砌

《铁路隧道设计规范》(TB 10003—2016)规定，隧道应设衬砌。衬砌结构的型式和尺寸，可根据围岩级别、工程地质及水文地质条件、埋置深度、环保要求、结构工作特点，结合施工条件等，通过工程类比和结构计算确定，必要时，还应经过试验论证。

(2)洞身衬砌结构类型

洞身衬砌结构包含复合式衬砌、喷锚衬砌及明洞衬砌三种类型。

①复合式衬砌

复合式衬砌是矿山法施工隧道的基本结构形式，由内外两层衬砌组合而成，第一层衬砌用喷锚作初期支护，第二层用模筑混凝土作二次衬砌，两层间可根据需要设置防水层。复合式衬砌可用于各级围岩，一般情况下宜设置仰拱，仰拱厚度应大于拱部厚度，Ⅲ～Ⅵ级围岩段仰拱宜采用钢筋混凝土结构，如图 5.2 所示。

②喷锚衬砌

喷锚衬砌是指以喷锚支护作永久衬砌的通称，包括喷混凝土衬砌、锚杆喷

笔记栏

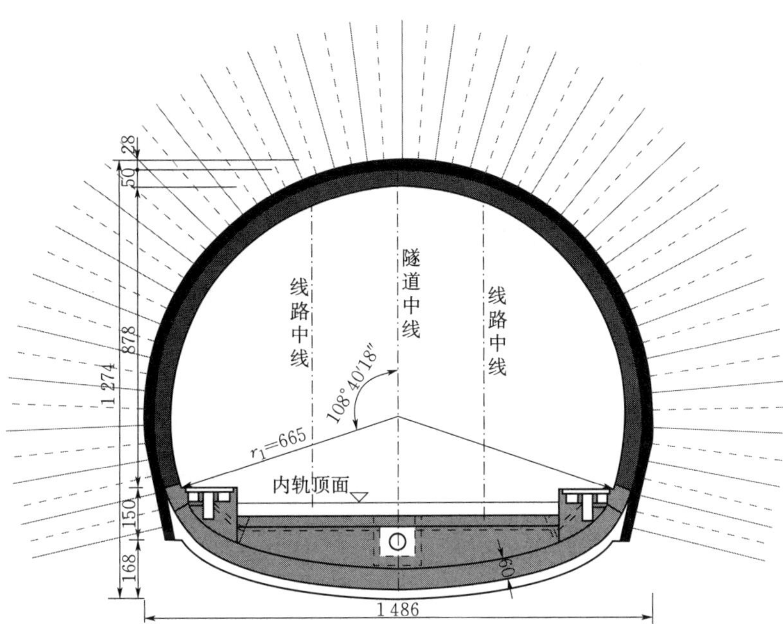

图 5.2　350 km/h 双线Ⅳ级围岩铁路隧道衬砌结构断面(单位:mm)

混凝土衬砌,必要时可采用钢纤维喷混凝土或配合使用钢筋网、钢架等,喷锚衬砌可用于辅助坑道及一些短隧道。

③明洞衬砌

当隧道洞顶覆盖层薄,难以用暗挖法修建隧道时,可采用明挖法修建明洞。明洞衬砌采用模筑混凝土衬砌,外贴防水层,并回填土石加以掩盖和防护。

(3)洞门类型

高速铁路隧道严格重视洞口位置的选择,严格贯穿隧道"早进晚出"的原则,避免洞口边仰坡的大范围刷坡和对原有地貌、植被的过多破坏,最大限度地降低施工对洞口山体的扰动和塌方、落石的危害,保持洞口山体稳定和环境保护,并于周边环境协调。当两座隧道洞口距离小于 30 m 时,一般采用明洞形式将两座隧道连接。

与铁路传统的端墙、翼墙挡土式洞门结构不同,高速铁路隧道大量采用了斜切式和帽檐式新型洞门结构(图 1.52)。隧道洞口边坡、仰坡采用现浇混凝土骨架防护,并植草绿化。当洞口上有危岩落石时,除接长明洞外,采取稳妥的斜坡防护措施,必要时增加主、被动防护网。洞口上方有公路跨越时,公路设置防护栏杆,防止异物侵入铁路限界。

高速列车通过隧道时,在隧道出口产生微气压波,发出强烈爆破音,产生噪声污染,影响洞口环境以及人员身体健康。为减缓高速列车通过隧道产生的空气动力学效应,当洞口附近有建筑物或特殊环境要求时,宜设置洞口缓冲结构。洞口缓冲结构的设置,应根据列车型号及编组长度、隧道长度及净空有效面积、轨道类型、结合洞口附近地形、居民情况和环境保护要求,宜采用与隧道衬砌内轮廓相似的开孔减压式钢筋混凝土结构,也可采用其他结构形式(图 5.3)。

笔记栏

（a）顶部开孔式

（b）侧面开窗式

图 5.3　典型缓冲结构形式

除了洞门结构的基本类型和防排水设计外，洞门的铭牌设置原则也应该引起重视。隧道的铭牌和号标记载着隧道的名称、编号、长度和工程的竣工时间，是整个隧道洞口最后画龙点睛之处。隧道的铭牌应根据洞口的尺寸来确定其尺寸，以达到铭牌与洞门的和谐统一。铭牌安放的位置可以在隧道洞口坡面上，也可以作成碑或牌立于洞口的一侧，也可以因地制宜刻于洞口附近的岩壁或直接镶嵌于洞口衬砌上。总之，在保证铭牌坚固耐久的条件下，应尽可能做到美观和协调。隧道标识设计尺寸应是统一的。对于切削式洞门标识最好镶嵌于洞口段衬砌内侧。

2. 铁路隧道附属建筑物

铁路隧道附属建筑物主要包含防排水系统、沟槽、设备洞室、救援疏散通道、隧道照明等设施。

(1)防排水系统

当采用钢筋混凝土底板时，管座以上(不低于管中心高度)中心水管布设梅花形泄水孔。当采用中心水管时，必须设置检查井。检查井顶面不应高出衬砌底板和仰拱填充混凝土顶面，间距不应大于 50 m；检查井纵、横向宽度均不应小于 1.0 m；轨顶与检查井底高差不应小于 1.55 m，检查井底部沉沙池高度不小于 20 cm。检查井不应设置在施工缝、变形缝处，距衬砌变化断面不应小于 1.0 m。检查井应采用钢筋混凝土结构，并设爬梯。无砟轨道的检查井应采用厚度不小于 30 mm 的铸钢镂空盖板；有砟轨道的检查井宜采用钢筋混凝土盖板，厚度不小于 10 cm，或采用活性粉末混凝土(RPC)，厚度不小于 5 cm。盖板应有足够的强度和刚度，安放稳固，避免盖板变形、漏砟、振动等影响道床的稳定性，并在隧道边墙设置永久性明显标志。

寒冷及严寒地区，冬季有水的隧道，水沟应符合以下要求：

①当最冷月平均温度在 −15～−10 ℃时，应设双侧保温水沟和中心保温水沟(管)；

②当最冷月平均温度在 −20～−15 ℃时，应设中心深埋水沟；

③当最冷月平均温度低于 −20 ℃时，应设防寒泄水洞；

④配套排水设施应防寒。

独立明洞洞身应设纵向排水沟和横向排水坡，隧道洞口接长明洞、排水沟应与隧道洞身设置相同。

笔记栏

隧道内排水沟坡度宜与线路坡度一致。在隧道中的分坡平段范围内和车站内的隧道，排水沟沟底排水坡度不应小于1‰，横向排水坡不应小于2%。

排水型隧道环、纵向排水盲管设置在初期支护与防水板之间；防水型隧道环、纵向排水盲管设置在防水板与二次衬砌之间。环向设置直径不小于5 cm的排水盲管，间距一般在5～10 m；在仰拱与拱墙施工缝高度、无仰拱衬砌的边墙基础距侧沟底30 cm左右高度，两侧对称设置直径不小于8 cm的纵向排水盲管。

排水型、防水型隧道纵向盲管分段长度分别不应大于15 m和30 m，并直接与侧沟连通，盲沟上部设高度不小于30 cm、厚度在10～15 cm、碎石粒径10～30 mm的无砂混凝土反滤层；环向盲管通过泄水管与侧沟相连，泄水管直径不应小于10 cm。

(2)沟槽

当铁路通信、信号电缆通过隧道时，为了避免电缆被毁坏、腐蚀，以保证通信、信号工作的安全，应在隧道内设置电缆槽。通信、信号电缆可设在同一电缆槽内，通信、信号电缆应和电力电缆分槽敷设。

沟槽应设盖板，盖板应平整，铺设稳固。电缆槽盖板顶面应与洞室底面或道床面平齐，当电缆槽与水沟并行时，应与水沟盖板平齐；设有疏散通道的隧道侧沟与电缆槽盖板应与疏散通道平齐。

当隧道长度大于500 m时，为便于电缆维修，应在洞内设置余长电缆腔。余长电缆腔应沿隧道量测交错布置，并应与专用洞室或电缆槽设于同侧的大避车洞结合设置；每侧间距宜为500 m，设大避车洞时，每侧间距可为420 m或600 m。长度为500～1 000 m的隧道，可只在其中设置一处。

(3)设备洞室

长度大于500 m的隧道，应在洞内设置余长电缆腔，并应与专用洞室结合设置。余长电缆腔沿隧道两侧交错布置，每侧间距宜为500 m。长度500～1 000 m的隧道，可只在其中部设置一处。

(4)救援疏散通道

隧道内应设置贯通的救援通道。单线隧道单侧设置，双线隧道双侧设置，救援通道距线路中线不应小于2.3 m。隧道救援通道的宽度不宜小于1.5 m，高度不应小于2.2 m。隧道救援通道走行面不应低于轨面，走行面应平整、铺设稳固，并与相邻沟槽板顶面平齐。

隧道内紧急救援站长度应在450～500 m；紧急救援站内站台宽度宜为2.3 m，疏散横通道间距不宜大于50 m，横通道内应设有两道密闭防护门、通行宽度不应小于3.4 m。避难所设置在救援通道的疏散出口通道内。

救援通道的疏散出口通道宽度不应小于3.0 m，高度不应小于2.2 m，纵坡不宜大于12%。汽车可驶入的疏散出口通道，车道净宽不小于5.1 m，局部设置错车道的地方净宽不小于7.35 m。长大隧道，可以利用施工横通道、平行导坑、斜井等辅助坑道作为救援通道的疏散出口通道。

疏散出口通道的出口处应设置疏散场地，面积不小于200 m^2，并用隔离栅

笔记栏

栏围闭，栅栏出口应与地面道路接驳，设置在铁路征地红线范围内。

疏散出口通道由初期支护、防水板、二次衬砌、底板、洞门等组成，应设置路面、排水设施、通风设施、照明、安全门、疏散指示标识等。

(5)隧道照明

长度 500 m 以上的隧道应设置作业照明设施，长度 5 km 及以上的隧道还应设置应急照明。长隧道及特长隧道应结合辅助坑道情况设置紧急出口，紧急出口上方应设标示牌和应急照明设施。紧急出口通道的设置应符合相关规定。

3. 隧道检查项目

高速铁路隧道根据病害出现的位置，其检查主要从隧道衬砌，新型洞门、洞口缓冲结构，防排水设施，长大隧道救援通道等方面开展。

(1)检查隧道衬砌

检查衬砌是否有裂缝、风化、腐蚀、压溃、剥落，造成混凝土块有脱落现象；检查隧道衬砌修补、施工缝、变形缝，是否有掉块现象；衬砌背后是否存在着空洞现象；衬砌表面是否有空响现象。

(2)检查新型洞门、洞口缓冲结构

洞门、洞口缓冲结构混凝土裂缝是否超过限值；洞门、洞口缓冲结构混凝是否有掉块、脱落的可能；洞口边仰坡是否有崩塌落石、滑坡；边坡防护设施是否有损坏现象。

(3)检查防排水设施

道床与水沟边墙交界处、中心水沟部位是否裂缝、变形、错台等情况；隧道内排水设施、出入口的天沟、吊沟、截水沟是否排水顺畅和有淤积等现象；洞顶防排水设施是否损坏，是否有泄水漏斗现象；沟槽盖板是否损坏、缺少、翘动有大缝隙等现象；检查隧道上方是否塌陷造成隧道上方积水情况；冬季检查隧道防排水设施是否有结冰现象。

(4)长大隧道救援通道

长大隧道救援通道衬是否有裂缝、风化、腐蚀、压溃、剥落、掉块、漏水、涌水、结冰等现象；长大隧道救援通道门锁是否有损坏、缺失等现象。

4. 隧道常见病害种类和成因分析

隧道是铁路线路穿越山岭的主要措施，在运营中常常会出现对隧道安全运营有重要影响和威胁的病害。隧道病害根据成因的不同，包括水害、衬砌裂损、衬砌腐蚀、隧道冻害等多种。

1)隧道衬砌病害

隧道衬砌病害主要有衬砌厚度不足、强度不足，衬砌背后脱空，衬砌混凝土裂纹裂缝、渗漏水等。产生病害的原因分析如下：

(1)衬砌厚度不足

其产生原因有：①岩体开挖不到位、欠挖，初期支护施作后侵占二次衬砌设计限界，造成衬砌预留厚度不足；②衬砌台车定位不准确；③混凝土浇筑过程中监测不到位，混凝土土方量计算不准确；④衬砌拱顶带模注浆不到位或未进行拱顶注浆，衬砌与防水板之间存在空隙或空间，造成厚度不足。

笔记栏

(2)衬砌混凝土强度不足

其产生原因有:①原材料质量、混凝土配合比设计及拌和站搅拌计量器具误差偏大等;②混凝土罐车罐体内部积水未排干净;③浇筑前私自加水;④未严格落实逐层分窗浇筑工艺,下料过高,振捣不到位;⑤养护不及时、范围不够、频次不足,冬期施工脱模过早,不采取保温措施等。

(3)衬砌背后脱空

其产生原因有:①开挖光爆效果差,初期支护喷射混凝土平整度差,造成防水板铺挂后背后空鼓;②防水板铺设挂点不足,松弛度不够、局部紧绷或褶皱,造成防水板与初期支护面之间形成空隙、空腔;③衬砌台车挡头模板封堵不严,浇筑时漏浆以及止水带加固不牢,造成的局部脱空;④未严格使用溢浆管形成拱部空气囊或补方不及时,混凝土初凝导致不能正常泵送冲顶;⑤衬砌拱顶带模注浆孔堵塞、注浆材料性能差、注浆工序操作不当,未能良好的填补混凝土自然下沉、收缩形成的脱空。

(4)衬砌混凝土裂纹、裂缝

其产生原因有:①隧道洞身偏压、高地应力等围岩原因,造成围岩变形过大,衬砌混凝土不均匀受力,造成局部开裂;②隧道收敛变形还未稳定即进行衬砌混凝土施工;③钢筋间距、保护层过大;④衬砌台车脱模过早,混凝土提前承受自重和围岩应力;⑤灌注过快,混合料分散不均匀,振捣不充分,拌和时间过长;⑥使用条件和环境因素,如化学腐蚀环境、内外温差环境;⑦水泥的水化热发生热胀开裂、水泥异常凝结发生不规则开裂、下沉开裂;⑧混凝土养护不到位。

(5)衬砌渗漏水

其产生原因有:①地质条件复杂,岩溶发育,水压较大;②防水材料性能不足,施作不规范、破损等;③未结合实际地下水情况加强防排水措施或排水系统堵塞等;④衬砌混凝土抗渗性不达标或自身存在质量缺陷,如开裂、孔洞、蜂窝等,形成渗漏水通道;⑤现阶段的设计能力和施工工艺达不到要求。

2)隧道水害

隧道水害是指在隧道修建和运营过程遇到的水的干扰和危害,是最常见的隧道病害。主要指围岩的地下水和地表水以渗漏或涌出的形式进入隧道内造成的危害。隧道渗漏水对隧道稳定、洞内设施、行车安全、地面建筑和隧道周围环境产生诸多不良影响,降低使用寿命,威胁运营安全。轻则造成洞内空气潮湿,影响施工人员身体健康,机械设备锈蚀,绝缘设备失效,电路短路,漏电伤人;重则导致人员伤害,冲毁洞内机械设备,形成塌方,淹没工作面,中断施工,造成重大经济损失。造成水害的原因主要有以下几个方面:

(1)隧道开挖对地下水的影响

①隧道开挖会引起围岩应力的释放和重分布,改变围岩的力学特性及水的径流路线,造成四周的水向隧道内汇集和积聚,使隧道处于地下水的包围中,给隧道渗漏水创造了条件;②隧道四周地下水渗流场的改变,进一步引起应力场的不断调整,可能引起的局部应力集中、地层不均匀沉降或滑移面活动都将对隧道结构造成破坏,使得衬砌结构出现裂缝等,形成渗漏水通道,产生渗漏水;

③隧道开挖可能引起的古滑坡复活或新滑坡、或矿产采空区失稳、或大的塌方、或大量失水后的地面沉陷以及地震或人为诱发地震等都会破坏隧道衬砌结构，引起隧道渗漏水病害。

(2)混凝土施工中产生的渗漏水通道

①混凝土浇筑时水灰比过大，形成开放性毛细泌水管路。②混凝土拌和物和易性不佳、混凝土质地不够均匀、水泥浆未能与骨料表面很好黏结、未能很好灌满捣实产生疏松层或留下各种外形的缝隙与孔洞，形成透水缝隙。③衬砌混凝土材料中有杂物，腐烂后形成缝隙或孔洞。在两环混凝土接缝部位，由于挡头板未拆除干净，腐烂后形成缝隙而漏水。④“三缝”处理不当，产生漏水缝隙。⑤防水板安装不规范，未处理好防水板的接缝和破损部位，导致渗水，排水管路堵塞。

3)隧道冻害

隧道冻害是寒冷地区的隧道内水流和围岩积水冻结，引起的影响隧道安全运营和附属物正常使用的各种危害。隧道冻害会导致衬砌冻裂开胀，甚至疏松剥落，造成隧道衬砌结构的失稳破坏，降低衬砌结构的安全可靠性，严重影响运输安全。常见的隧道冻害种类有：隧道拱部挂冰、边墙结冰、洞内网线设备挂冰、围岩冻胀、衬砌胀裂、隧底冰锥、水沟冰塞、线路冻起等。冻害形成的主要原因有：寒冷气温的作用；季节冻结圈的形成；隧道在设计和施工时，对防冻问题没有考虑或考虑不周，造成衬砌防水能力不足；洞内排水设施埋深不够、治水措施不当，都会造成和加重运营阶段隧道的冻害。

【思考与练习】

单选题

1. 隧道限界的检查方法常用的是(　　)和摄影法。

A. 经纬仪法　　B. 水准仪法

C. 横断面法　　D. 目视法

2. 铁路直线隧道基本建筑限界高度为(　　)。

A. 5 500 mm　　B. 5 050 mm

C. 5 000 mm　　D. 6 000 mm

3. 根据运营经验，排水沟底部或疏水盲沟中心深度应在隧道铺底或仰拱底面以下至少(　　)。

A. 0.2 m　　B. 0.3 m　　C. 0.4 m　　D. 0.5 m

4. 土质隧道及松散破碎岩层不宜采用(　　)防止拱顶渗漏。

A. 外贴防水层　　B. 钻孔排水

C. 喷浆　　D. 环氧树脂砂浆抹面

5. 当隧道衬砌总腐蚀厚度小于 10 cm 时，宜采用(　　)进行修补。

A. 抹补法　　B. 补筑法

C. 喷补法　　D. 镶补法

笔记栏

任务 5.2 隧道衬砌敲击检查作业

【任务导入】

某高速铁路基础设施段高速铁路综合维修车间组织隧道工区对辖区内隧道进行衬砌敲击检查作业，发现某隧道拱部衬砌出现空洞，空洞区域在隧道内前后 5 m 左右，呈零散分布，立即组织相关作业人员进行修复，排除衬砌剥落掉块隐患，保障行车安全。

【问题引导】

问题 1：高速铁路隧道衬砌常见的病害有哪些？

____

____

____

问题 2：如何进行隧道衬砌的病害检查呢？

____

____

____

【工作实施】

1. 请描述表 5.4 中主要试验仪具与设备的用途。

表 5.4 主要试验仪具与设备

仪器及辅助工具	用　　途

笔记栏

2. 请完成表 5.5 中高速铁路隧道衬砌敲击检查作业程序与质量标准。

表 5.5 高速铁路隧道衬砌敲击检查作业程序与质量标准

<table>
<tr><td>项目名称</td><td colspan="2">作业程序与质量标准</td></tr>
<tr><td>作业前</td><td colspan="2">作业前要求：</td></tr>
<tr><td rowspan="5">作业中</td><td>(1)操作轨道车平台：</td><td></td></tr>
<tr><td>(2)按要求操作轨道平台：</td><td></td></tr>
<tr><td>(3)敲击查找隧道病害：</td><td></td></tr>
<tr><td>(4)降落平台，指挥轨道车继续运行：</td><td></td></tr>
<tr><td>(5)清理杂物并检查复核：</td><td></td></tr>
</table>

笔记栏

续上表

项目名称	作业程序与质量标准	
作业中	(6)将平台复位，撤除地线：	
作业后	总结：	

【评价反馈】

教师对学生工作过程与工作结果进行评价，并将评价结果填入表5.6教师综合评价表当中。

表5.6　教师综合评价表

班级：		姓名：		学号：	
任务5.2		隧道衬砌敲击检查作业			
评价项目		评价标准		分值	得分
考勤(10%)		无无故迟到、早退、旷课现象		10	
工作过程(60%)	在表5.4中描述仪器及辅助工具用途	能准确描述主要试验仪具与设备的用途		20	
	在表5.5中完成高速铁路隧道衬砌敲击检查作业程序与质量标准	能准确填写作业前、作业中、作业后各作业程序的质量标准		40	
	协调能力	与小组成员、同学之间能合作交流，协调工作		10	
项目成果(30%)	工作完整	能按时完成任务		5	
	工作规范	能按规范步骤进行操作		5	
	工作报告	能准确掌握高速铁路隧道衬砌敲击检查作业的要点		10	
合　计				100	
综合评价	自评(20%)	小组评价(30%)	教师评价(50%)	综合得分	

笔记栏

【相关知识】

1. 隧道衬砌常见的病害

隧道衬砌常见的病害主要为隧道渗漏水、衬砌周围积水。

1)隧道渗漏水

按照出水量的大小和形态,通常又细分为渗水、滴水、淌水、冒水(涌水)几种情况。

(1)渗水

发生渗水的部位可能在拱部,也可能在边墙。对应于渗水部位的围岩中,一般只含孔隙水或少量裂隙水,获得的补给很少,甚至完全没有补给水源。某些位于含水量较小的围岩中、具有复合衬砌的隧道,当初期支护和二次模筑衬砌间的防水板有细小破损时,也会出现渗水现象。

渗水给运营隧道带来的危害不大。如渗出的水含侵蚀性,将会腐蚀衬砌,但因水量很小,此种腐蚀也不会造成大的破坏。渗水给北方严寒地区隧道带来的危害要比南方大,因为除有类似于南方隧道的危害外,还有冬季的冻害问题。

(2)滴水

滴水一般发生在拱部。对应于滴水部位的围岩,多数富含裂隙水或孔隙水,并有补给水源。补给水源又分为地下水和地表水两种。同一滴水处所也可能同时具有两种补给水源。通常,有稳定地下水源补给的处所,其流量四季变化不大;而主要由地表水补给的处所,其流量会随地表水的季节性变化而变化,这就是同一滴水处,有时滴水、有时又滴水成线的原因。

隧道滴水的主要危害有:造成轮轨黏着力的降低,加速钢轨、扣件以及管线设备的锈蚀损坏;造成土质和软岩地基翻浆冒泥、硬岩地基碎石道床污染翻浆、整体道床松软层被软化或掏空挤出而产生下沉裂损病害,进而导致线路轨距、水平变形超限,影响行车安全;在电力牵引区段,隧道滴水往往造成器材绝缘性能降低,发生漏电或电感应现象,危及人身安全,甚至造成接触网短路、放电跳闸等事故;造成衬砌混凝土和砌筑砂浆腐蚀损坏;寒冷和严寒地区,拱部滴水会挂冰侵限,并使衬砌和线路发生冻害,影响行车安全。

(3)淌水

淌水一般发生在边墙部位。对应于淌水部位的围岩,均富含裂隙水或孔隙水,通常由岩溶或断裂带地下水补给。岩溶水的流量随季节变化,由它作水源的淌水,在降雨或融雪后水量会急剧增加;以断裂带地下水为水源的淌水,其水量视断层的性质、规模、补给等因素而定。淌水有流量相对稳定的,也有流量随静储量的流失而减少,以致少水或无水的。淌水给运营隧道带来的危害类似滴水而程度更大,但不会引起接触网短路、跳闸。

(4)冒水(涌水)

冒水可以发生于隧道各部位。视压力大小和补给水源的情况,冒水呈现的状态差异甚大,可以如喷瀑般地汹涌而出,也可是大股流、射水或散流如暴雨,再小一点像小股流、漫流或散流似大雨,最小也似拱部大片滴水成线或底部小股上冒如泉。

笔记栏

对应于衬砌冒水部位的围岩，多含承压水、岩溶暗河水或断层带水。全路有水隧道中属于涌水以上的只是极少数，其比例约占5%或更少。在隧道内出现涌水的同时，一般都会发生地表沉陷或地表水源枯竭等现象。

冒水给隧道造成的危害，除前三类漏水危害全有且程度更为严重外，还会引发新的灾害。如贵昆线梅花山隧道，临运中因降大雨后隧道内发生涌水，将已衬砌的边墙压裂，外鼓侵限。打孔放水时，水势凶猛，直射对面边墙，日流量达万吨，中断了行车。

2)衬砌周围积水

指运营隧道中地表水或地下水向隧道周围渗流汇集，如不能迅速排走，会引起的病害有：①水压较大时导致衬砌破裂；②围岩侵水软化，承载力降低，对衬砌压力加大，导致衬砌破裂；③膨胀性围岩体积膨胀，导致衬砌破裂；④寒冷地区引发冻胀病害。

3)水害的成因

隧道水害主要是由于不良的外部环境、结构自身缺陷及材料自身缺陷等原因导致。

(1)不良的外部环境

隧道穿过了下列含水地层：

①沙类或漂卵石类土层；②节理、裂隙发育的岩层；③石灰岩及白云岩一类可溶性岩层(当有充水溶槽、溶洞或暗河与隧道相连通时)；④浅埋隧道，地表水极易下渗、拥有众多裂隙和孔洞的第四系各类土层。

(2)结构自身缺陷

设计不足：

①忽视防排水设计。在防水设计前，对工程地质及水文地质情况了解得不够仔细，对衬砌周围地下水源，水量、流向及水质勘察不全，有时还缺乏反映防水材料性能的室内试验数据，致使衬砌混凝土抗渗等级过低和衬砌排水设施不完善，最终引发渗漏和积水。

②忽视防腐措施。设计前忽视了对环境水有无侵蚀性介质的测定，设计中对处于含有侵蚀性介质的环境水包围中的衬砌未作防腐设计，导致衬砌腐蚀破坏而漏水。

施工不良：

①骨料受污染。当混凝土内骨料不洁时，水泥浆难于与骨料表面很好黏结，水泥石本身的内聚力超过了与骨料的附着力，在骨料表面形成透水缝隙。

②集料有杂物。混凝土材料中混有杂物块体，腐烂后形成透水缝隙或集水空洞。

③衬砌后支承料未拆除在塌方或地层压力过大处，常存在支承木料未拆或未拆净的现象，腐烂后会在较大范围内形成过水通道或集水空间。

④拌和不良。拌和不良分为拌和不充分及拌和时间过长两类。拌和时间过短，水泥浆就很难充分裹覆于骨料颗粒表面，特别是潮湿结团的细骨料颗粒，从而留下渗漏水小空腔；拌和时间过长又容易产生离析和“泌水”现象，形成局部石子堆积、局部砂浆聚集的状态。局部石子堆积处极易出现蜂窝、麻面类渗漏水区域。

笔记栏

⑤水灰比控制不严。水灰比控制不严有水灰比过大和水灰比过小两种情况。水灰比过大则水泥水化后会剩余较多水分，它们蒸发后会给混凝土内部普遍带来细小孔洞，使之因疏松而渗漏；水灰比过小又会造成水泥水化不充分，骨料得不到很好胶结而引发渗漏。

⑥捣固不良。当施工单位缺少振捣设备、设备临时出现故障或负责捣固的人员责任心不强时，往往会出现捣固不足的情况。捣固不足容易造成局部混凝土不密实，留下蜂窝、麻面而引发衬砌渗漏。捣固不良的另一面是由于施工人员专业知识不足，而导致捣固过度。捣固过度会出现所谓"翻砂"现象，致使部分水泥浆与细骨料分离，造成混凝土局部疏松而引发渗漏。

⑦模板漏浆。浇筑混凝土时，如模板拼接不严密又未加堵塞，捣固过程中就极易导致部分水泥浆流失，从而造成蜂窝、麻面类漏水区域。

⑧砌体灰缝不实。石衬砌或混凝土预制块衬砌的灰缝不密实，会造成众多过水缝隙。

⑨衬砌后空洞。在一些坍方地段，因空间过大，施工单位为省工、抢进度，故意不填实而留下空洞。这些空洞不仅为地下水聚集准备了良好的场所，也极易引发其下部的衬砌出现渗漏。

⑩"三缝"处理不良。衬砌混凝土的"三缝"（施工缝、沉降缝、伸缩缝）未加处理或处理不当，产生接合不严的漏水缝隙。

(3)材料自身缺陷

混凝土是指以水泥为胶凝材料，以砂、石为骨料，通过水泥水化凝固成气、液、固三相并存的多孔性、非匀质性刚体材料。这种材料天生存在大量微裂缝。这是由于水泥水化后，多余水分因组成材料比重的不同会向上泌出，而在上泌的过程中，部分水分会沉积于阻挡它上泌的粗骨料颗粒和钢筋的底面，使该处水泥浆体的水灰比增大，以后这些多余水分逐渐蒸发，会形成粗大的连通毛细孔。在正常使用条件和正常荷载作用，这些薄弱的界面区最有可能形成大量微裂缝而引发渗漏。

2. 隧道衬砌敲击检查的方法

隧道衬砌敲击检查分作业前、作业中及作业后三个环节，敲击检查时需遵循各环节的要求。

(1)作业前

按规定召开作业协调会，作业主体部门负责编制一体化联合作业方案及作业车出乘工作票，检查安全带(绳)状态是否良好，其他工具无带病上道现象。

(2)作业中

①作业负责人同驻站核对天窗命令票，天窗命令发布后指挥轨道车运行至作业区段。

②供电人员在作业地点两端相应地点接挂地线，作业负责人与供电负责人核对停电命令。

③停电命令发布后，由经培训合格的人员操作轨道车平台，进行敲击作业。当使用大功率轨道车或接触网作业车平台作业时，由桥隧检测维修队负责搭接等位线。

笔记栏

④按照轨道车平台上作业人员4人，每侧2人分布，轨道车以不大于8 km/h的速度运行(特殊情况除外)，当需要对病害详细复核时，由平台上作业负责人同行车负责人联系停车，由平台操作手将平台升至病害处所。

⑤作业人员使用敲击棒对病害处所进行敲击检查，检查有无空响、裂缝有无松动，是否存在衬砌不稳定块等。敲击后对作业范围内的接触网设备进行检查，并对脏污绝缘子进行清扫。敲击过程中是否搭设梯子和采用电镐根据现场实际确定。

⑥病害检查(处理)完成后，由平台操作手将平台落下，平台下落完毕后由作业负责人通知行车指挥人指挥轨道车继续运行。

⑦线路上检查人员对敲击出的混凝土及杂物进行清理，对杂物处所全面清扫，并检查复核。

⑧作业完成后，由平台操作手将平台恢复原位，供电负责人通知现场接挂地线人员撤除地线，作业负责人指挥轨道车搭接线路相关作业人员。

(3)作业后

检查结束，由作业负责人检查现场，清点人员工具材料，确保现场无人员杂物后，组织撤离现场。

【思考与练习】

单选题

1. 新建时速300～350 km的高速铁路隧道衬砌不应采用(　　)。

A. 直墙式衬砌　　B. 复合式衬砌
C. 喷锚衬砌　　D. 曲墙式衬砌

2. 在隧道内处理松动衬砌、危石及翻修衬砌时，必须有(　　)的安全措施。

A. 预防塌落伤人　　B. 预防吸入粉尘
C. 预防触电　　D. 预防顶回信号

3. 锚喷混凝土(或钢筋混凝土)衬砌钢筋网与受喷面的空隙应不小于(　　)。

A. 1 cm　　B. 2 cm　　C. 3 cm　　D. 4 cm

4. 隧道衬砌腐蚀总深度超过原衬砌实有厚度的(　　)，其面积超过该段边墙或拱部表面积的60%以上时，宜将该段边墙或拱部进行翻修。

A. 1/2　　B. 2/3　　C. 3/4　　D. 4/5

5. 隧道衬砌腐蚀类型不包括(　　)。

A. 水蚀　　B. 火蚀　　C. 烟蚀　　D. 冻蚀

6. 隧道衬砌的检查，可使用(　　)方法。

A. 分格检查　　B. 分段检查
C. 分区检查　　D. 分孔检查

笔记栏

任务 5.3 隧道边仰坡检查作业

【任务导入】

攀岩走壁,搜山扫石,主汛期来临前,某高速铁路基础设施段高速铁路综合维修车间要对隧道口山体危岩落石、危树、岩溶陷穴、坡面溜坍、滑坡等进行"地毯式"检查,对有可能发生崩塌剥落砸向铁路的危石及时进行妥善处理。采取各种措施把极端天气对铁路运输造成的不利影响降到最低。

【问题引导】

问题 1:运营隧道隧道口山体会出现哪些类型病害?

问题 2:可采用哪些方法对运营隧道口山体进行检查?

【工作实施】

1. 请描述表 5.7 中主要作业设备的用途。

表 5.7 主要试验仪具与设备

仪器及辅助工具	用途

笔记栏

2. 请完成表5.8中隧道边仰坡检查作业程序与质量标准。

表5.8　隧道边仰坡检查作业程序与质量标准

<table>
<tr><th>项目名称</th><th colspan="2">作业程序与质量标准</th></tr>
<tr><td>作业前</td><td colspan="2">作业前要求：
(1)
(2)
(3)</td></tr>
<tr><td rowspan="2">作业中</td><td>(1)隧道进出口仰(边)坡检查：</td><td></td></tr>
<tr><td>(2)山体坡面地形地貌检查：</td><td></td></tr>
<tr><td rowspan="2">作业中</td><td>(3)开辟简易通道：</td><td></td></tr>
<tr><td>(4)危岩落石清理：</td><td></td></tr>
<tr><td>作业后</td><td colspan="2">检查结果处理：</td></tr>
</table>

笔记栏

3. 由于受铁路线路走向及长度的限制，许多隧道进出口容易形成高陡的边、仰坡，加上地质条件恶劣，在雨水、地震等自然灾害以及施工爆破、机械振动等人为因素的作用下，会形成危岩、落石、崩塌等灾害。基于对隧道进出口检查基础上，对松动的危岩落石进行清除，可采用哪些方法进行危岩落石的清除？

【评价反馈】

教师对学生工作过程与工作结果进行评价，并将评价结果填入表5.9教师综合评价表当中。

表5.9　教师综合评价表

<table>
<tr><td colspan="2">班级：</td><td>姓名：</td><td colspan="3">学号：</td></tr>
<tr><td colspan="2">任务5.3</td><td colspan="4">隧道边仰坡检查作业</td></tr>
<tr><td colspan="2">评价项目</td><td colspan="2">评价标准</td><td>分值</td><td>得分</td></tr>
<tr><td colspan="2">考勤(10%)</td><td colspan="2">无无故迟到、早退、旷课现象</td><td>10</td><td></td></tr>
<tr><td rowspan="4">工作过程(60%)</td><td>在表5.7中描述仪器及辅助工具用途</td><td colspan="2">能准确描述主要试验仪具与设备的用途</td><td>10</td><td></td></tr>
<tr><td>在表5.8中完成隧道口山体检查作业程序与质量标准</td><td colspan="2">能准确填写作业前、作业中、作业后各作业程序的质量标准</td><td>30</td><td></td></tr>
<tr><td>在工作实施问题3中作答隧道口山体危岩落石清理方法</td><td colspan="2">能准确根据隧道口山体检查结果制定危岩落石清理方法</td><td>20</td><td></td></tr>
<tr><td>协调能力</td><td colspan="2">与小组成员、同学之间能合作交流，协调工作</td><td>10</td><td></td></tr>
<tr><td rowspan="3">项目成果(30%)</td><td>工作完整</td><td colspan="2">能按时完成任务</td><td>5</td><td></td></tr>
<tr><td>工作规范</td><td colspan="2">能按规范步骤进行操作</td><td>5</td><td></td></tr>
<tr><td>工作报告</td><td colspan="2">能准确掌握隧道口山体检查作业</td><td>10</td><td></td></tr>
<tr><td colspan="4">合　计</td><td>100</td><td></td></tr>
<tr><td rowspan="2">综合评价</td><td>自评(20%)</td><td>小组评价(30%)</td><td>教师评价(50%)</td><td colspan="2">综合得分</td></tr>
<tr><td></td><td></td><td></td><td colspan="2"></td></tr>
</table>

【相关知识】

由于受铁路线路走向及长度的限制，许多隧道进出口容易形成高陡的边、仰坡，加上地质条件恶劣，在雨水、地震等自然灾害以及施工爆破、机械振动等人为因素的作用下，会形成危岩、落石、崩塌等灾害。由于落石、崩塌灾害具有随机性和突发性，对其运动路径进行准确预测比较困难。因而，此类灾害对隧道口段及

笔记栏

相邻的桥梁、线路造成巨大危害，严重危及行车安全，危岩落石如图5.4所示。

图5.4　危岩落石

1. 危岩落石类型

隧道洞口段边、仰坡围岩体大多为严重风化的堆积体或强风化岩石，在雨水、地震、施工爆破、机械振动等的影响下容易产生落石、地表开裂，甚至洞口边坡失稳崩塌，造成洞门开裂、倒塌、落石、崩塌体堵塞洞口。目前，危岩体类型的划分主要以失稳模式与成因两种为主。

1)按照失稳模式分类

(1)坠落式

危岩体下部具有一定范围向内凹陷的岩腔，岩腔底部为承载力较高且稳定性好的中风化基岩，危岩体重心位于岩腔中心线内侧。若边坡坡面较陡，中下部存在凹腔或软弱夹层时，上部陡倾坡外结构面、缓倾坡内层面切割形成的岩块可能会发生坠落式失稳。

(2)倾倒式

在河流峡谷区、黄土冲沟地段或岩溶区等陡坡上，岩体以垂直节理或裂隙与稳定的母岩分开。通常坡脚遭受掏蚀，在重力作用下或有较大水平力作用时，岩体因重心外移倾倒产生突然崩塌，如图5.5所示，倾倒途径如下：

①在重力作用下，长期冲刷掏蚀直立岩体的坡脚，由于偏压失去重心，使直立岩体倾斜，最终导致崩塌。

②当附加特殊的水平力(地震力、静水压力、动水压力以及冻胀力等)时，岩体可倾倒破坏。

③当坡脚由软岩层组成时，雨水软化坡脚产生偏压，引起崩塌。

④直立岩体在长期重力作用下，产生弯折也能导致这种崩塌。

图5.5　倾倒式危岩

笔记栏

(3)鼓胀式

陡坡上不稳定岩体之下存在较厚的软弱岩层,上部岩体重力产生的压应力超过软岩天然状态的抗压强度后,软岩即被挤出,发生向外鼓胀。随着鼓胀的不断发展,不稳定岩体不断下沉和外移,同时发生倾斜,一旦重心移出坡外即产生崩塌。

(4)拉裂式

陡坡由软硬相间的岩层组成时,由于风化作用或河流的冲刷掏蚀作用,上部坚硬岩层在坡面上常常突悬出来。突出的岩体通常发育有构造节理或风化节理,在长期重力作用下,分离面逐渐扩展。一旦拉应力超过连接处岩石的抗拉强度,拉张裂缝就会迅速向下发展,最终导致突出的岩体突然崩落。

(5)错断式

长柱或板状不稳定岩体的下部被剪断,从而发生错断崩塌。悬于坡缘的帽沿状危岩,后缘剪切面的扩展,剪切应力大于危岩与母岩连接处的抗剪强度时,则发生错断崩塌锥状或柱状岩体多面临空,下伏软基抗剪强度小于危岩体自重产生的剪应力或软基中存在的顺坡外倾裂隙与坡面贯通时,发生错断—滑移—崩塌。错断式危岩如图 5.6 所示。

图 5.6 错断式危岩

2)按照危岩体的成因划分

(1)单体危岩

①拉剪—倾倒型危岩

主控面倾角大于 45°;卸荷拉放结构面;重心在主控结构面下端外侧;旋转倾倒。

②压剪—滑动型维亚纳

主控结构面倾角小于 45°:陡崖或陡坡内缓倾角的卸荷拉张结构面或缓倾角地层弱面;重心在主控结构面下端内侧;主控结构面所受荷载为危岩体自重及作用在危岩体的地震力及裂隙水压力;发生滑移变形。

③拉裂—坠落型危岩

倾角大于 80°的卸荷结构面或断裂结构面;顶部为主控面,近水平,扩展贯通;危岩变形,失稳坠落。

④拉裂—压剪型危岩

受控于两条结构面,即近于水平的第一主控面和受拉扩展贯通倾角小于 8°的第二主控面;重力下滑。

(2)群体危岩

①顶部诱发破坏型危岩

主控面倾角大于70°;底部端部潜存稳定岩体内关键块体为顶部危岩块体。

②底部诱发破坏型危岩

主控面倾角小于70°;关键块体为底部危岩块体。

2. 危岩落石成因机理

危岩是指高陡斜坡产生了拉裂、松动变形并随时可能发生破坏,向坡下运动的岩体。落石是个别危岩脱离母岩,向下坠落的现象。隧道洞口往往处于地势险峻、岩体风化的高陡地段,也是危岩灾害最常见的地方,加上施工爆破、机械振动等因素干扰,在隧道修建和运营期间可能出现威胁生命安全和财产安全的落石灾害。危岩落石形成具有影响因素复杂、形成规模不确定、发生时间难以预测、致灾随机性强的特征,它的形成机制受内在条件及外界诱发因素制约,主要有如下几点:

1)危岩落石灾害形成的内在条件

危岩落石形成的内在条件包括岩土类型、地质构造、地形地貌三个方面,统称为地质条件。

(1)不同的岩土类型使得落石灾害具有不同的物质条件,通常岩性坚硬的各类岩石及初具成岩性的石质黄土、结构密实的黄土等形成规模较大的落石,页岩、泥灰岩等互层岩石及松散土层等,往往以坠落和剥落为主。

(2)不同地质构造(如节理、裂隙、层面、断层)等对坡体的切割、分离,为落石的形成提供边界条件。山体中的裂隙越发育越易产生落石,与坡体延伸方向近乎平行的陡倾角构造面,最容易产生落石。

(3)隧道洞口两侧及上方不同的地形地貌如人工边坡、坡度大于45°的高陡边坡、孤立山嘴或凹形陡坡等均易产生落石。

2)危岩落石灾害形成的外界诱发因素

水是诱发落石的首要因素。融雪、暴雨和长时间的连续降雨使地表水渗入坡体,软化岩土结构面,产生孔隙水压力等,从而诱发落石。其次是冻胀、昼夜温度变化、地震等也会诱发落石现象(图5.7)。此外,不合理的人类活动,如采掘矿产资源、道路工程削坡过陡、开挖山体、强烈的机械振动等改变坡体原始平衡状态的人类活动都会诱发落石现象。

图5.7　铁路落石

笔记栏

3)危岩落石处理原则

危岩落石的防治应遵循“详细鉴别、及时清除、陡坡加固、缓坡拦截、有效遮挡、合理引导”的原则,根据发生危岩落石的实际情况制定相应的措施进行综合整治。

3. 危岩落石清除工程

1)危岩落石防护措施

目前,针对危岩落石传统的防治措施主要包括:清除工程、加固工程、拦挡工程、柔性网工程、遮挡工程、排水工程等。由于危岩发育的复杂和多样性,对于危岩防护而言,往往使用某一种方法并不能完全将危岩体控制在一定的安全范围内,经常需要多种方法联合使用。综合而言,危岩落石防护措施可归纳为两类:主动防护措施与被动防护措施。

(1)主动防护措施

主动防护措施主要包括清除工程、加固工程(支承、锚固、填充勾缝、注浆)、柔性主动网工程(主动防护网)、排水工程等,以及以上各种措施的综合利用。主动防护措施适用于危岩体个数、分布和范围确定的情形以及大型危岩、崩塌体的治理。主动防护措施的防治理念在于通过支承、锚固、注浆等措施,增强危岩的稳定性,阻止其发生崩落,而不至于致灾。该法主要适用于勘察确定的、不宜或难于消除的大型危岩体治理。

(2)被动防护措施

被动防护措施分为拦挡工程、遮挡工程以及柔性防护工程(被动网)。当落石冲击防护系统时,冲击能量主要通过消能装置或结构自身消散,残余能量由受力基体吸收。被动防护措施的防治理念在于假设危岩落石现象形成,通过拦截阻挡等防护措施,阻止落石到达线路范围,确保行车安全。该法主要适用于中小型危岩体的防护。

隧道竖井位置拱顶出现空洞剥落掉块直接危及行车安全,但衬砌内部病害隐藏无法通过肉眼发现,通过人工敲击可有效发现衬砌内部空洞等隐患,并对无损检测资料有针对性地进行验证。通过隧道衬砌人工敲击检查,可对大部分拱部病害及早发现并进行整治,从而降低运营期间拱部衬砌剥落掉块的风险。

2)危岩落石清除

危岩体清除是以前广泛使用的一类技术,简单、经济,通常适用于单个、外悬的危岩体,按清除方式不同可分为人工锤击楔裂法、静态破碎及爆破。浮石、独石等体积较小的危岩宜采用人工锤击楔裂法。由于清除只是解除了表层不稳定块体,母岩的扰动和长期风化等又会形成新的危岩体,因此,清除工程难以一劳永逸的解决危岩落石问题。

(1)人工锤击楔裂法

危岩体清除是以往较为广泛使用的一种措施,具有简单、经济的特点,通常适用于单个、外悬的危岩体。按清除方式不同又可分为人工、爆破和药剂清除。人工采用简单机械、手工清除危岩体,对原岩扰动较小,但效率较低,如图 5.8 所示。

笔记栏

图 5.8　人工清除

(2)静态破碎

药剂清除也称静态爆破,向岩体裂隙内注入膨胀剂造成危岩体崩落。静态破碎就是利用静态破碎剂水化后,体积大量膨胀对孔壁产生径向压力,当径向压力在孔壁切向上引起的拉应力大于岩石的抗拉强度时,岩石就被破碎。与普通爆破技术相比,静态破碎技术具有安全、无噪声、无振动、无飞石、无硝烟、无污染、不影响周围环境及安全性高等诸多优点。基于这些优点,该技术也被应用于抗滑桩坚硬岩石开挖中。

(3)爆破清除

爆破清除适用于大体积危岩体的整体清除,虽然清除效率高,但是对安全性要求较高,缺点是会造成陡崖岩体的进一步松动,后续隐患较多,如图 5.9 所示。

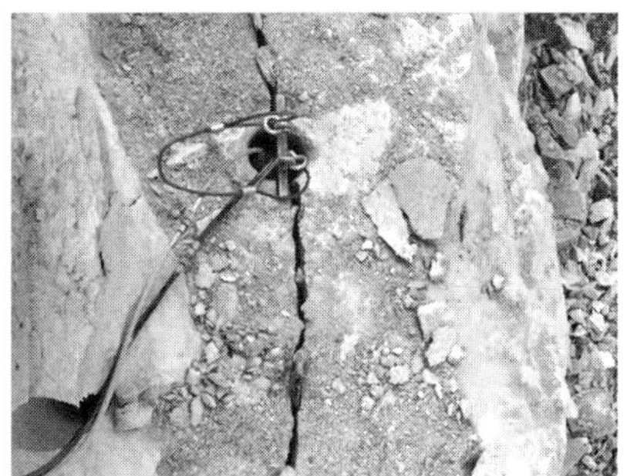

图 5.9　爆破清除

4. 隧道口山体检查作业

隧道口山体检查时需对隧道进出口仰(边)坡及山体坡面地形地貌进行检查,根据检查结果对病害部位进行记录处理。

(1)隧道进出口仰(边)坡检查

根据检查计划按要求对隧道进出口仰(边)坡,路基坡面(尤其是土质坡面、灌木丛覆盖处所、村民耕种处所)及天(吊)沟等排水设备(特别是设计不足处所)进行拉网式检查。重点检查危岩落石、危树、岩溶陷穴、坡面溜坍、滑坡及沿线周边人为活动等地段。

(2)山体坡面地形地貌检查

检查过程中同时负责开辟简易检查通道。检查山体坡面地形地貌的变化情况,以及评估坡面排水改变后对铁路设备影响情况。

笔记栏

(3)检查结果处理

对检查出的危石要做好观测记录，书面通知所属的施工单位和监理，每周将检查情况汇总后上报(填写规范：如 K362+100 线路左侧距线路中心 15 m，垂直高度 20 m，坡度 75°，危石个数 2 处，岩性为花岗岩)，存在危石原因：由于当地农户耕种和雨水的冲刷，估计危石埋深 1 m，危石露出地表 0.3 m，并绘制展示图；建议处理措施：观测、清理或支护。

(4)作业安全要求

检查中严禁穿易滑鞋，上山必须带好铁锹、砍刀等工具备品，遇降雨降雪降霜天气，检查人员严禁上山检查，参与相应地段的其他检查工作。检查危石时，首先确定危石是否稳定，严禁在可能坠落的危石下方进行检查，正确使用安全绳、安全带。检查人员上山检查时，严禁吸烟和使用明火，防止引发山火；严禁做与工作无关的事。山体检查时必须两人及以上同行，严禁单独一人上山，确保安全。上山下河要注意自身的安全，戴好防护工具。检查小组必须对自己的工作负责，检查要不留死角，覆盖率要做到 100%。

【思考与练习】

1. 隧道口山体检查的目的是什么?
2. 危岩落石有哪些类型?
3. 隧道口山体检查作业时作业安全有哪些要求?

任务 5.4 隧道辅助坑道检查作业

【任务导入】

某高速铁路基础设施段高速铁路综合维修车间组织隧道工区对辖区内隧道进行竖井检查作业，主要采用目测法和敲击法，对竖井空洞、渗水和掉块等现象进行检查，发现某隧道竖井一区域呈现网状裂纹，并有剥离掉块的趋势，按照作业指导书要求，在裂缝位置做好标记，为后续组织相关作业人员进行修复做准备。

【问题引导】

问题 1：运营隧道竖井会出现哪些类型病害?

______

______

______

问题 2：可采用哪些方法对运营隧道竖井进行检查?

______

______

______

笔记栏

【工作实施】

1. 请描述表 5.10 中主要作业设备的用途。

表 5.10　主要试验仪具与设备

仪器及辅助工具	用　　途

2. 请完成表 5.11 中隧道辅助坑道检查作业程序与质量标准。

表 5.11　隧道辅助坑道检查作业程序与质量标准

<table>
<tr><th>项目名称</th><th colspan="2">作业程序与质量标准</th></tr>
<tr><td>作业前</td><td colspan="2">作业前要求：</td></tr>
<tr><td rowspan="2">作业中</td><td>(1)竖井上部井口检查：</td><td></td></tr>
<tr><td>(2)竖井点内目视检查：</td><td></td></tr>
</table>

笔记栏

续上表

项目名称	作业程序与质量标准	
作业中	(3)竖井点内敲击检查：	
作业后	具体要求：	

3. 隧道竖井内衬砌空洞检查时，采用敲击法对目测位置进行检查，如何根据敲击声音进行缺陷判别？

【评价反馈】

教师对学生工作过程与工作结果进行评价，并将评价结果填入表5.12教师综合评价表当中。

表5.12 教师综合评价表

班级：		姓名：		学号：	
任务5.4		隧道辅助坑道检查作业			
评价项目		评价标准		分值	得分
考勤(10%)		无无故迟到、早退、旷课现象		10	
工作过程(60%)	在表5.10中描述仪器及辅助工具用途	能准确描述主要试验仪具与设备的用途		10	
	在表5.11中完成锥护坡浆砌片石作业程序与质量标准	能准确填写作业前、作业中、作业后各作业程序的质量标准		30	
	在工作实施问题3中作答浆砌片石砌筑检查项目	能准确作答浆砌片石砌筑允许偏差检查项目有哪些，并说明检查项目的允许偏差		20	
	协调能力	与小组成员、同学之间能合作交流，协调工作		10	
项目成果(30%)	工作完整	能按时完成任务		5	
	工作规范	能按规范步骤进行操作		5	
	工作报告	能准确掌握隧道竖井检查作业		10	
合计				100	
综合评价	自评(20%)	小组评价(30%)	教师评价(50%)	综合得分	

笔记栏

【相关知识】

1. 检查的目的和必要性

隧道竖井位置拱顶出现空洞剥落掉块直接危及行车安全，但衬砌内部病害隐藏无法通过肉眼发现，通过人工敲击可有效发现衬砌内部空洞等隐患，并对无损检测资料有针对性地进行验证。通过隧道拱顶衬砌人工敲击检查，可对大部分拱部病害及早发现并进行整治，从而降低运营期间拱部衬砌剥落掉块的风险。

2. 检查前准备工作

采用轨道检查车对竖井位置处衬砌进行敲击检查，检查平台及护栏断面尺寸是否控制在隧道基本建筑限界范围内，防止与隧道衬砌或其他接触网构件刮碰。

大型工具：轨道车。小型工具：手提式强光手电、头部矿灯、检查槌（直径30 mm的空心钢管，一端焊接尖头钢筋，一端焊接平头钢筋，长度2～4.6 m）、卷尺、塞尺、钢直尺、喷漆、桶装油漆、漆杆（4.5 m长竹竿一端绑扎油漆刷）、检查梯、对讲机、照相机、手套、安全带、安全帽、安全带、防护衣、护目镜、口罩、记录本、黑水笔等。

3. 隧道竖井检查作业

隧道竖井检查时需完成竖井上部井口检查、竖井点内目视检查及竖井点内敲击检查工作。

1)竖井上部井口检查

重点检查竖井周围是否存在积水现象，周围混凝土（地面）是否存在开裂、下沉；防护网是否存在破损及高度不足，雨水积水有无灌入隐患。

2)竖井点内目视检查

检查竖井位置处拱顶周围是否有水渍渗水。使用望远镜观察拱顶及周围混凝土层是否有开裂、掉块、下沉等病害（图5.10和图5.11）。

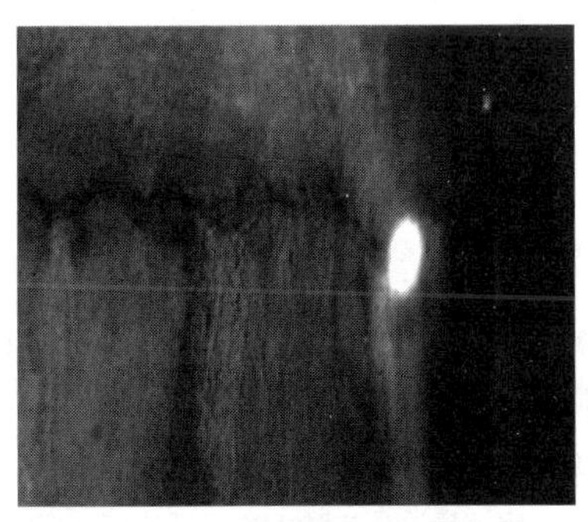

图5.10　衬砌泛碱腐蚀

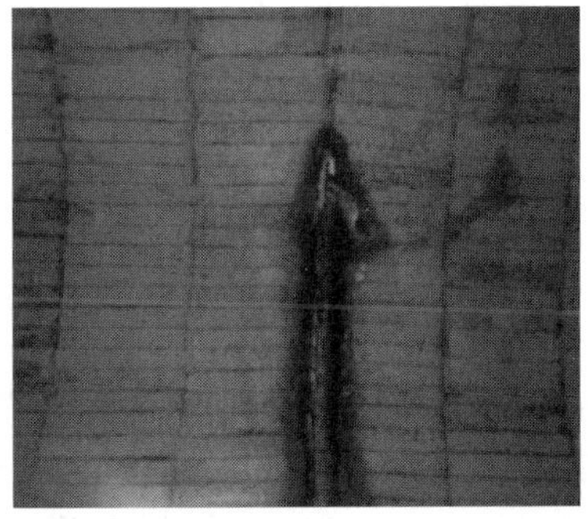

图5.11　隧道渗水

3)竖井点内敲击检查

结合目视检查情况，申请轨道车配合，使用检查锤（敲击棒）对竖井处二次衬砌混凝土进行敲击检查。

(1)敲击作业

车辆行驶速度控制在2 km/h以内。车辆行进过程中不进行敲击，架上人

笔记栏

员应抓牢安全防护栏待命，待车辆停稳后敲击检查。凭敲击声音辨别是否存在空洞，声音异常时仔细敲击，确认空洞范围。

(2)敲击人员自我防护注意事项

①作业前将劳动防护用品穿戴整齐。

②攀爬脚手架时，要站稳扶牢，登上检查平台后，须首先挂好安全带和安装栏杆扶手，工具应放置稳固。

③接触网检查车检查平台、检查架移动前应通知作业人员停止作业，将工具摆放稳固，人员蹲下扶牢，目视前进方向，机车指挥人员发现侵限物体要及时停车。拆除侵限物体检查架移动就位后，必须设好滚轮制动和斜撑后，方可作业。

④检查小组人员必须团结协作、听从指挥，相互提醒安全注意事项，做到自控、互控。

⑤人员站位要相对固定，避免检查槌等工具碰伤人员。

⑥清除衬砌掉块时，应高声提醒所有人员注意安全，下方无人时，方可进行作业。

⑦邻线来车时，须停止作业，站稳扶牢，检查工具不得侵限。

(3)缺陷确认

敲击声音清脆，发出“铛、铛、铛”的声音，说明衬砌混凝土比较密实；如果敲击声音沉闷，出现“咚、咚、咚”的声音，说明衬砌混凝土存在空洞(KD)。附带检查内容包括衬砌掉块(DK)、裂纹(LW)、渗漏水(SS、LS)、露筋(U)、钢筋保护层厚度不足(BH)、蜂窝麻面(FM)、混凝土夹带杂物(ZW)等。

(4)问题标记

发现问题停车用红油漆标记问题范围，测量(估算)相关尺寸，将病害类型、尺寸等数据详细记录，拍照存档。如在空洞外边界标记面积范围，在裂纹起终点位置用箭头(箭头朝向裂纹处)标记长度，箭头旁标出裂纹宽度值，同时将问题类型、编号、里程用红油漆在问题位置边墙上进行标记，以便日后整改。标记形式如“×××KD—1—DK44＋578”，×××指隧道名称，KD指拱部空洞，1指空洞编号为1号，DK44＋578指空洞里程，若一个隧道有多处空洞，序号按里程多小到大排序，依次为1、2、3、4……

(5)资料整理

作业负责人对检查情况进行总结，需详细描述问题病害特征，并详细记录位置要素，记录在设备检查记录本上，对于较为严重，影响结构稳定或行车安全，或是难以描述、表达清楚病害特征的问题，需拍照说明。

为避免出现现场检查发现问题记忆模糊、相似问题相互混淆的情况，检查小组每天须将当天检查发现的问题，根据病害类型、部位进行梳理、统计，将照片编辑配相应文字说明。

【思考与练习】

1. 隧道竖井检查的目的是什么？
2. 竖井点内敲击检查的作用是什么？

笔记栏

3. 隧道竖井检查过程中发现的问题如何标记？

任务5.5　隧道防灾疏散救援设备检查作业

【任务导入】

某高速铁路基础设施段高速铁路综合维修车间隧道工区在所辖区段对隧道进行专项检查时发现，某长大隧道防灾疏散救援系统中的防灾通风系统，有风机、风阀、相关电气及控制设备、通风机房、通风井及风道等，但风机无法正常工作。针对该隧道防灾疏散救援系统，组织相关作业人员前去检查隧道防灾救援系统的完好性。

【问题引导】

问题1：隧道防灾疏散救援系统的组成有哪些？

____

____

____

问题2：隧道防灾疏散救援设备如何进行日常检查维护？

____

____

____

【工作实施】

1. 请描述表5.13中主要试验仪具与设备的用途。

表5.13　主要试验仪具与设备

仪器及辅助工具	用　　途

笔记栏

续上表

仪器及辅助工具	用　　途

2. 请完成表 5.14 中隧道防灾疏散救援设备检查程序与质量标准。

表 5.14　隧道防灾疏散救援设备检查程序与质量标准

项目名称	作业程序与质量标准	
作业前	作业前要求：	
作业中	(1)检查照明灯具，照明控制箱：	
	(2)落实实名检查制度，形成检查问题：	
	(3)检查隧道洞壁上固定的消火栓、消防管道径路完整：	
作业后	总结：	

笔记栏

3. 隧道防灾疏散救援设备检查作业中，横通道、平行导坑、疏散通道、紧急出口、避难所、紧急救援站多久检查一次？通风机房、通风井及风道、风阀应多久检查一遍？重点应该检查哪些设施设备？

【评价反馈】

教师对学生工作过程与工作结果进行评价，并将评价结果填入表5.15教师综合评价表当中。

表5.15　教师综合评价表

班级：		姓名：	学号：	
任务5.5		隧道防灾疏散救援设备检查作业		
评价项目		评价标准	分值	得分
考勤(10%)		无无故迟到、早退、旷课现象	10	
工作过程(60%)	在表5.13中描述仪器及辅助工具用途	能准确描述主要试验仪具与设备的用途	10	
	在表5.14中完成隧道防灾疏散救援设备检查作业程序与质量标准	能准确填写作业前、作业中、作业后各作业程序的质量标准	30	
	在工作实施问题3中完成相关设备检查周期问题及重点检查设备问题	能说明各种设备检查周期，以及重点检查内容	20	
	协调能力	与小组成员、同学之间能合作交流，协调工作	10	
项目成果(30%)	工作完整	能完整完成检查任务	5	
	工作规范	能按规范步骤进行操作	5	
	工作报告	能准确掌握隧道防灾疏散救援设备检查作业	10	
合　计			100	
综合评价	自评(20%)	小组评价(30%)	教师评价(50%)	综合得分

【相关知识】

1. 铁路隧道防灾疏散救援系统

隧道防灾疏散救援系统由疏散救援设施、防灾通风系统、水消防系统、应急照明、应急通信、应急供电、防灾救援设备监控系统等设备设施组成。疏散救援设施包括横通道及平行导坑、疏散通道、紧急出口、避难所、紧急救援站及防护门(不

笔记栏

含设备洞室防护门)、安全扶手、疏散导向标线、列车停车标线等设施。防灾通风系统包括风机、风阀、相关电气及控制设备、通风机房、通风井及风道等。紧急救援站设置的水消防系统主要包括消火栓灭火系统、消防水池(箱)、消防泵等设施。

应急照明包括隧道及其横通道的应急照明、疏散照明、相应标志灯等。应急通信主要包括通信光电缆、应急电话和应急广播、视频采集等设施。应急供电包括应急供电设备及相关供电电缆等。

隧道内的防灾救援设备监控系统由监控主站(机)、主控制器、就地控制器(远程站)、集中监控盘等全部或部分设备组成,对隧道内通风、照明、消防泵等设备进行监控。监控终端可根据运用维护管理需求设置。防灾通风、应急照明、应急通信、应急供电、防灾救援设备监控系统等采用远程遥控、现场手动控制或两者相结合的方式进行控制。

防灾疏散救援系统设备的维护分工如下:

工务:横通道及平行导坑、疏散通道、紧急出口、避难所、紧急救援站及防护门、通风机房、通风井、风道、风阀;安全扶手、疏散导向标线、列车停车标线;应急照明;用电电压为 380 V 的防灾通风设备;消火栓灭火系统、消防水池(箱)、消防泵、紧急救援站消火箱及防烟面具;防灾救援设备监控系统主控制器、就地控制器(远程站);设置于工务段的防灾救援设备监控系统监控主站(机),集中监控盘,设置于工务段的防灾救援设备监控系统监控终端。

通信:应急通信设备、通信光电缆、视频采集设备、防灾救援设备监控系统通信通道。

供电:用电电压为 10 kV 的防灾通风设备。

设置于车站的防灾救援设备监控系统监控主站(机)由车站维护;设置于铁路局集团公司中心机房或调度所的防灾救援设备监控系统监控主站(机)由铁路局集团公司信息所维护。

2. 铁路隧道防灾疏散救援系统维护管理

(1)防灾疏散救援系统维护管理制度

隧道防灾疏散救援系统各设备维护单位要建立信息沟通和工作协调机制,疏散救援设施的维护单位要定期组织各设备维护单位沟通维护情况,协调解决突出问题。工务段应配备相关专业技术人员和专业技能人员,配置相应的工器具,确保隧道防灾疏散救援系统设备维护工作的正常开展。

设备维护单位应执行各项检查维护制度,掌握设备状态变化,及时整治设备病害。设备维护单位根据自身检查维护能力,对关键部件、系统软件等项目,在确保安全的前提下可以采用委外维护方式。设备维护单位要按照维护分工建立健全相关设备台账、设备检修运用手册及相关管理资料。设备维护单位应建立相应的设备检查维护记录,并按规定填写,保证相关数据记录真实可靠。设备维护单位应利用监控系统的监测功能及时掌握设备运行状态,指导维护工作。隧道防灾疏散救援系统的设备、器材均应设置相应的标识。

(2)疏散救援设施日常检查和维护

横通道、平行导坑、疏散通道、紧急出口、避难所、紧急救援站的检查周期,高速铁路一年一次;通风机房、通风井及风道、风阀应每半年检查一遍。重点检

笔记栏

查衬砌结构、渗漏水、路面、紧急救援站站台面、风阀和排水设施等设备状态。相关检查内容应填入设备检查记录本。

应急照明灯具应每季度检查一遍，指示灯、标志标牌每半年检查一遍，安全扶手、疏散导向标线、列车停车标线等辅助设施应每年检查一遍。

横通道、紧急出口、避难所及紧急救援站等疏散救援设施的防护门应每季度检查一遍。重点检查防护门锈蚀、破损、开闭、积水等情况，防护门门框墙、门框、结构变形、断裂、脱落情况。

及时更换缺损的应急照明灯具，刷新、更换各类指示灯、标志标牌；定期保养防护门；定期维护紧急救援站站台面，横通道、紧急出口、避难所及紧急出口的路面。

横通道、紧急出口、避难所、紧急救援站、通风机房、通风井及风道，应参照相应的桥隧建筑物修理规则中隧道劣化等级评定要求，纳入年度桥隧设备秋检并进行状态评定。对A级劣化处所，应及时安排计划进行整治；当存在影响行车安全的病害，应采取相应的限速措施，遇紧急情况，应立即采取临时加固措施，并视具体情况，尽快安排整治。

(3)防灾通风设备日常检查和维护

每半年对防灾通风设备状态检查一遍。重点检查风机外观、连接电缆状态、风机控制柜指示灯显示、相关电气及控制设备状态等。设备管理单位组织有关单位每年至少对防灾通风设备试运转。

建立专门的防灾通风设备检查记录台账。每次检查结果填入设备检查、修理台账。故障时，应安排人员及时处理和安排维修工作。

【思考与练习】

单选题

1. 应急照明灯具应每季度检查一遍，指示灯、标志标牌每(　　)检查一遍。

A. 1年　　B. 半年　　C. 2年　　D. 1.5年

2. 应急照明包括隧道及其横通道的应急照明、疏散照明、(　　)等。

A. 通风机房　　B. 相应标志灯　　C. 消防泵　　D. 应急通信

3. 防灾疏散救援系统设备中，供电系统应用电电压为(　　)的防灾通风设备。

A. 5 kV　　B. 8 kV　　C. 10 kV　　D. 15 kV

4. 隧道防灾疏散救援系统由疏散救援设施、防灾通风系统、水消防系统、(　　)、应急通信、应急供电、防灾救援设备监控系统等设备设施组成。

A. 应急工务　　B. 应急防火　　C. 应急制动　　D. 应急照明

5. 横通道、紧急出口、避难所及紧急救援站等疏散救援设施的防护门应每(　　)检查一遍。

A. 月　　B. 季度　　C. 半年　　D. 年

笔记栏

项目6　隧道结构维修作业

【项目描述】

高速铁路运营速度极高，任何异物的坠落或碰撞对高速列车都会造成致命的事故，而在高速铁路所有设备中，隧道设备就存在这样的安全隐患。高速列车在隧道内行驶时，列车上方为隧道二次衬砌，列车下方为隧道底板和排水设施。高速铁路隧道在服役过程中出现的衬砌脱空、裂损，排水设备堵塞、结晶，结冰侵界等问题直接关系到高速铁路运营安全。评估高速铁路隧道检查结果后，对高速铁路隧道存在的病害进行整治十分重要。

基于高速铁路隧道各构件检查及技术状况评定结果，本项目对隧道衬砌裂损、脱空，排水设施堵塞、结晶病害进行维修作业。

【学习目标】

1. 知识目标

(1)掌握隧道衬砌裂损、脱空维修作业；

(2)掌握隧道排水设施堵塞、结晶维修作业；

(3)掌握隧道维修设备使用。

2. 能力目标

(1)具备隧道衬砌裂损、脱空维修作业的能力；

(2)具备隧道排水设施堵塞、结晶维修作业的能力；

(3)具备在现有知识、技能基础上不断获取新知识、新技能的能力。

3. 素质目标

(1)拓宽学科视野，激发创新潜力，培养具有突破精神的隧道养护人才；

(2)培养学生分析问题、解决问题、积极思考和勇于创新的能力；

(3)使学生养成迎难而上、不畏艰苦、吃苦耐劳、踏实肯干、小心谨慎、团结协作的优秀品格。

【案例导入】

福建第一条高速铁路——合福高速铁路，桥隧比例高达80%。高速铁路穿山越岭，这里的山体含有丰富的水，水不断地从岩壁里面渗出，一旦渗到隧道边缘，就会对行车安全造成极大威胁。位于北武夷山的这条隧道全长8.69 km，一支由90后年轻的铁路人组成的桥隧维修队正在为该高速铁路隧道“针灸疗伤”。“针灸疗伤”就是用电钻在隧道衬墙上钻取一个长60～80 cm、直径7 cm的泄压孔(图6.1)，以减小隧道衬砌后水对衬砌的压力，保证衬砌的稳定。洞口开大了，会破坏墙体的稳固，开小了，又起不到疏通的作

笔记栏

用。这支桥隧维修队伍经过多次论证、实践才形成现有的“针灸疗伤”。维修队一共有17个人,维护高速铁路安全的荣誉感和责任心,让这些小伙迅速成长为行业里的大师傅。桥隧工人不仅要对隧道病害进行检查,还需对检查后存在安全隐患的部位进行维修作业,具体包含:(1)隧道排水设施整修;(2)隧道水害整治。

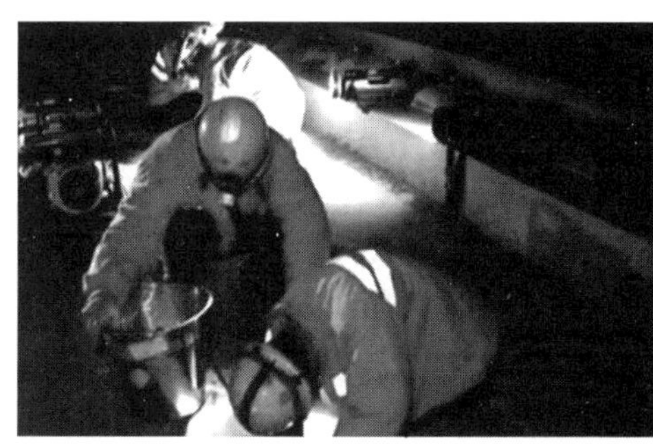
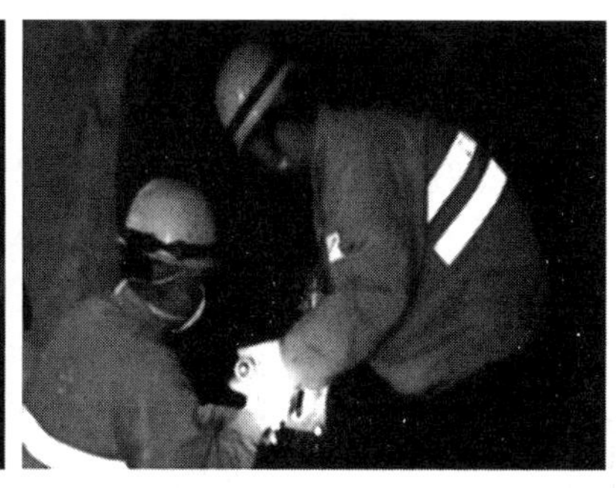

图6.1　高速铁路隧道泄压孔施工

任务6.1　隧道排水设施整修作业

【任务导入】

隧道渗漏水是当前高速铁路隧道的主要病害之一,易造成接触网跳闸、结冰,缩短隧道及钢轨使用寿命等问题。目前运营隧道主要采取封堵、凿槽引排、增设泄压孔等方式处理隧道渗漏水病害。

某高速铁路基础设施段高速铁路综合维修车间桥梁工区在所辖区段对隧道排水系统进行专项检查时发现××隧道排水侧沟存在淤泥等杂物、盲管出现结晶堵塞现象。因此组织人员针对该隧道排水系统堵塞问题采用铁锹及高压水射流清洗技术对堵塞位置进行清理。

【问题引导】

问题1:高速铁路隧道排水系统常见病害有哪些?

问题2:为什么要对高速铁路隧道排水系统进行整修?

【工作实施】

1. 请描述表6.1中主要试验仪具与设备的用途。

笔记栏

表 6.1 主要试验仪具与设备

仪器及辅助工具	用　　途

2. 请完成表 6.2 中隧道排水设施整修作业程序与质量标准。

表 6.2 隧道排水设施整修作业程序与质量标准

项目名称	作业程序与质量标准	
作业前	作业前要求：	
作业中	(1)侧沟疏通：	
	(2)盲管疏通：	
	(3)疏通效果检查：	
	(4)增设防结晶弯管：	

笔记栏

续上表

项目名称	作业程序与质量标准
作业后	整治作业分析：

3. ××隧道为位于阿尔金山南缘山前冲洪积平原区。隧道洞身位于祁连山与阿尔金山的结合部位，线路平均海拔 3 000 m，设计长度 20.1 km。该隧道穿越了富含碳酸盐与钙盐的灰岩地区，离子在隧道排水管中形成以碳酸钙为主体的多种结晶体，造成排水管的堵塞，导致隧道衬砌结构发生漏水现象。请问哪些原因会导致排水系统结晶堵塞？

____

____

____

【评价反馈】

教师对学生工作过程与工作结果进行评价，并将评价结果填入表 6.3 教师综合评价表当中。

表 6.3　教师综合评价表

班级：		姓名：		学号：	
任务 6.1		隧道排水设施整修作业			
评价项目		评价标准		分值	得分
考勤(10%)		无无故迟到、早退、旷课现象		10	
工作过程(60%)	在表 6.1 中描述仪器及辅助工具用途	能准确描述主要试验仪具与设备的用途		10	
	在表 6.2 中完成隧道排水设施整修作业程序与质量标准	能准确填写作业前、作业中、作业后各作业程序的质量标准		30	
	在工作实施问题 3 中作答隧道排水系统结晶堵塞原因	能准确识别铁路隧道排水系统存在的病害，并能对病害成因进行分析		20	
	协调能力	与小组成员、同学之间能合作交流，协调工作		10	
项目成果(30%)	工作完整	能按时完成任务		5	
	工作规范	能按规范步骤进行操作		5	
	工作报告	能准确掌握隧道排水设施整修作业		10	
合　计				100	
综合评价	自评(20%)	小组评价(30%)	教师评价(50%)	综合得分	

笔记栏

【相关知识】

1. 高速铁路隧道防排水施工工艺

随着我国综合国力的提升,修建了大量的大型铁路隧道,对隧道防排水也提出了更高的要求。铁路隧道设计施工的重点是防排水,隧道漏水会对行车安全产生一定影响,还会对隧道结构产生锈蚀的影响,降低铁路隧道内部结构的耐久性,寒冷的季节还会出现挂冰等问题。目前的防排水施工采用机械化程度较低的工具进行作业,对于铁路隧道的质量与施工人员之间的整体专业能力具有直接影响,建设完成后进行质检,通常采用经验进行验收,导致铁路隧道的可靠性较低。

1)铁路隧道防排水设计原则及类型

铁路隧道防排水的内容分为两类,即结构防排水、施工防排水。隧道内有漏水时,应查明水源、漏水位置及漏水量,查阅原防水、排水系统的设计、施工、验收资料。遵循“防、堵、截、排,因地制宜,综合治理”的原则整治。防指要求隧道衬砌,使防水层具有一定的防水能力,防止地下水透过防水层的衬砌结构渗入洞内。排指应具有畅通的排水设施,对于衬砌的背后以及路面结构层的积水应排入路边侧沟或洞内中心水沟。堵指对于隧道内的渗漏水地段,采用一些方法如堵水墙、喷涂、注浆等,将地下水堵在围岩体的内部。截指对于易渗漏到隧道的地表水,采取相应的措施如排水沟、清除积水、封闭渗漏点等。铁路隧道防排水的基本要求包括衬砌不渗水、安装设备的孔眼不进行渗水;对于寒冷地区的隧道,应注意排水沟不冻结、衬砌背后不积水;道床排水应畅通、不浸水。隧道防水类型可以分为三种:地下水不进入隧道时,应采取防水型隧道;隧道要求限量排放地下水时,应采用控制排放型隧道;地下水需要进入隧道排出时,应采用排水型隧道。湖南省长沙市东部浏阳河隧道由进口明挖暗埋段、暗挖段、出口明挖暗埋段、出口引导敞开段组成,该隧道分段采用防排水类型。针对圆梁山隧道而言,隧道穿越的地区多为岩溶地区以及高压富水地区,该隧道采用以堵为主、限量排放的方式。

2)铁路隧道防排水施工工艺

(1)铁路隧道排水工艺分析

对于隧道防水施工工艺流程而言,一般的工艺流程为检测净空及初期支护背后压浆及表面情况,割除外漏超长的钢筋、铺杆、整平支护凹凸不平的表面,安装环纵向透水盲管。进行隐蔽检查,若隐蔽检查不合格,继续安装环纵向透水盲管,进行隐蔽检查直至合格。达到合格的要求后铺设防水板,进行原材料检验及试验、台架定位,安装施工缝止水带,进行隐蔽检查直至合格,进入下一道工序。

(2)防水层施工

在进行初期支护表面处理时,应检查各种预埋件是否完好,喷射混凝土强度要求是否达到设计强度要求。对于拱墙部分自拱向两侧将基面外露的钢筋头、铁丝、锚杆、排水管等尖锐物进行切除锤平,采用砂浆抹成圆曲面。缓冲垫层铺设应采用土工布材料,例如聚乙烯无纺布;土工布固定采用热塑垫圈,土工布固定方式如图 6.2 所示。

笔记栏

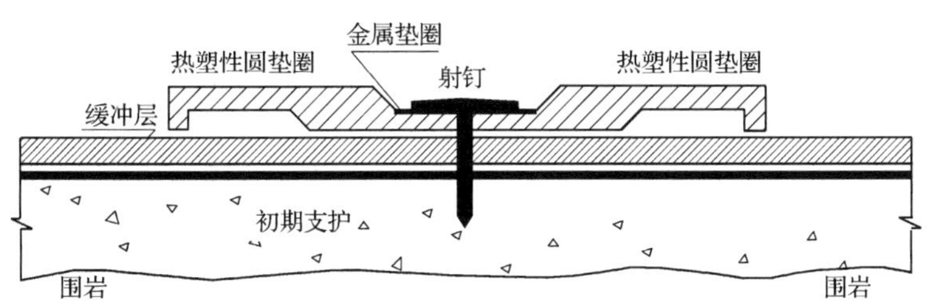

图 6.2　土工布固定方式

在进行土工布固定时，土工布搭要求为 50 mm；采用梅花状布置；垫圈之间的间距要求为侧壁 80 cm、顶部 40 cm。进行防水板铺设的过程中，防水板的材料应选择 EVA 及 PVC 防水板。防水板的铺设可以采用无钉铺设，固定点防水板铺设如图 6.3 所示。

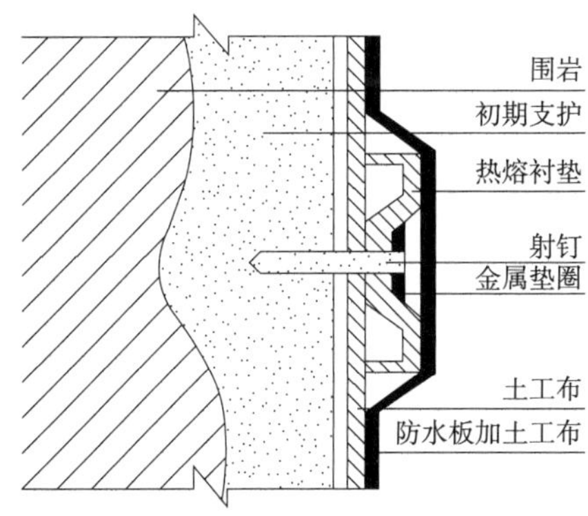

图 6.3　固定点防水板

针对防水板的铺设要求，应从上向下进行铺设，进行环向铺设、对于松紧适度的要求，应该满足 10∶8 的要求，距离开挖面不应小于爆破的安全距离，严禁在天气炎热时检查质量。防水板的焊接应进行双缝焊接，焊接的搭接宽度应为 15 cm，双缝焊接缝宽为 1 cm，留有≥1.5 cm 的空腔，防水板的搭接应为鳞片状。完成防水板的施工后进行质量检查，对原材料进行检查，要求防水板以及土工布的颜色厚度满足合格要求。将五号针与压力表进行相互连接，使用充气筒进行打气，压力表的压值达到 0.25 MPa 时停止充气，保持一段时间，时间要求为 15 min。压力下降至 10%以内时，说明焊缝符合要求。若压力的下降速度过快，则表示有焊缝没有焊接良好，需要将肥皂水涂抹在焊缝位置，对有气泡的区域进行重新补焊，直至不漏气、满足要求。防水板焊接如图 6.4 所示。

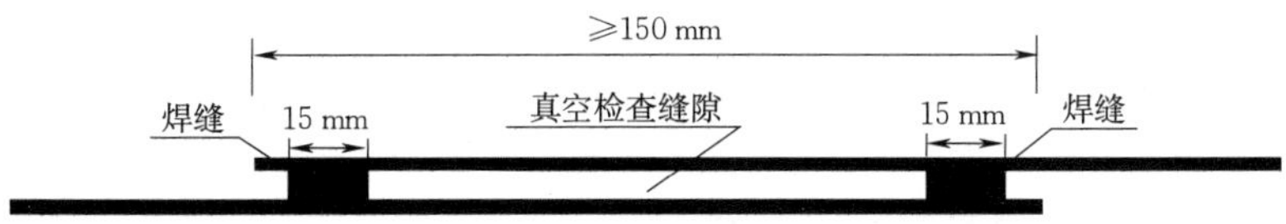

图 6.4　防水板焊接

(3)形缝、施工缝施工

施工缝采用止水带以及止水条进行防水，设置在结构厚度的 1/2 处。施工时需要对其性能材质以及规格进行检查，应符合设计要求且无裂纹和气泡。施

笔记栏

工结构中应预埋一般的止水带，将止水带钢筋夹进行固定或通过止水带边的钢丝固定在结构钢筋骨架上。采用两块挡头板进行固定，可以有效避免在混凝土灌注过程中产生移位的情况。止水带不能进行打孔或使用钢钉固定。进行拆模和施工缝的凿毛处理时，应仔细保护止水带，避免止水带被破坏。

针对后施工结构，灌注前必须对止水带进行清洗。由于结构的受力不均匀，混凝土结构胀缩设置的允许进行变形的缝隙称为变形缝，是结构自防水的关键环节也是防水处理的难点。

变形缝的设计缝宽应为 20～30 mm，防水材料可以选择橡塑钢片止水带、聚苯板、EVA 防水砂浆等，中间埋入的结构止水带应采用聚苯乙烯泡沫板进行填充。

变形缝以及施工缝要求必须要保证质量，即需要保证施工缝的止水条粘贴处的混凝土表面光滑、平整、干净，保证施工缝在凿毛时不会被破坏。

止水条的安装需要确保密封、牢固，进行混凝土浇筑前不会膨胀失效。使用氯丁胶进行粘贴并使用钢钉进行固定，在接头处使用氯丁胶进行斜面贴紧使其密封。止水带的安装应该平顺、居中、牢固、无裂口、无脱胶。

进行浇筑混凝土的过程中，应随时注意检查，防止出现止水带移位以及卷曲的情况，塑料止水带的接头应采取焊接。止水带、止水条的安装需要确保形成一个全封闭的防水网。

混凝土浇筑前，需要先对混凝土的基面进行充分凿毛并清洗干净。采用手工凿毛的过程中，施工缝必须清洗彻底，必要时使用钢刷刷洗。

混凝土浇筑时，需要确保新旧混凝土的良好结合，使得混凝土的结合处有 20～30 mm 厚的水泥砂浆。针对水平施工缝，可以先铺设 20～30 mm 的混凝土。

(4)排水设施施工

针对布置问题，应进行环向盲管布置，其作用是提供过水通道，使渗入纵向排水管内。环向盲管采用直径为 50 mm 的软式透水管，其间距一般不应大于 10 m，采用钢卡固定环向盲管。纵向盲管的作用是将环向排水管等排出的水进行汇集，通过横向排水管排至横向侧沟以及中央排水沟内。进行纵向布置时，应沿纵向进行设置，设置在衬砌底部防水板与初期支护的透水盲管内。侧沟坡度与隧道的坡度应一致，水沟断面应根据水量进行确定，需要保证具有足够的过水能力，有利于进行清洗和检查。双线隧道可以设置双侧或中心水沟，洞内的水沟都应设置盖板。根据地下水的实际情况，在衬砌墙角的盖板位置每隔一段距离设置泄水孔，尺寸为 10 cm×10 cm。传统的排水沟施工方法为小模板拼装，容易发生跑膜；现代的新设备施工方法采用整体浇筑，成型效果较好。

2. 隧道排水盲管结晶原因分析

诸多隧道在其修建过程和运营过程中由于各种原因出现了排水系统(图 6.5)堵塞的问题，尤其是岩溶地区或水中钙离子含量较高的地区容易出现碳酸钙结晶沉积从而造成堵塞。由此引发诸多结构性的问题，缩短了隧道的使用寿命，并对行车安全产生了一定的影响。由于隧道排水盲管位于衬砌背后，

笔记栏

难以进行日常检查和疏通，就造成了排水盲管中结晶沉积的迅速发展，最终导致管道堵塞，逐步失去排水能力。

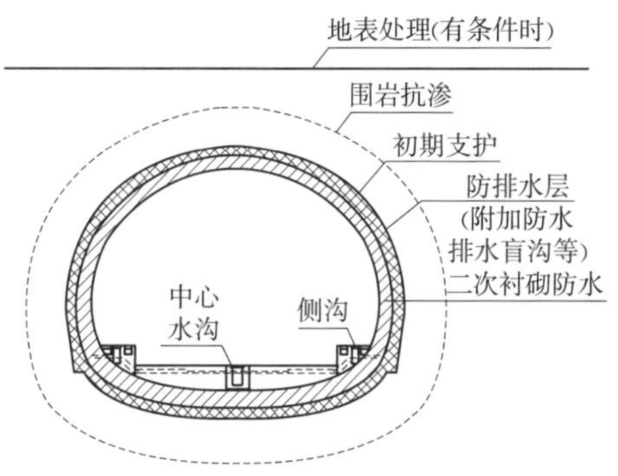

（a）隧道排水系统断面图

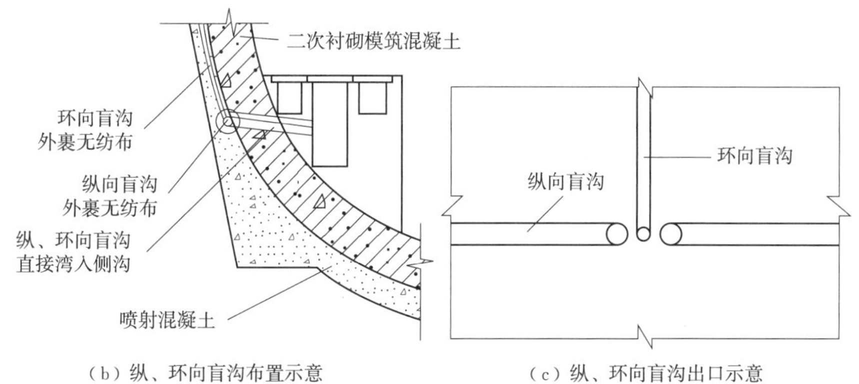

（b）纵、环向盲沟布置示意　　（c）纵、环向盲沟出口示意

图 6.5　隧道排水系统构造图

在富含地下水地区，喷射混凝土抗渗性较差且在施作初期就不断受到具有侵蚀性的地下水的侵蚀，地下水易渗透喷射混凝土侵入隧道内部，影响隧道结构耐久性及施工进程。在喷射混凝土中凝胶材料不断水化生成氢氧化钙、水化硅酸钙等水化产物，当富含侵蚀性离子的地下水不断穿过混凝土内部时，会溶蚀混凝土中的钙离子，使钙离子随侵蚀液流入上述隧道排水系统内，与 HCO_3^-、CO_3^{2-}、CO_2 等发生反应生成碳酸钙结晶体，结晶体不断沉积，从而使隧道排水系统最终发生结晶堵塞现象。

由于地表水及地下水流经可溶性岩层发生溶蚀现象，因此岩溶区地下水中常常富含 Ca^{2+}、Mg^{2+}、HCO_3^-、SO_4^{2-} 等具有结晶倾向性的离子，且它们之间存在一定的数量关系，相互的平衡关系会决定平衡移动的方向。其中，在排水管岩溶水析晶体系中，CO_2 分压是影响最大的因素，如下式：

$$CaCO_3+CO_2+H_2O=Ca^{2+}+2HCO_3^-$$

$$HCO_3^-=CO_3^{2-}+H^+$$

非岩溶隧道地下水中 Ca^{2+}、Mg^{2+}、HCO_3^-、SO_4^{2-} 等离子相对浓度较低，但部分非岩溶区隧道地下水富含某种具有侵蚀性结晶倾向的离子，仍能导致大量的排水系统结晶堵塞。在隧道工程中，喷射混凝土材料水化生成 $Ca(OH)_2$ 等碱性物质，易使 HCO_3^- 反应生成 CO_3^{2-} 离子，促进生成 $CaCO_3$。

笔记栏

此外，工程因素也是需要考虑的必要因素，包括 CO_2 浓度、温度、pH 值、水压、流量等，主要影响 $CaCO_3$ 晶体在排水管中的沉积过程及沉积量。可见，不同隧道的结晶堵塞机理各有差异，故在分析某隧道的结晶堵塞机理时，既要考虑地质因素，也要考虑工程因素，需在充分调研及分析的基础上再进行机理分析，提出相对应的预防处治措施。

3. 隧道排水盲管疏通清洗技术

1)常用管道疏通清洗方法

管道疏通清洗技术在市政工程领域应用较多，按照清洗原理划分，管道清洗技术可以分为化学方法和物理方法。管道物理疏通方法主要分为机械疏通法、水冲刷清淤法、高压水射流法和气水脉冲法；化学清洗方法则包括酸洗法、碱洗法、有机溶剂清洗和表面活性剂清洗法。

适用于隧道盲管的清洗技术的选择，应该考虑排水管道结构、管道类型、管道尺寸和管道内病害情况等几个方面。隧道排水系统由排水盲管和中央排水沟组成，铁路隧道排水盲管多采用 HDPE 波纹管或 PVC 管，管道尺寸多为 50～120 mm，管径较小，开口少，难以使用大型设备对管道内部进行疏通。隧道排水盲管堵塞主要是由沉积和结垢所引起。对于沉积和软质结垢来讲，使用高压水射流清洗技术，通过高压水的剪切、冲击软化等措施能够达到疏通清洗的目的。为了保护排水盲管不被高压水破坏，水压力往往不能设置过高，所以形成时间较长、强度较高的硬质结垢难以用高压水射流的方式清除，而能够清除硬质结垢的方法则为酸洗法和气水脉冲法。

2)高压水射流法及气水脉冲法原理

高压水射流清洗技术是使水通过高压水发生装置获得较强的机械能，利用水的机械能和物性来清除管壁污垢的清洗技术。高压水射流对管壁污垢层的作用可以分为以下几个方面：

(1)软化结垢层。

(2)使污垢层形成破裂带，从而达到剥离污垢的作用。

(3)扩展和延伸垢层原有的裂纹。

高压水在轴向的剪切作用和径向的挤压作用会极大地破坏垢层的结构，进而加速垢层的破碎。

高压水射流对管道中的垢层进行清洗时，射流中的水与空气在垢层表面形成打击力，当射流打击力大于垢层的强度极限时，垢层便会破裂，达到除垢的目的。

气水脉冲清洗技术工作原理如图 6.6 所示。空气通过空压机形成高压气体以预设频率进入目标管道中，在管道中与水混合后增加湍流强度，进一步增大气水混合流体对管壁的压力，超过垢层的极限强度时，便会使得垢层脱落，随着水气混合流体流出管道。

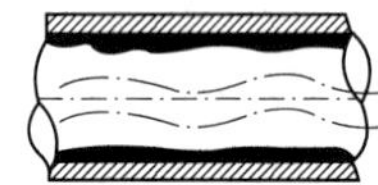

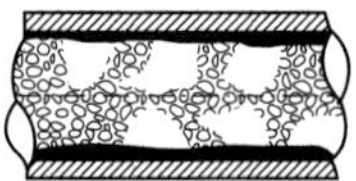

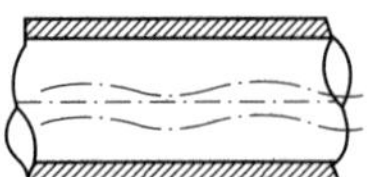

图 6.6 气水脉冲法工作原理

管道内的气体以气泡形式存在，在压力作用下，会促使这些气泡发生破裂，产生瞬间速度大于 100 m/s 的射流，造成管道内诸多区域产生应力集中现象，对管道内壁垢层产生空化作用和气蚀作用，促进管内垢层的剥落。

3)高压水射流清洗技术运用

高压水射流清洗设备主要由水箱、高压清洗机、高压软管、发电机组和喷头组成，如图 6.7 所示。高压清洗机工作压力为 10 MPa，理论流量为 14 L/min。管道长度 30 m，能够对距离环向盲管出口范围在 30 m 之内的排水盲管进行清洗。

图 6.7　高压清洗机和水箱

高压水射流清洗作业主要通过高压清洗机将水从水箱中泵出，加压后输送到高压软管中由人工控制清洗喷头和高压软管在隧道盲管中进行清洗作业；清洗后的废水经回水管道进入沉淀池内，并由回水泵从沉淀池内抽水进入水箱进行循环利用。

采用高压水射流清洗对环向排水盲管疏通主要分为以下几个步骤：

(1)环向排水盲管管口存在少量的结晶堵塞，对管道进口的堵塞物进行处理，确保喷头和高压软管可顺利进入隧道排水盲管内。

(2)连接高压清洗机、高压软管、清洗喷头和喷枪，并保证各连接部位的密封性能，防止漏水现象的发生。

(3)人为控制喷头和高压软管由隧道侧沟中环向盲管的出水口位置进入隧道环向排水盲管中，并以不大于 2 m/min 的速度在隧道环向排水盲管中前进。随着喷头在隧道环向排水盲管中的前进，环向排水盲管中较多的白色沉积物不断地从管道出口处流出。

4)气水脉冲结合化学清洗技术

根据现场检查结果，通过高压水射流清洗无法将管道中形成时间较长、粘接强度较高的硬质结垢清除，因此采用气水脉冲结合化学清洗的方式对残留结垢进行清洗。利用气水脉冲的方式将清洗剂送入环向盲管中，清洗剂通过与碳酸钙垢层发生化学反应软化、溶解垢层，使其能够随水流流出管道，从而达到彻底清洗的目的。

上述采用的永磁气水脉冲管道清洗机如图 6.8 所示。该清洗机额定流量 25 L/min，进气压力可调范围为 0.3～1.2 MPa，进气时间和停气时间调节范围为 0～10 s。

笔记栏

图 6.8　气水脉冲管道清洗机

采用气水脉冲结合化学清洗对环向排水盲管进行疏通主要分为以下几个步骤：

(1)配置有机酸清洗液，配置清洗剂饱和溶液，如图 6.9 所示。

(2)连接进水管、出水管、气管等，检查各连接部位的密封性能，防止发生漏水。

(3)设置清洗机进气压力 0.5 MPa，设置通气时间 0.5 s，停气时间 0.5 s，调节管道清洗机出水流量为 0.46 L/min，出水压力为 2 MPa，试验各装置的工作性能。

(4)用管道封堵气囊包裹进水管和出水管，并将气囊充气至 0.3 MPa，如图 6.10 所示，避免清洗液直接流入隧道侧沟。

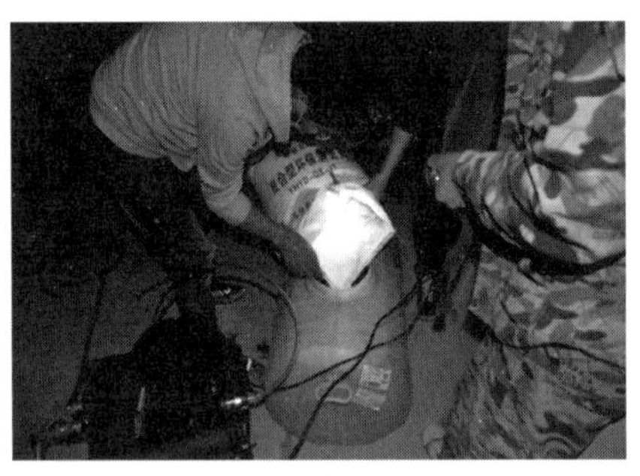

图 6.9　配置清洗液

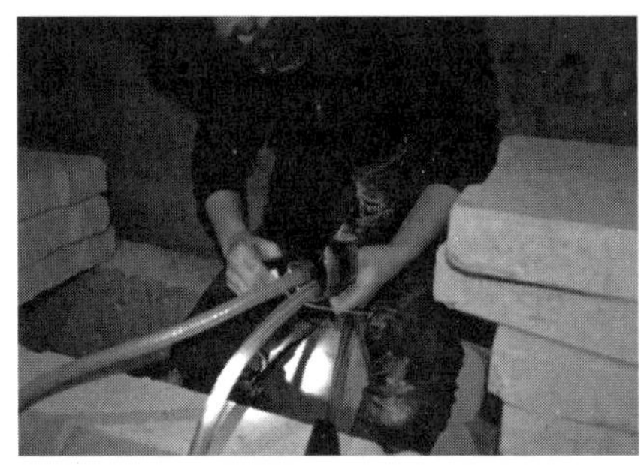

图 6.10　封堵管道出水口

(5)调节气水脉冲管道清洗机出水管管口位置至环向盲管中难以清除的结垢位置处，对结垢层进行溶解清洗。

(6)疏通清洗过程中观察清洗液 pH 值，随时补充清洗剂。

(7)清洗完成后，对水箱内的废液及沉淀池中的沉积物进行回收处理，防止对地下水和环境产生影响。

【思考与练习】

1. 铁路隧道排水系统施工包含哪些步骤?
2. 高压水射流法及气水脉冲法的原理是什么?
3. 高压水射流清洗环向排水盲管的具体步骤是什么?

笔记栏

任务 6.2　隧道水害整治作业

【任务导入】

某高速铁路基础设施段高速铁路综合维修车间隧道工区在汛期进行隧道防水专项检查，发现某长隧道渗漏水，漏水呈线状，造成隧道内部一些照明设备锈蚀。针对这一现象，组织隧道工对经常渗漏水的隧道做完整的检查，并查看隧道漏水的范围大小，对于引起危害的渗漏水隧道处进行专门的维修整治。

【问题引导】

问题 1:引起隧道水害的原因有哪些?

问题 2:隧道发生水害应该怎样进行处理?

【工作实施】

1. 请描述表 6.4 中主要试验仪具与设备的用途。

表 6.4　主要试验仪具与设备

仪器及辅助工具	用　　途

2. 请完成表 6.5 中隧道水害整治作业程序与质量标准。

笔记栏

表 6.5　隧道水害整治作业程序与质量标准

项目名称	作业程序与质量标准	
作业前	作业前要求：	
作业中	(1)设置排水：	
	(2)设置堵水：	
	(3)疏通排水边沟：	
	(4)疏通出水管：	
作业后	整治作业分析：	

3. 由于隧道渗漏水会导致隧道内空气湿度增加，造成钢轨、通信、照明等设施损坏，将直接影响列车的正常运行。请问隧道水害的成因有哪些？面对不同成因的隧道水害，整治措施有哪些？怎样可以做到提前预防隧道水害的发生？

笔记栏

【评价反馈】

教师对学生工作过程与工作结果进行评价，并将评价结果填入表6.6教师综合评价表当中。

表6.6　教师综合评价表

<table>
<tr><td colspan="2">班级：</td><td>姓名：</td><td colspan="3">学号：</td></tr>
<tr><td colspan="2">任务6.2</td><td colspan="4">隧道水害整治作业</td></tr>
<tr><td colspan="2">评价项目</td><td colspan="2">评价标准</td><td>分值</td><td>得分</td></tr>
<tr><td colspan="2">考勤(10%)</td><td colspan="2">无无故迟到、早退、旷课现象</td><td>10</td><td></td></tr>
<tr><td rowspan="4">工作过程(60%)</td><td>在表6.4中描述仪器及辅助工具用途</td><td colspan="2">能准确描述主要试验仪具与设备的用途</td><td>10</td><td></td></tr>
<tr><td>在表6.5中完成隧道水害整治作业程序与质量标准</td><td colspan="2">能准确填写作业前、作业中、作业后各作业程序的质量标准</td><td>30</td><td></td></tr>
<tr><td>在工作实施问题3中正确回答隧道水害整治问题</td><td colspan="2">能正确回答隧道水害整治问题</td><td>20</td><td></td></tr>
<tr><td>协调能力</td><td colspan="2">与小组成员、同学之间能合作交流，协调工作</td><td>10</td><td></td></tr>
<tr><td rowspan="3">项目成果(30%)</td><td>工作完整</td><td colspan="2">能按时完成任务</td><td>5</td><td></td></tr>
<tr><td>工作规范</td><td colspan="2">能按规范步骤进行操作</td><td>5</td><td></td></tr>
<tr><td>工作报告</td><td colspan="2">能准确掌握隧道水害整治作业</td><td>10</td><td></td></tr>
<tr><td colspan="4">合　计</td><td>100</td><td></td></tr>
<tr><td rowspan="2">综合评价</td><td>自评(20%)</td><td>小组评价(30%)</td><td>教师评价(50%)</td><td colspan="2">综合得分</td></tr>
<tr><td></td><td></td><td></td><td colspan="2"></td></tr>
</table>

【相关知识】

1. 隧道渗漏水成因

隧道的修建，破坏了山体原始的水系统平衡，隧道成为所穿过山体附近地下水集聚的通道。当隧道围岩与含水地层连通，而衬砌的防水及排水设施、方法不完善时，就必然要发生隧道水害。由于水的可流动性和水压的传递性，隧道的衬砌结构往往都要承受较高的水头压力，在这样的条件下，衬砌中的任何缺陷和病害都可能成为渗漏水的通道。反过来，渗漏水又会加速各类病害的发生和发展，影响隧道的使用性能和使用寿命。因此，隧道渗漏水实际上是隧道各种病害的综合反映，隧道水害产生的原因主要有以下几个方面。

(1)水文地质

当隧道需穿过含水的地层(如砂土类和漂卵石类土含水地层；节理、裂隙发育，含裂隙水的岩层；石灰石、白云岩等可溶性地层；当有充水的溶槽、溶洞或暗河等与隧道连通)时，地下水会沿覆盖层裂隙、孔洞渗透到隧道外层，形成水压。

笔记栏

隧道开挖会在原地下水平衡底层形成“临空面”，临空面水压很低，接近于 0，从而在隧道周围形成较大的压力差，加之穿过含水地层的原因，使隧道成为地下水泄压渗流的通道。

(2)防排水设计

目前在设计过程中，对渗漏水病害的危害性认识不足，在设计隧道上存在重结构、轻防水的现象。设计人员对地下水的水源、水量、水质调查分析不足，对排水考虑不周。在选择防水材料时，很少根据材料的性能、地下水压力等进行计算和比选。

(3)施工过程及后期质量问题

施工过程及后期质量问题包含隧道结构防水失效、施工缝和变形缝质量问题、防水板失效及隧道排水系统失效几个方面。

①隧道结构防水失效

在对隧道内部结构进行防水处理过程中，防水混凝土起主要作用。但目前来看，在使用防水混凝土进行施工时，违规作业现象时有发生，如配合比不合格、拌和混凝土不合格、混凝土振捣不合格、未按规定流程进行养护等。以上不正规操作会直接导致混凝土衬砌不密实，产生表面蜂窝麻面现象，严重的会导致衬砌开裂，致使防水混凝土失效。

②施工缝和变形缝质量问题

因施工缝和变形缝是隧道渗漏水问题的高发部分，所以对施工缝和变形缝的处理，是整个隧道防水工程成功与否的关键，需做到认真细致。但即便如此，在实际施工过程中依然存在着各种问题，如止水带固定不牢固、止水条安放不规范、施工缝和变形缝部分混凝土振捣不到位、止水带和止水条与混凝土不密贴等。

③防水板失效

塑料防水板是复合衬砌结构防水中一道重要的防线，但在实际施工中由于种种原因，如未采用无钉铺设工艺，焊接工艺不合格，防水板保护措施不足等，致使防水板与二次衬砌之间总留有透水间隙。

④隧道排水系统失效

有效排出地下水及降低水压力是衬砌防排水系统主要组成部分，在施工过程中，由于对排水盲沟、盲管未进行有效保护，导致砂浆及水质结晶物堵塞盲沟、盲管。横向排水管不设或堵塞，上部盲沟、盲管的水排不到排水沟中，使隧道周围水压力剧增，并在衬砌薄弱地方渗流排出。

2. 渗漏水病害类型

按照渗漏水病害形式，主要分为以下类型：

点漏：在隧道内表面呈现单点渗水。

线漏：在隧道内表面呈水平向、竖向、斜向或弯曲的间隙缝，并有渗漏水现象。

面漏：在隧道内渗漏水表面呈现大片区域性。

按照渗漏水严重程度分为湿渍、滴水、滴水成线、股状漏水、有压喷射状漏水。

笔记栏

3. 整治运营隧道漏水的基本方法

(1)加强地表及地下水的疏排

①对地表水丰富的浅埋隧道,当地表沟谷坑洼积水、渗水对隧道有影响时,用疏导积水、填平沟谷、砌沟排水等措施,使洞顶地表形成良好的排水系统,不使洞顶的地表水流入或渗入隧道。洞口仰坡设截水沟和排水沟,并保持良好状态。

②对地下水丰富,隧道内无排水沟或排水沟深度不足而导致隧底积水的,应增设水沟,将单侧沟改为双侧沟,加深侧沟或采取设置密井暗管加深水沟等措施。既有隧道侧沟沟底位于基床底面以上,排水沟只能排除基底以上衬砌的渗漏水,隧道底部的地下水排不出去,积聚在基底以下。在列车动荷载作用下基底软化,沟墙开裂或倾倒,铺底或仰拱破碎,道床翻浆。实践证明,消除这一病害有效的方法是将侧沟加深至轨面以下 1.5 m 左右,排除基底以下的积水,以保持隧底干燥和稳定。

③增设或疏通平行导洞。当长大隧道仅靠隧道内排水沟不能将流入隧道的地表水及地下水排出时,往往引起水漫道床,中断行车。如贵昆线梅花山隧道、果纳隧道,京原线平型关隧道这种情况都曾多次发生,这时一般都采用增设或疏通平行导洞的方法。

④增设防寒泄水洞是整治寒冷地区隧道水害的有效方法。寒冷地区的隧道,衬砌后的地下水渗漏到隧道中,冻结成冰,悬挂在拱部成冰溜,贴附在边墙成冰柱,积聚在道床上成冰丘,都可能侵限危及行车安全,而且由于结冰冻胀,导致衬砌裂损、脱落。嫩林线的岭顶隧道、兰新线乌鞘岭隧道、京原线平型关隧道,都曾因上述原因中断行车。为消除其病害增设了泄水洞,泄水洞设在最大冻结线以下,以竖向排水沟与衬砌背后相连,并在泄水洞边墙及洞顶向围岩打潜水孔,以利疏排围岩中的裂隙水。

(2)注浆堵水

对注浆材料总的要求是:①可灌性好;②凝结时间可控制,固化最好是突变的;③固化体强度高、抗渗性好、粘结力强、微膨胀、耐久性好;④材料来源广,价格便宜;⑤施工工艺简便;⑥无毒,对环境无污染。

①向衬砌背后围岩或回填层注浆。一般使用普通水泥净浆或砂浆。普通水泥净浆或砂浆原料丰富,价格低廉,且结硬强度高,耐久性好,但是普通水泥浆初凝时间长,且难以准确控制,易造成浆液流失,早期强度低,强度增长慢,易沉淀析水。因此使用时必须加入速凝剂、膨胀剂、减水剂等使普通水泥浆具有快凝、早强、微膨胀的性能。

②向衬砌内部注浆。衬砌内部空洞、裂纹与围岩裂隙及回填层相比要小得多,一般采用超细水泥。超细水泥的比表面积为 8 000～9 000 cm^2/g,最大粒径为 20 μm,可渗入渗透系数 10^{-4}～10^{-3} cm/s 的细砂或裂隙宽度大于 0.05 mm 的缝隙中。而普通水泥的比表面积为 3 000～3 200 cm^2/g,最大粒径为 90 μm,只能渗入渗透系数大于 5×10^{-4} cm/s 的粗砂或裂隙宽度大于 0.6 mm 的缝隙中。超细水泥的可灌性与化学浆液相近,无毒、无污染、结硬强度高、耐久性好,是衬砌内部注浆的理想材料。

③向基底注浆。一般在行车间隔内进行，要求注浆材料必须具有快凝、早强、高强、微膨胀的性能，而且耐久性好。注浆材料曾使用过水泥水玻璃混合液，可灌性好、早期效果也好，但是水玻璃的耐久性差，不久病害重新出现。1996 年广州局在南岭隧道整治隧底病害时，成功地使用了双快水泥注浆。双快水泥注浆必须随着气温的高低掺加缓凝剂，工艺比较复杂。1998 年在大瑶山隧道基床病害整治时，又成功地应用了 GRM 水泥注浆，该水泥初凝 13～15 min，终凝 16～18 min，具有充分的操作时间，可灌性好（15 min 以内净浆流动度≥260 mm），从初凝到终凝基本上是突变的，具有微膨胀性能。灌浆结束后 30 min 结硬强度达到 8 MPa 以上，28 d 抗压强度大于 50 MPa，这是向基底注浆的首选材料。

(3)增设内防水层

新建隧道衬砌防水一般采用防水混凝土或外贴式防水层。由于认为灌注防水混凝土不易达到要求而较少采用，因此绝大部分隧道防水采用外贴式防水层。然而运营隧道发生水害，增设外贴式防水层几乎不可能，因此通常增设内防水层。内防水层虽然不能阻止水流进入衬砌内，但可阻止水流进入隧道内。当水停止在衬砌内流动，衬砌内的孔洞可能因碳酸钙沉积而有一定程度的愈合。设内防水层是比较经济的。增设内防水层的方式有三种：一是刷涂，二是刮压，三是喷涂。

①刷涂内防水层。用于刷涂内防水层的材料主要有橡胶沥青或橡胶水泥、焦油聚氨酯、优止水（优防水）、赛柏斯等。橡胶沥青或橡胶水泥是由橡胶（三元丁橡胶、氯丁橡胶、丁苯橡胶、顺丁橡胶等）与沥青（水泥）共炼所得沥青（水泥）改性胶料。该材料结合性较好，具有弹塑性、不透水、料源广、价格便宜，但易老化、耐久性差，不能在潮湿面施工，涂层外尚需做砂浆保护层。焦油聚氨酯为聚氨酯与煤焦油的交联体，为双组分室温固化型，价格较便宜。胶膜固化后密封好，具有弹塑性。但与橡胶沥青（水泥）一样不能在潮湿界面施工，有毒性、有污染，防水层外需做砂浆保护层。

②刮压内防水层。用刮压法做内防水层主要材料为 R 料，R 料是以耐候性好的丙烯酸高分子乳液为基料，配以体料剂及填料剂组成的新型防水材料。其特点是可在潮湿界面施工，无毒无味，具有耐候、耐碱性，价格比较便宜，但必须做好养护工作，刮完后 1 h 开始养生，每天 4 次，至少养生 3 d。否则，表面易粉化，严重影响防水效果。

③喷涂内防水层。喷涂内防水层的常用材料为普通水泥砂浆（必须掺速凝剂、减水剂）、特种水泥砂浆、阳离子乳化沥青等。水泥砂浆或特种水泥砂浆为最普通最常用的材料，施工方便，价格便宜，耐久性好，无毒、无污染，但抗裂、抗渗性较差。

【思考与练习】

单选题

1. 按照渗漏水病害形式，主要分为点漏，线漏和(　　)。

A. 面漏　　B. 湿渍　　C. 滴水　　D. 股状漏水

笔记栏

2. 关于隧道水害防治措施的说法，错误的是(　　)。

A. 因势利导，给地下水以排走的出路，将水迅速地排到洞外

B. 将流向隧道的水源截断，或尽可能使其水量减少

C. 隔断排水通道

D. 堵塞衬砌背后的渗流水，集中引导排除

3. 下列关于隧道水害的成因，叙述有误的是(　　)。

A. 隧道穿过含裂隙水的岩层

B. 隧道穿过可溶性地层与充水的溶槽相连通时

C. 曾在雨期进行隧道施工

D. 原建隧道衬砌防水、排水设施不全

参考文献

[1]李敬伟，严恩，何永钦，等. 隧道排水系统结晶堵塞试验研究现状与发展[J]. 工程技术研究，2021，6(24)：37-39.

[2]李会英. 高速铁路桥梁支座缺陷防治技术[C]//2021 年全国土木工程施工技术交流会论文集(下册)，2021：230-233.

[3]蒋雅君，杜坤，魏晨茜，等. 铁路隧道排水盲管结晶沉积疏通清洗技术[J]. 隧道与轨道交通，2020(4)：9-13.

[4]王枢. 高速铁路桥梁设备运用与维修分析[J]. 设备管理与维修，2020(12)：83-85.

[5]柴天佑. 当金山隧道排水盲管结晶物形成原因分析及治理措施的探讨[J]. 甘肃科技，2020，36(10)：90-92.

[6]王杨，吕刚，刘建友. 京张高速铁路隧道衬砌混凝土智能式养护成套技术实践[J]. 铁道标准设计，2020，64(1)：99-103.

[7]章浩. 高速铁路桥梁管养技术研究[D]. 广州：广州大学，2018.

[8]宋亚超. 基础冲刷对重载铁路桥梁力学性能影响及防护措施研究[D]. 石家庄：石家庄铁道大学，2018.

[9]朱素华. 高速铁路特大桥钢桁梁高强度螺栓断裂分析及养修建议[J]. 上海铁道科技，2016(4)：79-80.

[10]蒋丽文. 混凝土蜂窝麻面形成的原因及对策探究[J]. 科技创新导报，2014，10(5)：99.

[11]金辉. 京沪高速铁路南京大胜关长江大桥养护模式探讨[J]. 现代交通技术，2013，10(6)：51-55.

[12]刘高喜，杨宇仃，任旭冉. 桥台锥坡土体病害及防护措施分析[J]. 创新科技，2013(5)：69.

[13]宋夏明. 钢筋混凝土保护层剥落露筋分析防治谈[J]. 中国高新技术企业，2007(8)：200，203.

[14]李富文. 修建、养护和加固钢桥时采用高强度螺栓的建议[J]. 国外桥梁，1983(4)：1-6

[15]中华人民共和国铁道部. 高速铁路桥隧建筑物修理规则(试行)：TG/GW 114—2011[S]. 北京：中国铁道出版社，2012.

[16]国家铁路局. 高速铁路桥涵工程施工质量验收标准：TB 10752—2018[S]. 北京：中国铁道出版社，2018.